荊楚文庫

〔康熙〕枝江縣志

〔清〕周廷桂 修

〔清〕楊際春 等纂

〔乾隆〕枝江縣志

〔清〕王世爵 修

〔清〕鍾彝 纂

荊楚文庫編纂出版委員會

崇文書局

荆楚文庫

〔康熙〕枝江縣志

KANGXI ZHIJIANG XIANZHI

〔乾隆〕枝江縣志

QIANLONG ZHIJIANG XIANZHI

圖書在版編目（CIP）數據

〔康熙〕枝江縣志 /〔清〕周廷桂修；〔清〕楊際春等纂．
〔乾隆〕枝江縣志 /〔清〕王世爵修；〔清〕鍾彝纂．
— 武漢 ： 崇文書局， 2023.12
（荆楚文庫． 方志編）
ISBN 978-7-5403-7491-4

Ⅰ．①康… ②乾… Ⅱ．①周… ②王… ③楊… ④鍾…
Ⅲ．①枝江－地方志－清代 Ⅳ．① K296.34

中國國家版本館 CIP 數據核字（2023）第 211478 號

責任編輯：胡　欽　薛緒勒　陳金鑫
整體設計：范漢成　曾顯惠　思　蒙
責任校對：董　穎
責任印製：李佳超
出版發行：崇文書局有限公司（中國・武漢）
地址：武漢市雄楚大道 268 號 C 座
電話：（027）87677133　　郵政編碼：430070
録排：武漢鑫伟創圖文設計有限公司
印刷：湖北新華印務有限公司
開本：787mm×1092mm　　1/16
印張：18.5
版次：2023 年 12 月第 1 版　2023 年 12 月第 1 次印刷
定價：90.00 元

ISBN 978-7-5403-7491-4
9 787540 374914

《荆楚文庫·方志編》編纂組

組　　長：陽海清（執行）

副 組 長：劉傑民（執行）　王　濤　謝春枝　范志毅（執行）

參編人員（以姓氏筆畫爲序）：

王　濤　李云超　宋澤宇　范志毅　柳　巍　馬盛南　陳建勛

梅　琳　張　晨　張雅俐　陽海清　彭余焕　彭筱濊　劉傑民

謝春枝　嚴繼東

編　　審：周　榮

顧　　問：沈乃文　李國慶　吴　格

出版説明

湖北乃九省通衢，北學南學交會融通之地，文明昌盛，歷代文獻豐厚。守望傳統，編纂荆楚文獻，湖北淵源有自。清同治年間設立官書局，以整理鄉邦文獻爲旨趣。光緒年間張之洞督鄂後，以崇文書局推進典籍集成，湖北鄉賢身體力行之，編纂《湖北文徵》，集元明清三代湖北先哲遺作，收兩千七百餘作者文八千餘篇，洋洋六百萬言。盧氏兄弟輯録湖北先賢之作而成《湖北先正遺書》。至當代，武漢多所大學、圖書館在鄉邦典籍整理方面亦多所用力。爲傳承和弘揚優秀傳統文化，湖北省委、省政府决定編纂大型歷史文獻叢書《荆楚文庫》。

《荆楚文庫》以『搶救、保護、整理、出版』湖北文獻爲宗旨，分三編集藏。

甲、文獻編。收録歷代鄂籍人士著述，長期寓居湖北人士著述，省外人士探究湖北著述。包括傳世文獻、出土文獻和民間文獻。

乙、方志編。收録歷代省志、府縣志等。

丙、研究編。收録今人研究評述荆楚人物、史地、風物的學術著作和工具書及圖册。

文獻編、方志編録籍以一九四九年爲下限。

研究編簡體横排，文獻編繁體横排，方志編影印或點校出版。

《荆楚文庫》編纂出版委員會

二〇一五年十一月

總目録

荆楚文库

〔康熙〕枝江縣志

〔清〕周廷桂 修
〔清〕楊際春 等纂

前言

《（康熙）枝江縣志》十卷，清周廷桂修，清楊際春等纂，清康熙九年（一六七〇）刻本。

周廷桂，字月枝，直隸東光人，吏員，清康熙三年（一六六四）知枝江縣事。楊際春，字震生，枝江百里洲人，清舉人。枝江，秦時因長江自此分枝而得名，屬南郡，漢置縣。宋元以前，邑志無考，自明成化關忠經始修，其後正德成斐踵修，嘉靖柳華重修，嘉靖癸丑（一五五三）董燧續修，萬曆周仲士訂正，萬曆壬子（一六一二）錢奏勳再重修。明志傳承有序，然其書皆佚失，今存最早枝江之志即此《（康熙）枝江縣志》。

周廷桂任時，邑人李冲霄得萬曆舊志，乃幸文獻之足徵，延楊際春草創，遍采故老傳聞，廣集邑人親覽，删繁補缺。後以散佚良多及魚魯沿訛，復令楊駿發、楊鼎、楊恪合諸生參訂，乃成書。

志分地里、建置、祠祀、政教、職官、人物、武備、藝文八門。《中國地方志總目提要》評其『以地理明疆域之重，星野附以災祥，流寓與名宦略同附於職官志等，頗有見地。武備志對於防務兵事，俱未載及，僅列千户、百户兩武職名，簡略之處，難所不免』。志前凡例稱：『武備明設十所，千百户守禦峒口，今十所舊弁已經裁革，屯丁併入荆州衛，惟修城鑿池奉文縣所各半，施工而門關，守候之制尚須急講云。』志前有地輿圖，圖前附《圖説》曰：『舊誌多所缺畧，兹爲徧查，道里之遠近、幅幀之廣狹、疆界之交錯、山水之險易、地勢之高下備載無遺，庶觀風問俗者一披覽而得之。』

是志惟國圖有藏，《國家圖書館藏地方志珍本叢刊》已影印出版（底本有缺頁），兹亦據此影印。（宋澤宇）

目録

荆州府

枝江縣誌序

邑誌之作其來尚矣自風土人物上下利弊傳信紀聞靡所不該洵一邑之全集也哉第兵燹後舊典云亾萃一時

之記聞非不可漫引無稽摭拾盈帙欲以上述往古下徵將來殆戞戞乎難之余自奉

命蒞枝之日適逢採輯芻蕘之會問所爲疆域之建置有能識之者乎問所爲城社之遷改有能辨之者乎問所爲賦役之孰輕孰重風俗之爲淳爲漓英賢華出而得與紀傳者爲何人吏治粲垂而能庇

枝民者爲何氏有能條分縷晰矢口陳之者乎以此羣詢出入之衝江南阨要之地而紀載罔據又何以爲後世信也竊緦緦慮之適有邑李公

沖霄筮仕清苑得枝志於劉
公用良之子名見溪者夫劉
公順德人也爲明縣尹在崇
禎之丙子也況兇氛且屢警
矣安知千里之外數世之上

有劉公爲収而藏之者哉又
安知千里之外數世之下有
李公爲傳而歸之者哉以地
若彼以世若此而仍足以爲
枝之故典也斯亦異已考其

書自明成化戊寅歲關公忠
經其始其後成公斐重修之
栁公華董公燧又增集之周
公仲士錢公奏勲要從而備
採詳記之上自周秦終于萬

曆之壬子展卷覩之歷歷可
稽文獻之徵幸未艾也惟啓
禎兩代靡有成編然荒殘之
形彫瘵之景莫枝爲甚亦安
可不詳列以紀異乎至於

國朝美不勝述矣宦蹟之遞垂也名賢之疊著也山川景物之改觀也炳炳烺烺不將駕前代而獨隆哉爰遍採故老之傳聞廣集邑人之親覽删

已往之繁贖補近今之闕畧僎千餘秊之迹有成書焉前草創始自庠生楊際春其後散遺良多兼之魚魯沿訛茲將附梓也復令楊駿發楊鼎

楊恪合諸生而細加參訂焉之捐俸剞劂以垂不朽於以上述往古下徵將來其在斯乎其在斯乎是爲序

昔

康熙庚戌歲仲秋月望日知

枝江縣事瀛海周廷桂撰

圖說

圖說按舊誌多所缺畧茲爲徧查道里之遠近幅幀之廣狹疆界之交錯山水之險易地勢之高下備載無遺庶觀風問俗者一披覽而得之雖深山窮谷如在目睫間矣

枝江縣地輿圖

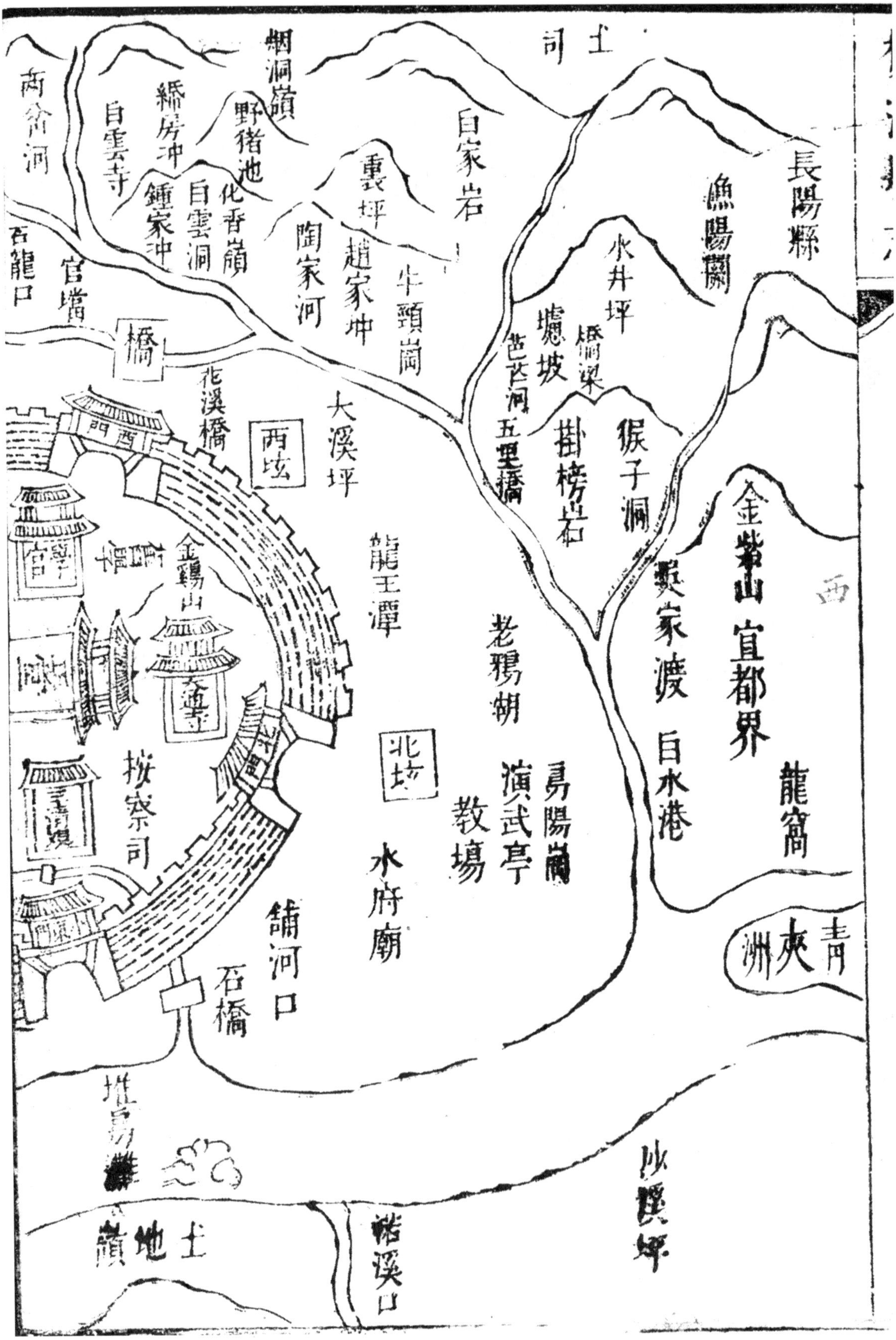
土司
白雲寺
緜房冲
野豬池
白家岩
長陽縣
漁陽關
水井坪
五里橋
掛榜岩
猴子洞
金紫山
宜都界
白水港
龍窩
青夾洲
鍾家冲
白雲洞
化香嶺
棗坪
趙家冲
陶家河
牛頸嶺
石龍口
官塘
橋
花溪橋
西坊
大溪坪
龍王潭
老鸛湖
北坊
演武亭
教場
水府廟
鋪河口
石橋
按察司
金鷄山
土地嶺
西

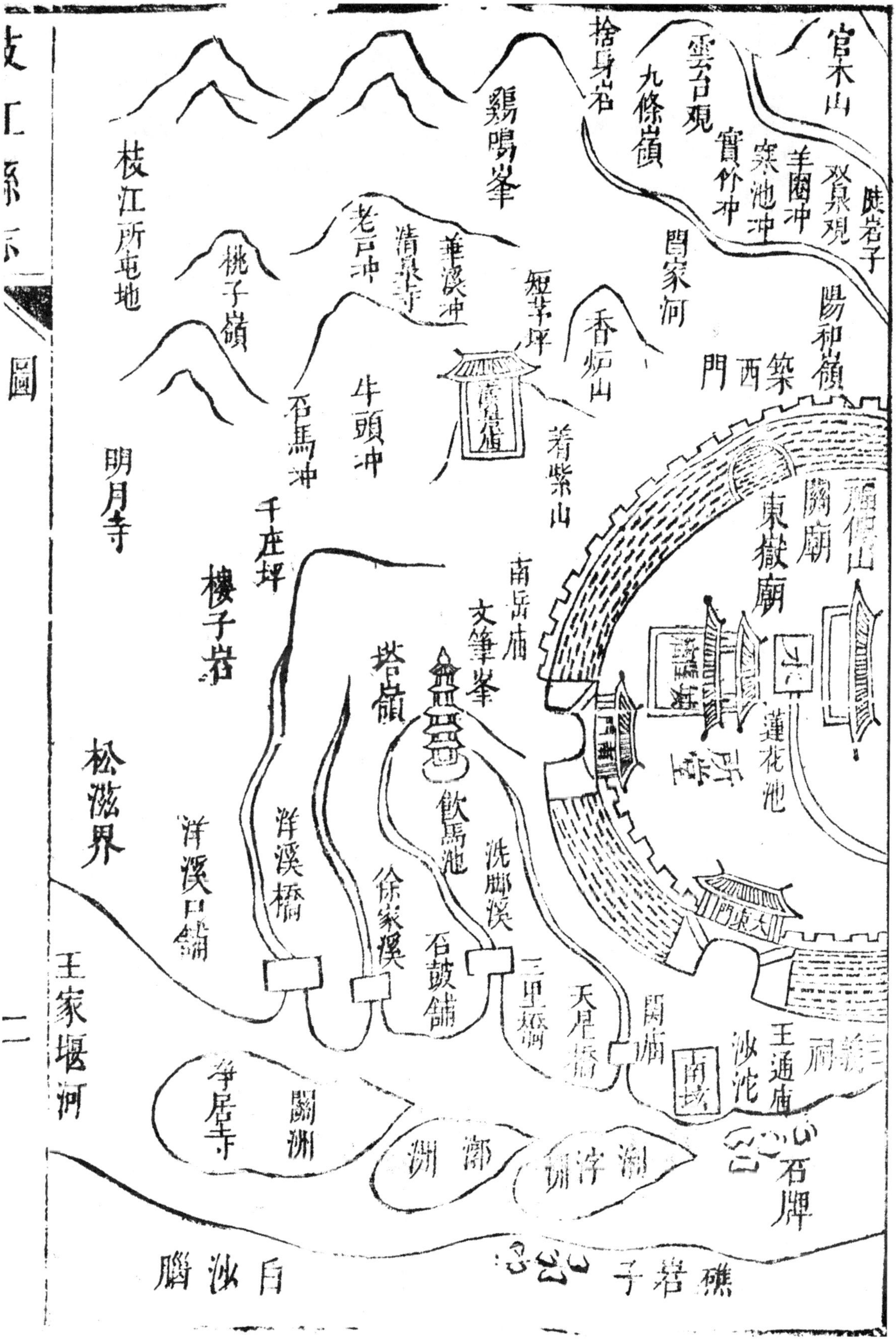
宫木山
雲台观
九條嶺
捨身岩
雞鳴峯
枝江所屯地
桃子嶺
老戶冲
清泉寺
華溪冲
香炉山
羊圈冲
双泉观
賈家河
陽和嶺
築西門
牛頭冲
石馬冲
着紫山
明月寺
千座坪
樓子岩
南岳庙
文筆峯
塔嶺
東嶽廟
關廟
蓮花池
松滋界
洋溪口舖
洋溪橋
飲馬池
洗脚溪
徐家溪
石鼓舖
三里橋
天星橋
南城
沙沱
王通庙
王家堰河
淨居寺
關洲
石牌
白沙腦
礁岩子

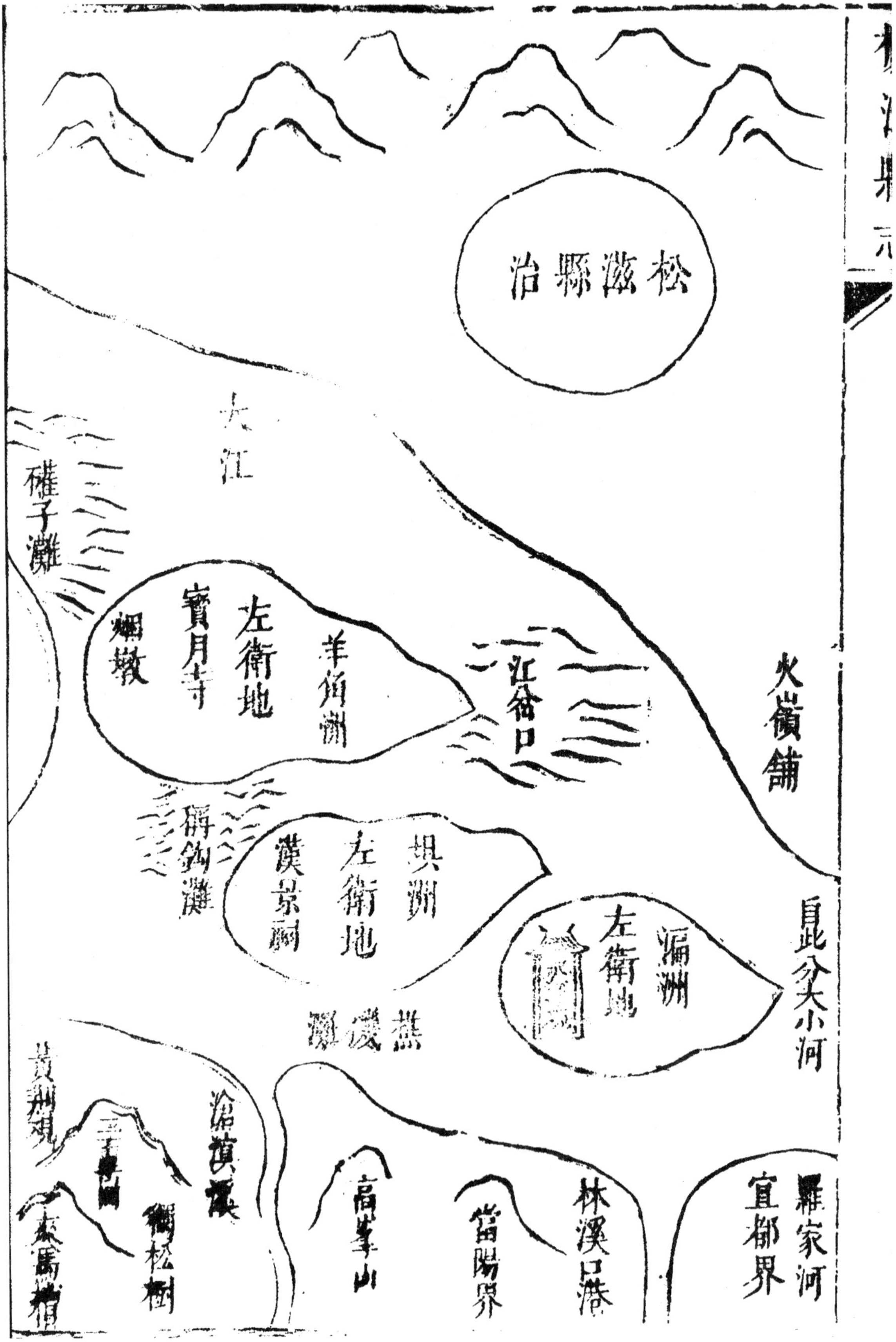
松滋縣治
大江
左衛地
寶月寺
羊角洲
江口
火嶺鋪
漢景祠
左衛地
垻洲
左衛地
漏洲
獨松樹
高峯山
當陽界
林溪口港
宜都界
羅家河

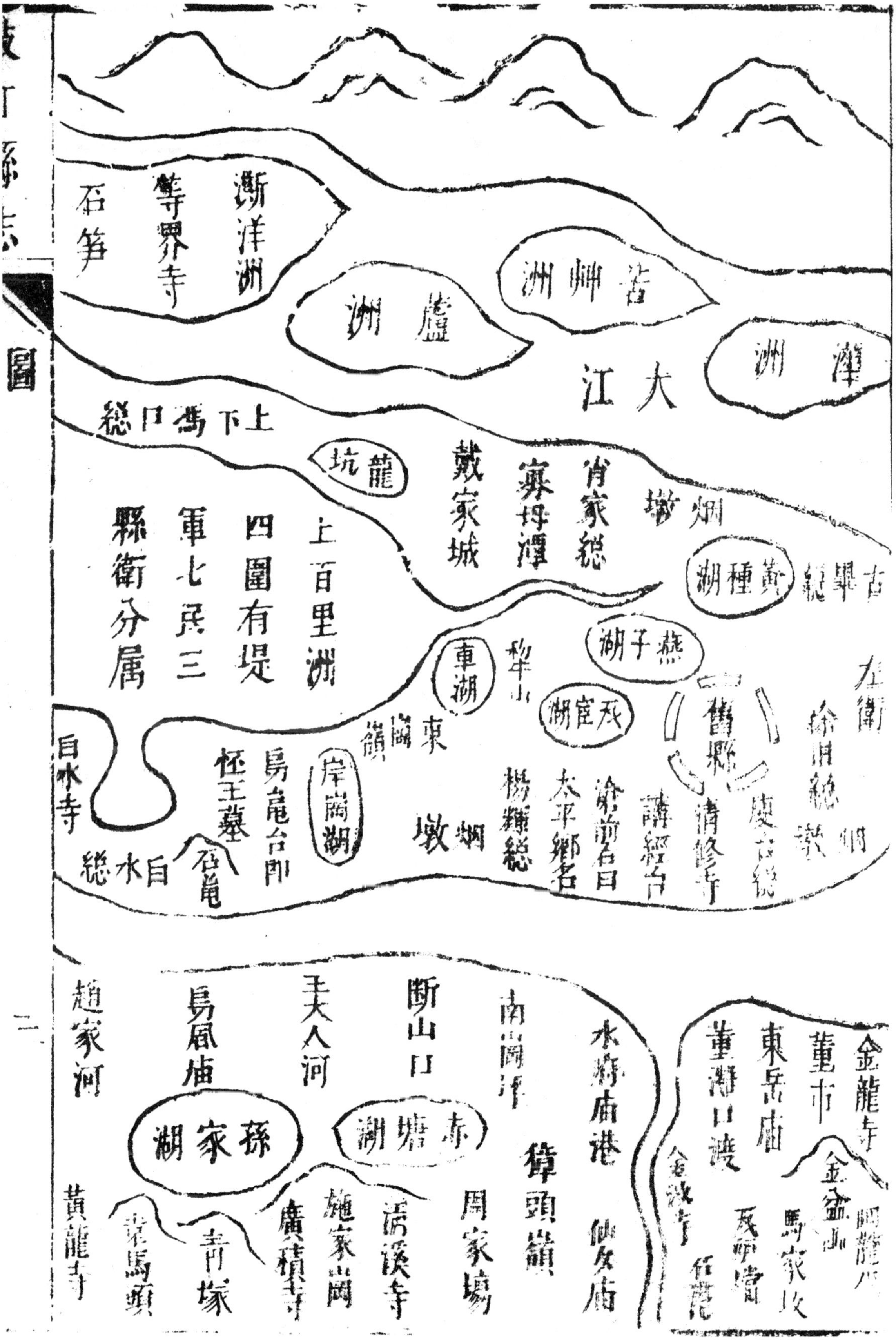
石笋
等界寺
漸洋洲
盧洲
苦艸洲
澤洲
大江
上下馬口總
龍坑
戴家城
寡婦潭
肖家總
黃種湖
燕子湖
東湖
上百里洲
四圍有堤
軍屯民三
縣衛分屬
舊縣
白水寺
白水總
石龜
岸廟湖
趙家河
王夫人河
斷山口
水府廟港
東岳廟
董市
金龍寺
孫家湖
赤塘湖
獐頭嶺
黃龍寺
青塚
廣積寺
施家岡
清溪寺
周家塲
仙女廟

二

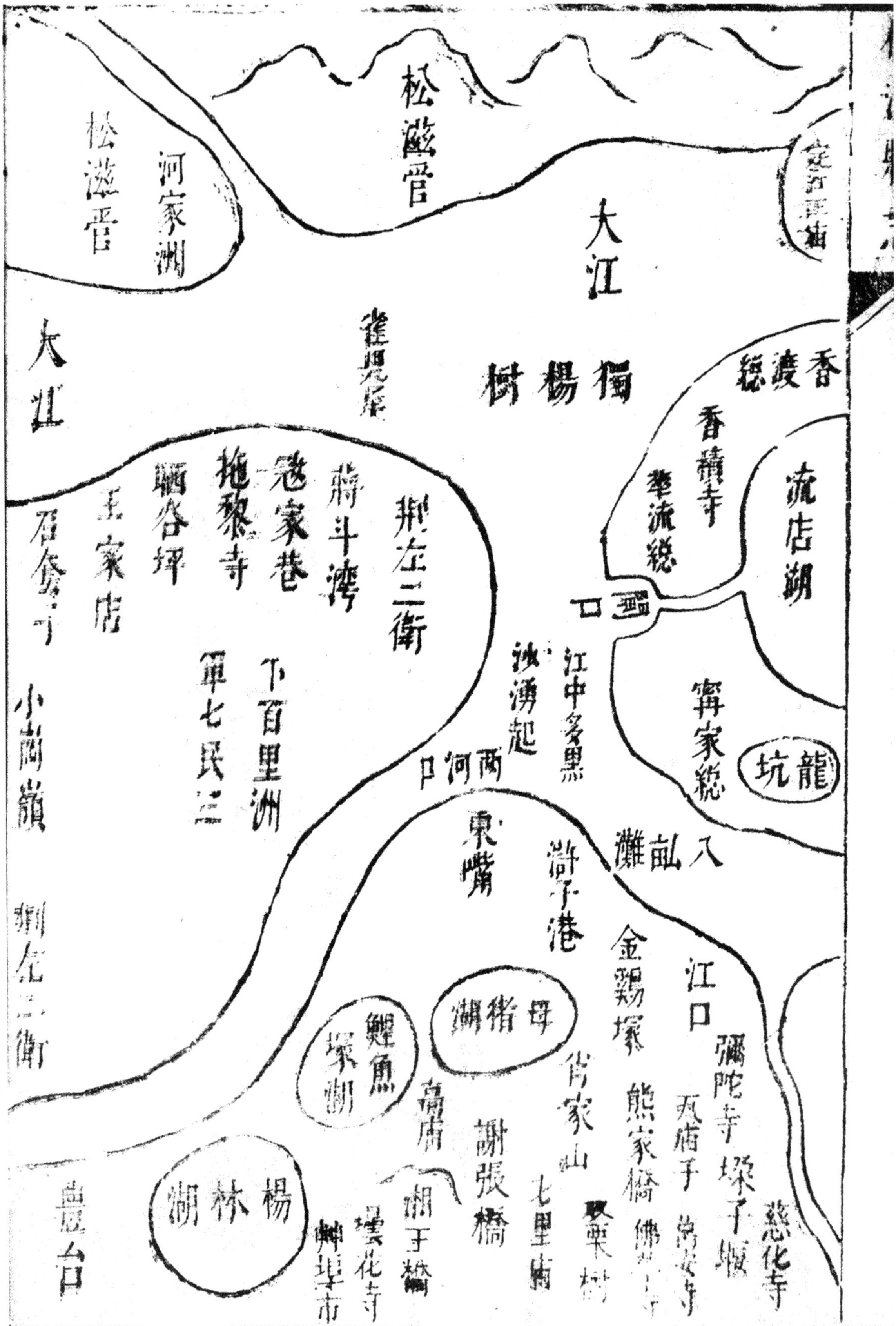
大江
河家洲
獨楊樹
香渡總
香積寺
流店湖
龍坑
荊左二衛
蔣斗灣
兩河口
東嘴
江口
鯉魚塚湖
母豬湖
楊林湖
慈化寺
七里舖
荊左三衛
小南嶺

枝江縣圖

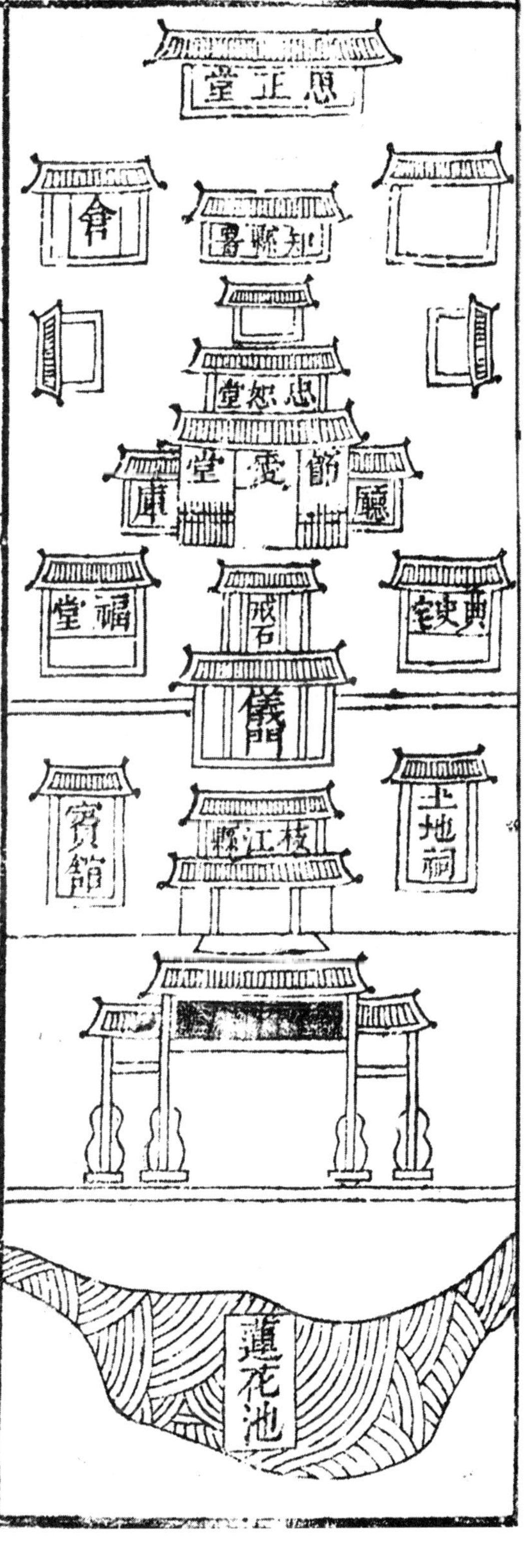

儒學圖

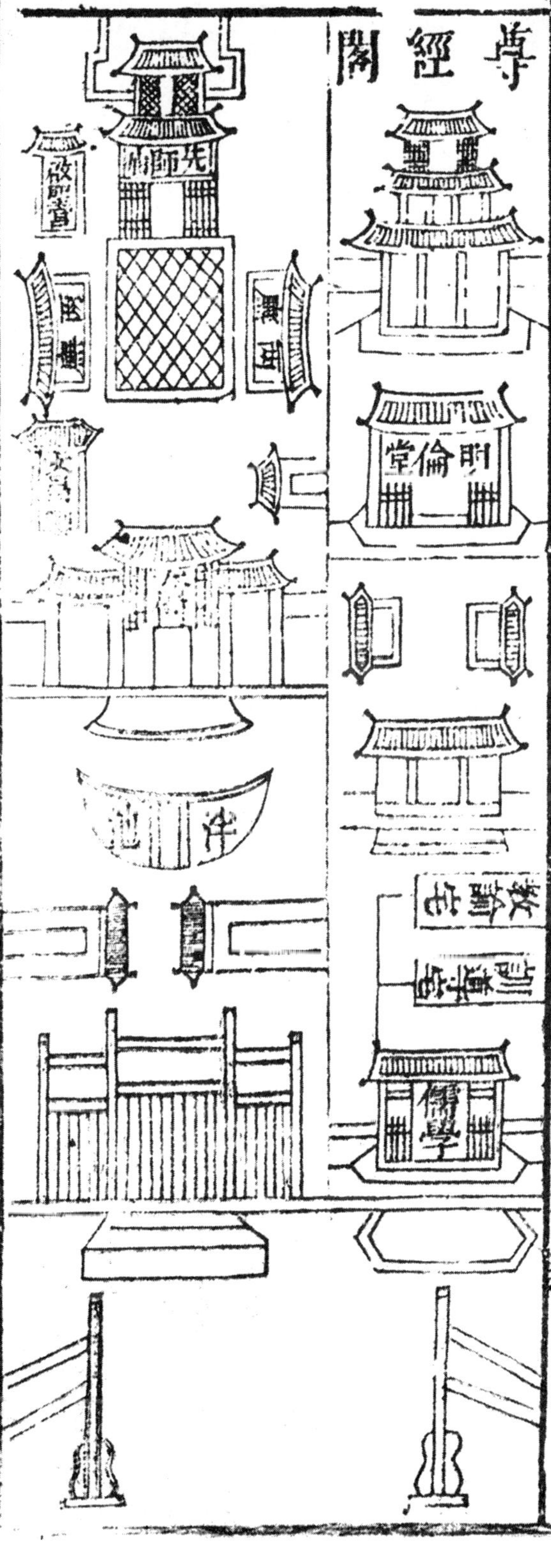

枝江縣志目錄

姓氏

枝江縣知縣瀛海周廷佳　主修
儒學訓導竟陵魏鉉齡　訂閱
典史武林朱宗文　監鐫
庠生楊際春　編次

凡例

一新志撰述則據天官禹貢廿一史與大通典通考水經廣輿一統諸志蕪者裁削逸者增入其証譌辨疑酌時審尚蓋不敢以己意妄爲棄取懼失其眞以傳訛也

一舊志自明時有關公忠楞公華成公斐節次纂述嘉靖癸丑間董公燧續之越四十年周公倬士復訂之至萬曆壬子錢公奏勲重修之迄今五十餘年事涉兩代且經兵火不無散失信者刊入疑者闕之

一山川形勝舊志頗多缺畧止書其名勝者茲集新舊大小地名一併刊入以備職方之參考

一丘墓非古昔名公近代鄉賢者不載

一土產除出自他境與無益民生者不載

一風俗淳厚者固多而敝壞者亦有如徒以美俗相誇詡則何以觀風設教而俗愈偷矣故美惡兼書今昔悉備

一賦役

國朝全書臚列甚詳悉爲刊入至于明季丁糧條款雖屬異代可備參證亦不敢删

一廟祠壇壝必載在祀典者方開註于志其餘或佑庇一方而傳世久遠者例得附書

一武備明設十所千百戶守禦峒口今十所舊弁已經裁革屯丁併入荆州衛惟修城鑿池奉文縣所各半施工而門關守候之制尚須急講云

一名宦皆註題名下有詳載行誼者或片善可採亦並附註其下其姓名僅存而未定評隲者今年久論定當補註以彰名賢實行

一科貢併異途出身者本籍皆得附載其歷官事迹賢否在彼地當有優劣不復載入

一人物漢以後多所缺畧至于出在明朝者皆屢經參酌論定若一長足傳亦必錄入斯不沒人善云

一節孝必經有司薦舉道院褒嘉者方准入志若割股雖非正孝然亦爲世所難亦姑取節焉

一寺觀僧道國典不廢則仙釋乃其流亞也若以爲誣世惑民塡之局外則隘矣亦得附書

一藝文或關於縣政者紀或關於民風者紀或關於名士達人足爲斯邑重者紀且首尾全註不敢遺凡無益於流連光景不切時務悉爲删除

枝江縣志卷之一

知枝江縣事周廷桂　重修

地里志總引

按周成王封熊繹於楚自稱歸邑名始立若山川
形勝風俗舉致古蹟亭臺亦自群史之詞摭習
之競成災祥固多幻妄何者非天運之密移土
雖乏奇貨何者非民生之日用併志之

星野

周官保章氏以星土辨九州所封之域皆有分
以察災祥九州十二域或係之二十八宿或係
北斗故志地者必紀其分星枝邑雖小要亦有一
次可考者例載於志

按石氏星經翼二十二星凡十九度軫四星
七度蔡邕月令章句起張十二度至軫六度
易起張十三度魏陳卓郡國躔次自張十七
於辰在巳謂之大荒落斗建在申晉書翼軫
荆州南郡入翼十度觀此則枝爲翼軫之分

災異　前無考

宋

明

弘治十一年大水　正德五年大旱　十一
大水　嘉靖二年旱　四年水　五年旱　三
十三年地震　三十五年旱五月雨雹如雞卵
三十八年地震有聲　三十九年大水灌城民
舍盡沒　隆慶六年蝗　萬曆元年蝗　二年
四月日食雞鳴昏黑如夜　六年九月彗見西
方經月不散　十二年旱八月天裂　十五年
夏五月雨雹　十六年旱　十七年二月地震
十九年地震　三十年五月地震四次　四十
年六月大水漂舍淹禾百年僅見且雷電大作
異常　四十六年彗星見於東方　崇禎七年
地震流賊張獻忠始至董市燒殺最慘　崇禎
九年流賊張獻忠又至江北一帶燒殺　崇禎
十年有異鳥一群約數百萬自北飛來啁聲震
地竟墮大江而死　崇禎十三年地震　崇禎
十四年元旦日食初四日日光磨盪自六月
九月蝗生不絕禾苗食盡十月初一日黑天
崇禎十五年大饑　崇禎十六年鎮荆賊首任
將軍差人招安枝江初十日彝陵賊將張君用
入枝是年自三月起有山賊王雲鵬假名倡義

盤踞后山一帶斬殺百由民不聊生

國朝

順治元年甲申二月賊首張獻忠擁衆入蜀經過枝江燒殺如故夏秋大疫冬饑

順治二年乙酉春江南奸民暮夜刼殺至二月有王士誠撫枝將爲首奸民三十六人盡行誅戮民始安生是年九月賊首一隻虎駐劄艸坪縱兵燒殺枝江南北幾無噍類

順治四年丁亥各鄉村中多虎至戊子己亥年間其害始息

順治五年戊子紫山大風拔木秋賊首一隻虎入廣道經枝江燒殺之慘更倍於前

順治七年庚寅冬賊首李來亨劉二虎王進才等自廣遁入興山歸州燒殺枝民十室九空

順治八年辛卯賊首王有進殺掠江南一帶枝民渡江逃命至十四年始歸本籍　邑令王申詳院司道盡蠲逐年雜徭

順治九年壬辰大旱

順治十年癸巳春饑大水

順治十三年丙申松滋妖民王芽僞傳神降枝江言人禍福一時燒香祈福者約有千人廩生楊際春以杖擊之其人夜遁衆始悟其爲詐

順治十五年百里洲民陳國禮家豕生一子六足又自水總猛虎叩門入民李美甫家食其妻子數人

康熙元年壬寅冬

王師征勦西山民苦夫役

康熙二年癸卯大水

康熙三年甲辰八月初五日西山劇賊李來亨授首十月彗星見于東方

歷代沿革

禹貢枝屬荆州其後遷徙事各舛駁或昔創而今廢或前省而後置中更有桑田滄海之虞至使耳目無徵非特文獻不足亦時勢所必然也玆備著其始末以爲將來者証焉

上世唐虞無考

夏丹陽

春秋戰國　羅有丹陽聚秦齊破楚屈匄取丹陽即此

秦以蜀江至此分枝爲諸洲故枝江之名始此

西漢　屬南郡

東漢　屬南郡

三國　屬南郡

晉　屬南郡

南北朝屬南郡

隋　屬南郡

唐　枝江縣析置長寧縣以枝江省入天曆中復置枝江省長寧

宋　初縣治置百里洲遷浙洋洲又徙治江南下沱白水濱

元　屬荆州府

明　屬荆州府

國朝

疆域

本縣堤封東抵江陵南抵松滋西接宜都北通當陽自東徂西相距一百一十五里自南徂北相距九十三里

東到荆州府一百八十里

南到松滋縣六十里

西到宜都縣三十里

北到宜都縣白洋驛三十里

東南到澧州二百九十里

西到長陽縣漁洋關一百五十里

西北到彝陵州一百二十里

京師水路不通陸路三千七百里

枝邑南接荆吳西通巴蜀長江環帶崇山峭壁上爲入蜀門戶下則一航直抵荆州蓋荆吭巴蜀而枝又荆之頷也按圖思治豈可謂隷附之而頰[illegible]乎

山川

按山水祖昆侖黄河遡不可即第氣脉相生亦自
有可尋故山椒一枝沿泄若在處岣嶁諸峰駕折
而南列障於縣治三十里之前勢若馳萬馬突然
遏敵驛節懸鉦按甲不動其水從巫峽新灘而下
至宜都滙清江口合併兩山消則瀰漩清駛長則
怒浪洪濤至如諸谿輿梁徒杠堤塍陂堰渡口水
利皆所以濟山水之窮而前人之制備矣

紫山在縣南三里昭烈初入蜀載景帝木主於此
息馬着紫衣後人因以名山建祠致祭前有神井

人不敢褻名曰神井其井至今無

爾傳山在縣西城內原因山若覆瓶故名後因取
義未當更曰爾傳

金雞山在縣北城內大通寺後相傳有金雞擁彩
雲曬其翅於此山

金紫山在縣西五里曉日光映其山如金紫之色
絢耀射目

掛榜山在縣西十里即韋元帥墓山也

陽和嶺在紫山西北即宋元儒學基耕者曾獲銅
鑑二個一歸於唐鑑一歸於僧少誠

石龍口在縣西二十里以形名

羅老洞在縣西南二十五里約深二里昔有羅姓
者隱於中自號青城山人後莫知所之成化四
季大旱官民齊禱於此頃刻雷雨交作其季豐
收

石簰在縣東南三里江邊有石如簰冬時水涸浮
於水面

石鼓在縣東南十里峙立江濱其形如鼓

沱水縣志源自岷山禹貢謂沱潛既導蔡氏註云
今按南郡枝江有沱水

湉溪在縣對江東岸

花溪在縣西南三里水通大江

三郎溪在縣東一里石簰之左

蓮花池在縣治當前昔傳周茂叔先生於此觀蓮
池內紅蓮季季盛開嗣後居民稠雜強悍者割
據爲已物以致糞淤擁水城內窪下者悉遭渰
沒

飲馬池在縣南三里傳照烈關張飲馬於此

普庵堂在縣南舊學之西成化時鬻爲民田升科

堆埸灘在縣對江東岸響聲若雷入蜀第一灘也

鐵索井在城西門昔有女墮汲水見有鐵索盤旋
井欄女懼回家人求之弗得
孫家湖在縣北七十里
老鸛湖在縣西一里半屬民田半屬官民牧地
官柴湖在下百里洲
大通井在本寺內
百里洲在縣東北六十里延袤百里餘梁史陸法
和有異術隱於此講經臺故址至今猶存相傳
縣有九十九洲洲不滿百故不出王者宋文帝
在藩封宜都王忽生一洲未幾嗣立嘉靖前衛

爲兩段今遂名爲上百里洲下百里洲軍七民
三縣衛分屬
上下百里洲作堤壅防水乃係受利人戶修補萬
曆間知縣周仲士教民于洲尾流店作閘門洩
水壬子知縣錢奏勳教民于大堤之外築護濱
小堤堤邊種楊柳其危險處所令民搬砌小石
作垅其法最善近自兵火之后居民鮮少每見
柳奇枯朽即取爲薪且歲久石落不復搬砌而
堤防遂弛于順治丁亥決香積寺總庚寅決徐
舊總知縣李花自修築壬辰季流店古閘崩塌

癸巳季大決徐舊總新堤知縣曲允斌于甲午
季捐俸助修月堤二百餘丈乙未又築香積寺
口丙申塞閘口堤戊戌徐舊流店香積總三處
同決己亥知縣田禹稼同教諭劉治臣典史宋
宗文督修流店閘口工力倍前癸卯季秋水大
漲各堤壅一時俱破渰溺人畜漂蕩民房卯洗
知縣周廷桂自乙巳季蒞任之後仝典史宋宗
文每季督修堤壅堅固民獲安寧著已數季矣
後此而求永固之策鐵壘遺法可不亟講乎
計開上百里洲十總名目於左

古畢總　徐舊總　慶臺總　楊輝總
白水總　甯家總　華流總　香渡總
上下馬口總　蕭家總
涮洲在縣東五里大江之中
潮洲在涮洲下
漏洲在縣東六十里
關洲在潮洲下
灞洲在漏洲之尾
南渚洲在縣東南六十里更名羊角洲
金盆山隆慶季有妖言神降此地邑民有請龍
石馬山在縣南一二十里
疊累土成山如壘市後

馬鞍山在縣南三十里俱以形名
馬陽閘在縣演武亭側
苦艸洲在縣東六十里
蘆洲在縣東南七十里
漸洲洋洲今合併一洲名漸洋洲約五十餘里在
　蘆洲之下俱有堤防
滓洲在洋洲上有堤防
文筆峯在紫山之前
洗心湖在舊學前

關梁

湘王橋在艸埠湘藏王所建
白水渡在縣北三里　北門古渡在縣北
董灘口渡在縣東六十里即今董市
王大仁河渡在縣東七十里
胡家渡在縣西一里　滄浪溪渡在縣東五十里
江口渡在縣東八十里
天星橋在縣南二里　三里橋在縣南三里
徐家橋在縣南十里　東門橋在縣城內
通濟橋在縣城外　花溪橋在縣西五里
洋溪橋在縣東二十里重修知縣余能繼有記

大江上通蜀川下接漢沔爲南北咽喉要害自龍
窩而下其中危險之處不一而足最上曰餓鬼
臍堆易灘俱在關洲西北怪石嵯牙極爲險要
下之曰兩龍灘在南沱洲之南曰江谷口在南
沱洲之北曰濬子灘在上百里洲之南曰秤鈎
灘在上百里洲之北曰獨楊泌雀兒尾俱在上
百里洲之南曰八畝灘石套子俱在上百里洲
之尾又上百里洲至下百里洲一帶江中多黑
泌湧起往往壞舟凡官舡糧艘經過此處當預
令魚戶網舡引水以防不測舊志未載今特錄
之以備不虞又王家垸在關洲之尾其江汪洋
浩瀚遇有北風濤浪洶湧嘗致覆溺不可不隄
防也

水利

一都大溪垱李家垱胡家垱甯家垱張家溪朱文
垱鍾家垱郭家垱蔡家垱張家垱花溪官垱石
龍垱劉家泉頭垱
二都五里垱枸林灘圩岸金沙灘圩岸花泥灣圩
岸張家垱磚灘圩岸蔣斗灣圩岸紅山廟圩岸
毛岸圩岸關洲圩岸

三都鶴巢壋、黃土壋、李榮壋、江口壋、何家壋、興馬
壋、瓦壚壋、楊家壋、李官壋、艸達壋、萬交壋、楊五
壋、孫家壋、沙洲壋、
四都牛渡壋、石獅壋、大湖壋、侯家壋、新興壋、蕭家
壋、魚羊壋
五都百里洲、石閘、漸洋洲、石閘、百里洲圩岸、漸洋
洲圩岸
六都黃陂壋、李陂壋、長沙壋、王家壋、鱘魚壋、張家
壋、豬陂壋、瓦口壋、佛善壋、何馬壋、杜陂壋、野猫
壋、白馬壋、陳家壋、

七都土臺堤、破堤口、蔴黃堤口、丁家坑、楊家伏堤、
毋猫湖堤、滑泥口、流店口堤、魏家堤、向家口堤、
八都陳老壋、蕭家壋、下盤壋、長陂壋、符箋壋、董馬
壋、土陂壋、大湖壋、上盤壋、新陂壋、于工壋、大河
壋、楊五壋、牛渡壋、白陂壋、蓮荷壋、土官壋、唐沙
壋、石堰、族壋
枝邑夙稱名山大川甲於諸邦固矣迺橋梁關渡
空若小節而子路三善之稱子產人毋之誚至
今不磨實皆出于此至於八里堤塝陂壋尤所
當軫念者圩岸雖盡範以堤太古遠甚然千丈
之固壞於一蟻者可無慮乎壋堰雖親見疏濬
較昔報空程遠甚然而旱魃之虐季復一季者
可無備乎此司民牧者宜蚤夜圖之矣

景致

舊載八境大都清幽佳麗一時風物出之天然者
多出之人工者少雕鏤不施而一石一丘一島
一木均之足以供笑傲而寄觴詠者故備錄焉
紫山冬翠即山類孤峰獨聳高插雲端群芳衆卉春
秋固見盛麗殘冬晚歲積雪凝霜松栢挺秀江
城第一奇觀

白水曉渡即關梁類白水港角殘鷄鳴楚竹新燃迢迢
行李沙中偶語柳林野望搖曳撐出而欸乃一
聲漁家絕響
三洲漣浪即山川類關洲潾洲涮洲三洲地不甚遠燈
火相聯當其瀾平浪靜雲霧籠罩煙光間雜望
之者稱爲十洲三島
曲市夕陽即山川類沱水鎮俗傳小蘘抗表其殷盛也
雖不見與籍而山聳平原猶有街砌瓦礫井廬
之痕斜曛晚照景物淒其或者兵燹燒殘桑田
滄海亦理之常而古者不無感焉

撊勤梵鍾即寺類寺孚居寺也悉虛敞開近水樓臺壞
雖僻處沙渚境實隔乎塵囂洪鍾送江上之音
消籟徹山間之耳令入令欣聽之亦足醒凡襟
而空世慮

蓬萊仙境即寺觀類所載山脈發於金雞之嶺丹流蜿
壁輝映圓滿雲霧鎖百磴之梯烟霞浮半榻之
洞雖落城市絕勝山林

石篩魚網即山川類乘石巖崖鋪於水面而灣還處漁
人罷釣搖搖蘭槳酤酒烹魚偷閒晒網縱泛湖
乘槎其樂終不易此

花溪牧笛即山川類兩岸透迤一水縈迴澗邊花開
啼四時不絕牛羊下括見童歸晚短笛橫吹清
韻襲人即五月落梅之調亦不違過

風俗附歲時好尚

質直好義不事夸詐見元志民勤耕桑士頗知學
見舊志敬重神明見隋地里志競渡之戲見郡志
務稼穡少商賈尚節儉太浮華見郡志冠昏喪祭
之因古禮服舍車騎之遵往制卓有淳風俱見舊
志

節序相尚大略與四方不甚遠異元日不拘貧富
漏下三鼓即起盛張花燭品菓闔門移香案於階
羅拜天地家廟尊卑大小以次相拜日始旦各盛
鮮美之服交賀至初十外鄉村携盒載酒往來不
絕元夜一二日卉各人戶試燈高結採棚寶馬香
車俳優諧戲雖風雨不避而火樹銀花光可徹曉
立春日縣官迎春如儀鄉市往觀清明日各戶拜
掃墳墓掛紙錢於竹枝陳列牲醴哭泣始歸端午
懸艾以米包角黍泛蒲於觴佐以雄黃硃砂江中
造龍舟水戲五七日始停七夕俗稱中元節鄉市
祭家廟費有元日之半中秋是夜各家置月餅西

瓜酒饌相聚於庭謂之賞月重陽造酒蒸餅好事
者結伴看山有登高禳邪之傳臘月二十四日號
小年節掌滌庭廚祀灶踏符除夕祠祭先祖爆竹
鼓樂絃歌滿耳擁爐坐夜明燭以達旦矣是謂新
年

輶軒遣使雜採方言風俗之盛衰政教之汚隆所
由徵也夾江風俗凡冠昏喪祭士大夫家一遵
朱文公家禮惟是鄉野愚氓狃于習尚即居喪
之時擊鼓歡呼謂之悅尸乃風俗之最惡者若
其婣睦之誼猶有先民之遺風焉士大夫雖有

轉移之意而無化導之权移風易俗尚于良有
司是望耳

古蹟 附亭臺

元道愛堂尹程德建今縣後廳乃舊基

明月水書院在縣西三里前元授都林盈司建今
圯

庾臺在百里洲之北去縣六十里世傳晉庾亮嘗
於此講究經史今庾臺有寺建於上後得姚肩
誌知爲庾信

物產

枝江與國高病燥卑病濕凡黍稷稻粱之類及飛
潛動植之物雖無奇珍足紀然亦山水之所蕃殖
也謹列之爲多識之藉

稻之屬有大秥有小秥有香秥有早稻俗名五十
粘有晚稻臨冬方熟另有以糯穀名或紅或白
或盡眉或楞條蓋隨其色與形而轉名也並宜
釀酒

稷之屬有黍有粟有粱有麥稷黍粱粟俱有秥糯
之名而麥有大小之別

菽之屬有黃豆有黑豆有茶褐豆豌豆赤豆綠豆
蔓豆麥豌豆

蔬之屬有芋有葱有蒜有莧有瓜瓠茄韭有白菜
萵苣芫荽茼蒿君蓬婆菱蔓菁蘿蔔黃白色莊
豆娥眉豆龍爪豆有葷有芹有芥有王瓜絲瓜
筍瓜萊瓜而取
名於東西南北與色之青黃綠白者於是瓜多
異種焉

菓之屬有梅有梨有柿有桃有杏有李有棗橘有
柑有蓮實有枇杷有梧桐有銀杏有櫻桃有石
榴有山查有栗子楮子有林禽此列其名然有

一種而大小甘苦早遲之不同者

藥之屬有紫蘇通艸白芷菖蒲益母艸香附子丁
公藤天南星半夏麥門冬有梔子粉葛苗菊花
桑白皮有紫蘇有薄荷有橘皮有枳殼淡竹葉
車前子有蒼耳土茯苓香薷五倍子五加皮有
枸杞有瓜蔞有金銀花

艸之屬有茆有蘆有菰有荇有芝蘭有萱有蕨
蒿有艾有蒿稗有馬鞭有茜艸

木之屬有桑有柘有棡櫃有栢有桐有楓有椿有
株有榆有椇有松有冬青有烏桕有椶櫚有黃

楊曰楊有樟有椑有楮

竹之屬有篔簹有鳳尾有釣竿有叢竹水竹紫竹
班竹冬竹

花之屬曰牡丹曰芍藥曰薔薇曰葵曰菊曰芙蓉
曰蓮曰雞冠曰梔子曰海棠曰水仙曰紫荊曰
玉簪曰山茶曰夜落金錢曰粉團曰木犀曰山
丹

畜之屬曰牛曰馬曰驢曰騾曰豕曰犬曰雞曰猫
曰鵝曰鴨曰洋

禽之屬有鸛有鷹有隼有雉有鵓有鴿有鶵有鳩

有鳦鳥有倉庚有鶺鴒有鴛鴦有鷓鴣有杜鵑
有白鷺有畫眉有百舌有布谷有翡翠有鸕鷀
有鸂鶒有啄木有竹雞有姑惡有錦雞有白鷳

獸之屬有虎豹有獐鹿有兔有獺有狐有狼有猴

鱗之屬曰鱓曰鱣曰鯉曰鰱曰鑽沙曰鯿曰西鯇
曰魚鼠曰烏魚曰鯽曰鱔曰鮎曰鰔曰鰍

介之屬曰龜曰鼈曰黿曰螺曰蠙

蟲之屬有蠶有蛾有蝸有蝙蝠有蚓蛇有蜈蚣有
蜥蜴有螽有蜾有蠃有蠅有蟾蜍有蝌蚪有螢
有蟯蟥有莎雞有蟋蟀有蟬有蝶有蜘蛛有水
蛭有蛾蠓

貨之屬有木棉有苧蔴有絲有葛有紅花

枝江縣志卷之二

知枝江縣事周廷柱　主修

建置志總引

國家興作之役最難輕議然亦有不容不建置者如設險守禦必資于城郭向明聽治必本于縣治館穀華使必假于公署妥聖毓眞必始于儒學至于驛遞有舖坊表有竒廛市有設合公私而兼營則邑制始稱備

城池

枝城創于故明洪武二十年週圍千有餘丈五里五百步樓臺凡六座匾題大東門曰迎暉小東門明知縣余能繼修城完固更名曰正東門南門曰解阜北門曰拱宸西門曰青雲小西門曾望氣者有言開之招峒蠻之變因塞之東北臨大江西南陡峻城壕深廣城下火巷長路一條西自鐵索井城溝起至北門止明例自正東門大東門止係里民修砌餘盡屬十所修砌

國朝例東南城垣樓臺三座八里經修西北城垣樓臺二座十所經修至于門關守候尚仍舊例

昔周成王封熊繹於楚居丹陽即歸州丹陽城也

後遷郢枝江亦名丹陽自秦置郡縣而枝江之名始立縣初居于沮中次遷于上百里洲後遷于澌洋澤洲宋咸淳丁卯又遷于下沱市水鎮今縣是也明洪武初先設十所次即立縣城池同守軍民分轄蓋以峒日諸司僻處深山人多叵測往來出沒與枝最近使枝之門戶不謹而彼得以乘間竊發則江南諸邑難免荼毒矣故既設諸所以守禦峒蠻即設邑長以統制軍民是枝雖彈丸之區其關係于江南者豈淺鮮哉

我

朝定鼎江南餘氛未靖縣治暫寓上百里洲至康熙元年

王師進勦西山知縣田禹稼奉檄入城因民苦夫役所丁歸衛修城之費八里不能全輸于康熙二年申詳　院司道府准以軍民各半施工遂披荊斬棘與枝民更始然規模雖已畧具而制度尚未畢舉康熙三年甲辰知縣周　諱廷柱復告諭枝民聚糧鳩工凡城池樓臺衙舍倉庫以次第修舉告厥成功焉庶几可以鎮壓諸司而鞏奠南服矣異日沐安攘之休者其可忘綢繆之功哉

縣治

縣治發脉於金鷄山蓮花池仰周亭當其前故明
洪武元年縣丞詹尹銅建二十三年知縣王滿重
修正統六年被燬七年知縣陶繼重建正德七年
知縣成裴重修嘉靖三十二年知縣董燧重修萬
曆三十九年知縣錢奏勳重修明末兵燹僅存搽
蓬三間二門三間
國朝知縣李花自建正衙五間田禹稼建耳房四間
書房三間狀亦爐毀未及遷焉知縣周諱廷柱始
入城建正堂三間二堂三間內廳三間左右吏舍

八間獄房二間土地祠三間典吏宋宗文建本衙
正廳三間內廳三間正衙三間
按枝江縣治明歷數代之修建而始備自搶攘
後一壞於諸賊之烈火再壞於奸民之私燬而
古制蕩然鮮有存者迄我
清之初涖茲土者皆以江南逆寇未殄暫居百里洲
欲遷未果邑侯周公始入城招集遺黎捐俸助
修數年而縣治乃一新焉肇造之功遠矣

公署

按察分司在正東門內宣德六年知縣高敏建今毀

凡邑不當孔道則一署亦足以備止驛而供鋪
穀枝邑衝疲又有間道可通澧州故往往取徒
於斯今布政司無存府館久廢即按察一處僅
有遺址尚在而規制未復故每至臨時倉皇借
住民居甚非久遠計也修建之務宜亟講焉

儒學

按儒學遷徙不常先代一在漸洋滓洲一在上百
里洲一在紫山下故明洪武初年建於城東沙淀
市成化十七年教諭蘇盤遷縣西門弘治壬
戌知縣蔡文買邪少卿余壽地千戶張邦地百戶

劉武地遷移修建正德年間知縣成裴高公夏顏
鎬俱重修嘉靖三十三年知縣董燧重修萬曆戊
寅知縣余能繼重修萬曆戊戌年知縣周仲士遷
於縣治之西至崇禎庚辰知縣胡陽爾復遷於城
內福傳山當時王遷著則故明大學士楊嗣昌荆
南巡道王承祚捐地著則荆州太守王覲光也
從來人材之盛衰係乎學校之興廢而人材之
所以盛者尤賴有振興學校之人哉
世祖章皇帝入承大統嘉意斯文定鼎之初遂詔
天下修學而楚省江南一帶猶爲餘孽盤踞故

雖有亘指張公諱朝瑞發銀修葺　曲田二侯
留心學校皆不及爲而去康熙三年甲辰西山
平定　邑侯周公諱廷柱奉檄入城目擊學宮
重地鞠爲茂艸即欲卜吉揭工用垂不朽遂逢
太守李公暨
諸上臺公祖興賢育士俱以建學備材爲首務遂
同　學師魏公諱鉉齡縣尉朱公諱宗文先舉
明倫堂而重修之次舉
聖殿而特建之自兹以後妥安
聖靈有其地講學肄業有其堂計其版築落成之期

不過朞月而已噫何其倫且速也蓋此學之作
在於久廢之后曠典一新人心樂從况上不費
國家之公帑下不費諸士之私積皆捐俸損己共勷
盛舉一時士民有不奔走趨事以後爲羞乎故
制度若斯之備成功若是之速也行見枝之士
經明行修而可爲公卿枝之俗孝友溫恭而可
爲仁里矣人材輩出風俗淳美思詠
三公之遺愛曷有既哉雖然今之學宮壯偉焜燿可
謂盛矣向非庠生楊開泰親臨險阻廣搜名材
又曷能如取如攜致有今日之盛乎其人雖往
其功不可沒也故並錄之

先師廟五大間已建○東西兩廡各七間○戟門
三大間○名宦祠一間戟門左○鄉賢祠一間戟
門右○明倫堂五大間已建敬德修恭齋東西各
三間○啓聖祠三間○櫺星門石桂壹座已建○
儀門三間已建○文昌祠三間
教諭衙○正廳五間○正房五間○兩廊房各三
間○門道一間○訓導衙○正廳五間正房五間○兩廡廂各三間
○門道一間○明督修學宮義民黃梅　馬宮　吳尚信　張素蘊　王顕祖　王錫命　楊文偉　夏首寅
皇朝督修學宮彭祈年　楊開極　習有信　周三重　謝君恩

文廟祭器書籍屢經兵火散失無存恭候
頒用昭世守
附學田○儒學官田舊志載八分分載止有三
分每年入分額該銀各二稞貳拾捌兩壹錢內除
銀貳兩貳錢五分完納條編餘前項銀聽候
學道支解其田前後投進多出於知縣董燧置建
至今冊內戶名曰董發賢可知矣
國朝儒學冊開載學田四處荒熟不等今將地名稞
租正賦數目開列于左
漏州學田壹分計丈玖拾叁畝未分叁釐原額載

秋米四斗柒升叁合貳撮麥六斗六升叁合五撮除納正賦銀玖錢六分餘銀六兩貳錢肆分克租

南崗坪學田一分計丈捌拾叁畝原額秋米捌斗三升四合四撮麥六升七合除納正賦銀壹兩壹錢玖分餘銀叁兩零壹分克租

洗腳溪學田壹分成熟貳拾柒畝玖分載秋米壹斗貳升叁合貳撮麥壹斗伍升叁合四撮實征收租銀玖錢貳分壹釐六毫七絲內扣正賦銀貳錢三分三釐八毫七絲餘銀六錢八分七釐

八毫克租

荒蕪洗腳溪學田伍拾陸畝壹分荒過秋米貳斗四升六合四撮麥三斗壹升七合荒過租銀壹兩六錢四分四釐四毫六絲內荒正賦銀伍錢零壹釐叁毫三絲

罐嘴灘學田壹分計丈肆拾畝原派秋米壹斗七升六合麥貳斗貳升四合應扣正賦銀三錢五分零壹毫貳絲八忽餘銀壹兩貳錢四分玖釐八毫七絲貳忽克租其田坐落上百里洲湖邊至今荒蕪無人開種

附公田〇萬曆四十年六月知縣錢奏勲申請巡按御史史發價銀壹百壹拾兩零捌錢五分置買地名洋河峪蔡王高可正高可升等田地塘堰通共五十八畝五分除遞年納本田條銀七錢七分五釐外每年實該租谷貳拾捌碩銀粿壹兩零四分遵照上行如遇大荒次荒之年正印官斟酌賑濟　附射圃〇在汊沱市久廢民間尚價升科

附射學〇一在城大東門外一在洋溪一在艸埠一在董灘卩俱明知縣董燧建

驛遞

流店驛在百里洲南岸萬曆二十六年因應付不便江陵松滋枝江三縣合爲一處改移松滋屬鎮涴市更名曰三縣驛

國朝仍名流店驛

按枝邑額設驛站載在舊志可稽也自康熙伍年奉裁每歲徵銀解赴　糧驛道惟協濟松滋銀兩松人持　院道掛發號領至枝兌給彼此兩利誠權宜之至計也但縣治通處水陸之衝原有排夫驛馬舡隻等項以供上下之往來前以川廣未通尚未釐舉今則應付漸繁矣酌時

議復不無有望於持籌者

縣前舖在正東門外

石鼓舖在縣東十里

火燒舖在縣東三十里

附廣積倉在縣西南○官廳三間左右倉廒一十五間○漁課河泊所久裁○稅課局在大東門外久廢○陰陽學在縣沙洑市明洪武十七年調衛獄泰開設役民占森探琛呈縣追給本官○醫學在縣南二里○僧會司在城北大通寺右○豐臺豐在萬寶觀後稅務市更名曰安民壆今無殘

坊表

崇教坊在縣五郎廟前○青雲坊在縣市○進士坊在城爲進士龔英立○登瀛坊在城爲進士鬥劉應立○解元坊爲解元徐琦立○騰蛟坊在城爲舉人張宗立○雙鳳坊在沙洑爲舉人李顯何貞立○桂林坊在城爲舉人朱俊立○折桂坊在城外爲舉人潘永錫立○及節坊在城外爲舉人龔讓立○文魁坊在學旁爲舉人李文秀立○揚臚坊在北門外爲[illegible]鳴贊胡辯立○青雲接武在沙洑爲舉人宋子元立○丹陽古邑坊在縣當前○承流宣化二坊在縣前左右明知縣董燧改爲甲第科貢坊明知縣錢奏勳改爲親民勤政二坊以前坊移于學前左右○興賢育才二坊在舊學左右

東門市在縣○北門市在縣○沙洑市在縣東二里○洋溪市在縣南二十里○江口市在縣南八十里○艸埠市在縣北一百二十里○董灘口市在縣東南六十里○王大仁河在縣東南七十里

養濟院在縣沙洑二里○漏澤園原無定制明分巡道周行文撈挨浮屍價買民地三里橋挨河一

段以爲埋瘞與鄉官史學魚所施義塚連界

國朝巡按聶　價買民地董灘口蒯港上陸地一所

埋瘞浮屍詳碑記

枝江縣志卷之三

知枝江縣事周廷桂　主修

祠祀志總引

考祀典云法施於民以死勤事以勞定國能捍災禦患者始祀之况吾夫子之德配天地而貫古今與啓聖諸賢合源同派其享祀於春秋宜矣至於西方東土之傳與琳宫夜臺之蹟雖非葥蔵肰値鼎革之餘或爲重建或爲新隸宜附述之以光祀典

祠廟寺觀

至聖先師每歲春秋仲月上丁二祭配以四賢列以十哲其祭品祭文悉如制兩廡從祀先儒先賢祭亦如〇制

啓聖祠祀孔子父叔梁紇配以先賢顏無繇曾點孔鯉孟孫氏四人從祀以先儒程珦朱松蔡元定三人祭期同前先孔子行禮如〇制

名宦鄉賢二祠祭期亦同前後孔子行禮如〇制

社稷山川祭期春秋仲月上戊巳日祭品祭文如制

厲壇每歲清明中元孟冬朔三祭祭品祭文如制

城隍廟祭祀新官恭謁朔望行香如〇制

吳原二公一係郧陽都御史一係大理寺少卿二公曾有招撫流亡之功以績號聞春秋二祀位設于仰周亭祭儀如壇今久廢列之以待修舉者

漢景帝祠見山類　關王廟在沙沱

東嶽廟在福傳山之掖　南嶽廟在南門外

蕭公廟在北門　五通廟在沙沱

定江王廟在漸洋洲元碑記云二侯乃中山靖王之孫宋延祐二年修

大通寺在縣北金鷄山下宋咸淳二年建有碑記

淨居寺在關洲　寶月寺在縣東七十里南渚洲

等界寺在漸洋洲宋延祐建元碑記云此山名爲第五等東至天台南至普陀西至峨眉北至五臺此山爲五等門有石笋二根稜角天成天順一年一夕風雨雷電交作僧福德起視之止存一笋至今漸陷入土中

清修寺即庚臺寺在百里洲

二聖寺在縣東九十里百里洲

清泉寺在化溪去縣二十里庠生李起龍曰吾昔遊於此見其於高迴之中蒼松環蔭幽鳥和鳴令人飄然欲仙乃一邑佳境也

香積寺在流店驛　彌陀寺在江口

萬安寺在縣東　佛華寺在縣北九十里
壆花寺　慈化寺
黄龍寺在縣東七十里宋時建　青溪寺在縣北六十里
金沙寺在三都　金龍寺在董市
廣積寺在縣東七十里　三清觀在縣小東門內
國朝
城隍廟在百里洲先以賊阻縣移於此故設今居民祀之有禱必應
明月寺在南苑去縣三十里相傳梁武帝所建四十八寺之一
廻龍觀在化溪去縣二十里今更名地
雙泉觀在龍山坪去縣二十五里

陵墓

楚昭王塚在縣西北當陽縣界分　楚穆王塚在縣西二十里長樂鄉
楚懷王塚在舊縣內按張說詩客死嶢關反塟枝
宋枝江令姚肩墓在上百里洲有志
宋朝散大夫史子暈墓在石龍口有志
覃元帥墓在縣西南十五里諱達原元末從僞陳後歸附故明授荆州衛千戶洪武十一年征四川黄坪與賊對敵於鋒鏑有司以聞因塟於此

自古帝王無妄祭無徼福答永所謂明天地之性知萬物之情是也我朝祀典昭垂其尊崇煙類莫重於孔廟而群祀亦各有攸屬至於陵墓遺址雖未列祀而野夫牧豎有不過而敬之乎第俗尚巫鬼久而未變若其齊明中正精潔惠和則神悅而降之福矣王之者所宜挽焉

枝江縣志卷之四

知枝江縣事周廷桂　主修

政教志總引

按邑生齒封域雖不足以語繁廣然亦國家之分土分民也故有身則有庸而戶口與有田則有租而賦稅出其他募夫馬以應公家之役派公費以支經用之需而又設驛傳以濟衝繁立鄉保以昭懲勸為治甚詳未可殫述茲獨舉其大者而載之

按舊志所載錢糧戶口之數俱係勝國遺規新志不宜贅入但以專關國計分文均擬皆有規畫非可輕為去取者茲將原數備附於後以為異日稽查參考之資至我大清政教則遵照賦役全書入刻雖荒熟不併悉為並列一字一畫不敢有差訛也

計開

原額上中下田地貳千壹百叁拾頃捌畝叁分內

上田捌百伍拾貳頃叁畝柒分

每畝科秋糧米壹升壹合該米玖百叁拾柒石貳斗肆升柒勺（每米壹石派銀并新加顏料蠟細價壹兩貳錢玖厘叁毫叁絲伍忽捌微玖塵肆纖陸沙陸漠玖渺）○共派銀壹千壹百叁拾叁兩肆錢叁分捌厘捌毫貳絲肆微伍塵肆纖柒渺

中田柒百零貳頃玖拾叁畝

每畝科秋糧米壹升該米柒百貳石玖斗叁升（每石照前則例）○共派銀捌百伍拾兩柒分捌厘肆毫捌絲肆微叁塵玖纖陸渺捌漠

下田伍百頃貳拾陸畝陸分

每畝科秋糧米玖合壹勺該米肆百伍拾伍石貳斗肆升貳合陸抄（每石照前則例）○共派銀伍百伍拾兩伍錢肆分伍毫捌絲捌忽捌微肆塵叁纖壹渺肆漠

山鄉田柒拾肆頃捌拾伍畝

每畝科秋糧米陸合捌勺肆抄玖撮柒圭叁粒貳粟該米伍拾壹石貳斗柒升貳勺肆抄（每石照前則例）○共派銀陸拾貳兩零貳厘玖毫肆絲壹忽伍微陸塵叁渺

原額地貳千捌百肆拾壹頃捌拾陸畝貳分陸厘

上則洲地叁百玖頃叁拾玖畝壹分捌厘

每畝科秋糧米壹升壹合該米叁百肆拾石叁

斗叁升玖勺捌抄每石照前則例○共泒銀肆百壹拾
壹兩伍錢柒分肆厘肆毫肆絲伍忽貳微陸塵
叁漢
中則洲地貳百陸拾陸頃柒拾柒畝伍分壹厘
每畝科小麥壹升壹合貳勺叁抄陸撮玖圭伍
粒貳粟該麥貳百玖拾玖石柒斗柒升肆合壹
勺每石泒銀肆錢玖分肆厘捌絲伍忽貳微肆塵壹纖叁渺伍漠○共泒銀壹
百肆拾捌兩壹錢壹分叁厘玖毫柒絲叁忽玖
微肆塵捌纖肆渺
中則山地貳百叁拾肆頃叁拾伍畝捌分陸厘

每畝科小麥捌合伍勺玖抄壹撮捌圭捌粒該
麥貳百零壹石叁斗伍升捌合陸勺每石照前則例○
共泒銀玖拾玖兩肆錢捌分捌厘叁毫壹絲壹
忽柒塵玖纖肆渺
街基地肆頃叁拾畝玖分叁厘
每畝科小麥貳升伍合該麥壹拾石柒斗柒升
叁合叁勺伍抄每石照前則例○共泒銀伍兩叁錢貳
分貳厘玖毫伍絲叁忽貳微叁塵肆纖捌渺
下洲地壹百叁拾捌頃肆拾畝叁分捌厘
每畝科小麥玖合壹勺該麥壹百貳拾伍石玖

斗肆升柒合叁勺伍抄每石照前則例○共泒銀陸拾
貳兩貳錢貳分捌厘柒毫貳絲陸忽捌微貳塵
貳纖壹渺
山鄉地肆百柒拾壹頃玖拾貳畝伍分壹厘
每畝科大麥伍合肆勺該麥貳百伍拾肆石捌
斗叁升玖合捌勺伍抄每貳石折小麥壹石照前則例○共泒
銀陸拾貳兩玖錢伍分陸厘叁毫肆忽叁微玖
塵陸纖肆渺
鄉基地壹百柒拾壹頃壹拾貳畝貳分柒厘
每畝科大麥捌合肆抄柒撮捌圭貳粒叁粟該

麥壹百叁拾柒石柒斗壹升陸合伍勺貳抄每貳石折小麥壹石照前則例　共泒銀叁拾肆兩零貳分壹厘
捌毫伍絲壹塵壹纖
洲基地壹拾伍頃玖拾伍畝壹厘
每畝科大麥捌合肆抄柒撮陸圭玖粒捌粟該
麥壹拾貳石捌斗叁升陸合壹勺陸抄每貳石折小麥壹石照前則例○共泒銀叁兩壹錢柒分壹厘柒絲捌
忽貳微捌塵伍纖柒渺
下則山地壹千壹百伍拾頃肆拾捌畝貳分肆厘
每畝科大麥捌合肆抄柒撮柒圭捌粟該大麥

玖百貳拾伍石捌斗柒升肆合柒勺肆抄伍作不折
小麥壹石照前則例○共派銀貳百貳拾捌兩玖錢柒分
柒厘伍毫貳絲貳忽壹微捌塵伍纖叁渺
水鄉地柒拾玖頃壹拾肆畝叁分柒厘
每畝科大麥陸合捌勺伍抄該麥伍拾肆石貳
斗壹升叁合肆勺叁抄每貳石折小麥壹石照前則例○共派
銀壹拾叁兩叁錢玖分叁厘貳絲叁忽伍微貳
塵貳纖玖渺
以上各地大麥每石帶科夏稅絲貳錢伍分玖厘捌毫叁絲柒忽陸微○該
絲貳拾貳觔捌兩

小麥每石帶科桑絲壹錢壹分壹厘叁毫陸絲肆忽肆微叁塵壹纖○該絲肆
觔柒兩零叁分叁厘叁毫叁絲
共帶科夏稅桑絲貳拾陸觔壹拾伍兩叁分叁
厘叁毫叁絲於秋糧內帶派
新增開墾淤洲地叁拾肆頃伍拾捌畝柒分
共科秋糧米柒斗伍升照前則例派徵○共派銀玖錢
柒厘壹忽玖微貳塵壹纖
共科小麥貳拾陸石壹斗陸升柒合大麥叁石
陸斗貳升每石派銀照前則例○共派銀壹拾叁兩伍錢
柒分伍厘玖毫陸絲肆忽肆纖捌渺

原額塘湖捌百肆拾叁頃柒拾畝陸分壹厘內
塘貳百陸拾捌頃壹拾貳畝叁分陸厘
每畝科秋糧米捌合肆勺該米貳百貳拾伍石
貳斗貳升叁合捌勺每石照前則例派徵○共派銀貳百
柒拾貳兩叁錢柒分壹厘貳毫貳絲伍忽陸微
柒塵叁纖柒渺伍漠
湖伍百柒拾伍頃伍拾捌畝貳分伍厘
每畝科秋糧米玖勺共該米伍拾壹石捌斗貳
合叁勺每石照前則例○共派銀陸拾貳兩陸錢肆分
陸厘叁毫捌絲捌微壹塵陸纖肆渺

以上共科秋糧米貳千柒百陸拾肆石柒斗玖升
捌抄內貳斗以上起科官等田米柒百陸拾貳
石肆斗陸升捌合捌抄民米貳千零貳石叁斗
貳升貳合不分官民一體編差
共科夏稅小麥陸百陸拾肆石貳升肆勺
共科大麥壹千叁百捌拾玖石壹斗柒勺實折
小麥陸百玖拾肆石伍斗伍升叁勺伍抄
貳麥折共壹千叁百伍拾捌石伍斗柒升柒勺
伍抄
以上田地塘湖共伍千捌百伍拾頃貳拾叁畝捌

分柒厘
共科秋糧米貳千柒百陸拾肆石柒斗玖升捌
抄每年除優免外派則不等照額徵并新加北絹顏料每石派銀壹兩貳錢玖厘叁毫叁絲
伍忽捌微玖塵肆纖陸渺陸漠玖埃
共額徵并新加北絹顏料共額銀叁千叁百肆
拾叁兩伍錢伍分玖釐捌毫捌絲肆忽玖微陸
塵玖纖
貳麥折實共壹千叁百伍拾捌石伍斗柒升柒
勺伍抄照額每石派銀肆錢玖分肆厘捌絲伍忽貳微肆塵壹纖叁渺伍漠
共額徵銀陸百柒拾壹兩貳錢肆分玖厘柒毫

柒忽肆微玖塵捌渺
夏稅絲貳拾陸觔壹拾伍兩零叁分叁厘叁毫
叁絲秋糧內派
原額人丁貳千玖百伍拾壹丁每年除優免外派則不等照額徵并
新加顏料每丁派銀叁錢玖分貳厘貳毫貳絲叁忽捌微陸纖柒渺
額徵併新加顏料共銀壹千壹百伍拾柒兩肆
錢伍分貳厘肆毫陸絲貳忽伍微玖塵肆纖玖
渺
以上田地山塘基湖淤地人丁通共併新加北絹
顏料共額銀伍千壹百柒拾貳兩貳錢陸分貳

厘伍絲伍忽伍塵肆纖柒渺
萬曆肆拾陸柒捌叁年加增玖厘地畝正損遼餉
共額銀壹千貳百肆拾捌兩壹錢肆分壹厘肆
毫貳絲壹微伍纖
戶部項下
夏稅折色起運
解南農桑絹叁疋壹丈陸尺伍寸伍分每疋正銀伍錢
伍分損銀壹錢伍分共銀貳兩肆錢捌分陸厘貳毫柒絲
柒忽新議京損銀每兩伍分該銀壹錢貳分肆厘叁毫
秋糧折色起運

京庫米柒百陸拾貳石肆斗陸升捌合伍勺每石
折銀貳錢伍分共該銀壹百玖拾兩陸錢壹分柒厘壹
毫貳絲伍忽每兩京損銀叁分滴珠銀壹分京損滴珠共銀柒
兩陸錢貳分肆厘陸毫捌絲伍忽新議解官盤費每兩貳分
該銀叁兩玖錢陸分肆厘捌毫解司
鹽鈔折色起運
解南戶口鈔本折正損共銀肆拾捌兩叁錢肆
分玖厘貳毫肆絲陸忽陸微玖塵柒纖叁渺帶
閏銀壹兩陸錢壹分壹厘陸毫肆絲壹忽伍微
伍塵陸纖陸渺新議解官盤費每兩貳分該銀玖錢陸分柒厘解司

湖洲襍稞丁糧內派

解北乾魚正銀壹拾捌兩伍錢貳分肆厘貳毫伍絲每兩新議京摃銀玖厘該銀壹錢陸分陸厘柒毫壹絲捌忽貳微伍塵新議解官盤費每兩貳分該銀叁錢柒分叁厘捌毫

解南乾魚正銀貳兩玖錢捌厘柒毫伍絲每新議京摃銀玖厘該銀貳分陸厘壹毫柒絲捌忽柒微伍塵新議解官盤費每兩貳分該銀伍分捌厘柒毫

起運夏秋本色

黃絹壹拾捌疋每疋正銀柒錢織費貳錢摃銀貳錢共銀壹拾玖兩捌錢當官買辦成造責合經手人役解司委官搭解遇朝覲年分州縣官帶解不許

僉繫攬埋

新加北絹每疋銀叁錢伍分該價銀陸兩叁錢

一摘裁

宗祿折色銀壹百捌拾貳兩柒錢玖分玖厘玖毫叁絲伍忽玖微解費銀柒錢柒分肆厘貳毫

官員柴薪銀貳拾肆兩捌錢

民校等役工食銀壹百壹拾捌兩貳錢

茶價襍用等銀陸拾柒兩玖錢肆分壹厘肆毫壹絲摃費銀壹兩貳錢肆分貳厘貳毫

地畝玖厘餉銀壹千貳百肆拾捌兩壹錢肆分壹厘肆毫貳絲壹微伍纖

禮部項下

秋糧折色起運

北京藥味正摃共銀壹兩陸錢捌分柒厘伍每兩京摃銀肆分該銀陸分柒厘伍毫新議解官盤費每兩貳分叁分伍厘壹毫

兵部項下

稅糧折色起運

江濟水夫貳拾伍名每名銀肆兩零玖分伍厘共銀壹百貳兩叁錢柒分伍厘每兩京摃銀壹分叁厘該銀壹兩

錢叁分捌毫柒絲伍忽新議解官盤費每分該銀貳兩零柒厘壹毫解司

工部項下

秋糧折色起運

緞疋壹拾叁兩叁錢摃銀貳兩遇閏加正摃壹兩伍錢貳分每兩京摃銀玖厘該銀壹錢叁分柒毫新議解官盤費每兩貳分該銀叁錢捌厘柒毫

活鹿銀陸兩貳錢每兩京摃銀玖厘該銀伍分伍厘毫共銀陸兩貳錢伍分伍厘捌毫新議解官盤費每兩貳分該銀壹錢貳分伍厘壹毫

虞衡司料銀伍拾陸两伍錢每两京損銀玖厘該銀伍
錢捌厘伍毫新議解官盤費每两貳分該銀壹两壹錢肆分零貳毫
軍器銀壹拾貳两肆錢叁分叁厘貳毫伍絲捌
忽解官盤費銀貳錢肆分捌厘陸毫陸絲伍忽壹微陸塵
湖洲雜課秋糧內派
蔴鐵正銀貳拾叁两叁錢叁分柒厘肆毫壹絲
貳忽伍微每两京損玖厘該銀貳錢壹分叁絲陸忽柒
微壹塵貳纖伍渺遇閏加銀壹錢玖分柒厘伍毫壹絲叁忽陸微伍塵新議
解官盤費每两貳分該銀肆錢柒分零玖毫伍絲
綠膠銀貳两貳錢叁分柒厘伍毫每两京損銀玖厘該

銀貳分壹毫叁絲柒忽伍微遇閏加銀壹錢陸分壹厘柒毫伍絲
新議解官盤費每两貳分該銀肆分伍厘壹毫伍絲
夏秋本色起運
白硝麂皮貳百陸拾張每張價銀肆錢京損銀貳錢共銀壹
百伍拾陸两新議解官盤費每两貳分該銀叁两壹錢貳分
如遇折色之年每两另派京損銀玖厘
胖襖褲鞋伍拾副每副正銀壹两貳錢水脚銀叁錢共銀柒拾
伍两官解領銀製造解司另給夫馬不必加派損銀
外綾紗紙價銀貳拾捌两玖錢肆分肆厘叁毫
柒忽玖微貳塵候部文到之年方派不必每年派徵

光祿寺項下
甲丁庫供應等銀柒拾两每两京損銀貳分該銀壹两
肆錢新議解官盤費每两貳分該銀壹两肆錢貳分捌厘
新加顏料銀陸拾叁两肆錢捌分陸厘肆毫
隨漕項下
淺船銀壹拾两叁錢陸分肆厘加運木盤纏肆錢壹分肆厘伍
毫給木戶經紀領用
存留經費款項
知府
修宅家伙分派銀壹拾貳两伍錢順治拾貳年全裁

同知
燈籠夫壹名工食銀柒两貳錢順治玖年裁存銀壹两貳錢
銀陸两
通判
桿圍傘扇銀壹拾两順治拾肆年全裁
皁隸肆名共銀貳拾捌两捌錢順治玖年裁銀肆两捌錢
存銀貳拾肆两
推官
皁隸肆名共銀貳拾捌两捌錢順治九年裁銀肆两捌錢康熙
陸年全裁銀貳拾肆两

扇夫壹名工食銀柒兩貳錢順治玖年裁銀壹兩貳錢康熙陸年全裁銀陸兩
照磨
門子壹名工食銀柒兩貳錢順治玖年裁銀壹兩貳錢存銀陸兩
知縣
俸薪銀陸拾叁兩肆錢玖分順治拾肆年裁銀壹拾捌兩肆錢玖分存銀肆拾伍兩
油燭銀壹拾兩順治拾肆年全裁
迎送上司傘扇銀壹拾兩順治拾肆年全裁

心紅紙張銀貳拾兩
修宅家伙銀貳拾兩順治玖年全裁
吏書拾貳名共銀壹百貳拾玖兩陸錢順治玖年裁銀伍拾柒兩陸錢康熙元年全裁銀柒拾貳兩
門子貳名共銀壹拾肆兩肆錢順治玖年裁銀貳兩肆錢存銀壹拾貳兩
皂隸壹拾陸名共銀壹百壹拾伍兩貳錢順治玖年裁銀壹拾玖兩貳錢存銀玖拾陸兩
馬快捌名艸料工食共銀壹百肆拾肆兩順治玖年裁銀玖兩陸錢存銀壹百叄拾肆兩肆錢

民壯伍拾名共銀叄百陸拾兩順治玖年裁銀陸拾兩存銀叄百兩
燈夫肆名共銀貳拾捌兩捌錢順治玖年裁銀肆兩捌錢存銀貳拾肆兩
禁卒捌名共銀伍拾柒兩陸錢順治玖年裁銀玖兩陸錢存銀肆拾捌兩
修理監倉銀貳拾兩
轎傘扇夫柒名共銀伍拾兩肆錢順治玖年裁銀捌兩肆錢存銀肆拾貳兩
庫書壹名工食銀壹拾貳兩順治玖年分裁銀陸兩康熙元年全

裁銀陸兩
庫子肆名共銀貳拾捌兩捌錢順治玖年裁銀肆兩捌錢存銀貳拾肆兩
倉書壹名工食銀壹拾貳兩順治玖年分裁銀陸兩康熙元年全裁銀陸兩
斗級肆名共銀貳拾捌兩捌錢順治玖年裁銀肆兩捌錢存銀貳拾肆兩
典史
俸銀每年叄拾壹兩伍錢貳分
書辦壹名工食銀柒兩貳錢順治玖年裁銀壹兩貳錢康熙元年

全裁銀陸兩
門子壹名工食銀柒兩貳錢順治玖年裁銀壹兩貳錢存銀
陸兩
皂隸肆名共銀貳拾捌兩捌錢順治玖年裁銀肆兩捌錢存
銀貳拾肆兩
馬夫壹名工食銀柒兩貳錢順治玖年裁銀壹兩貳錢存銀
陸兩
驛丞
俸銀叁拾壹兩伍錢貳分康熙伍年全裁
書辦壹名工食銀柒兩貳錢順治玖年裁銀壹兩貳錢康熙元年

全裁銀陸兩
皂隸貳名共銀壹拾肆兩肆錢順治玖年裁銀貳兩肆錢康熙
伍年全裁銀壹拾貳兩
教諭
俸銀叁拾壹兩伍錢貳分
齋夫叁名共銀叁拾陸兩
學書壹名工食銀柒兩貳錢康熙元年全裁
門子叁名共銀貳拾壹兩陸錢康熙肆年裁銀柒兩貳錢存
銀壹拾肆兩肆錢
膳夫貳名共銀肆拾兩[illegible]順治拾肆年[illegible]裁[illegible]銀貳拾陸

兩陸錢陸分陸厘貳毫存銀壹拾叁兩叁錢叁分叁厘捌
毫
喂馬艸料銀壹拾貳兩
訓導
俸銀叁拾壹兩伍錢貳分順治拾陸年全裁
齋夫叁名共銀叁拾陸兩順治拾陸年全裁
門子貳名共銀壹拾肆兩肆錢順治拾陸年全裁
喂馬艸料銀壹拾貳兩順治拾陸年全裁
撥運
曆日銀貳兩柒錢柒分貳厘捌毫○盤費銀伍

分伍厘肆毫伍絲陸忽
科舉銀柒兩柒錢肆分肆厘○盤費銀壹錢伍
分肆厘捌毫捌絲
表夫銀壹兩肆錢順治拾肆年奉文半裁銀柒錢尚存銀
柒錢
驛站
新增巴山驛馬伍匹每匹銀叁拾兩帶閏銀伍錢共銀壹百
伍拾貳兩伍錢○損夫叁拾壹名每名銀陸兩帶閏銀壹錢
共銀壹百捌拾玖兩壹錢貳項除新議將原協
歸州倉麥折銀貳百壹拾柒兩零玖分陸厘壹

毫肆絲抵編外實編銀壹百貳拾肆兩伍錢叁
厘捌毫陸絲共銀叁百肆拾壹兩陸錢除入應裁
外
實該銀壹百柒拾壹兩叁厘捌毫陸絲
荆南驛馬叁匹每匹銀叁拾兩帶閏銀伍錢共銀玖拾壹兩
伍錢
彝陵州遞運所夫壹拾貳名原派銀柒拾叁兩
貳錢新議加銀伍兩共銀柒拾捌兩貳錢
瀧市驛損夫壹拾名每名銀伍兩帶閏銀捌分叁厘叁毫共銀伍
拾兩捌錢叁分叁厘

代編監利縣白沙驛損夫壹名銀陸兩帶閏壹錢
建平驛損夫伍名每名銀陸兩帶閏銀壹錢共銀叁拾兩伍
錢
瀧市驛支應銀捌拾肆兩無閏
瀧市驛舘夫壹名銀伍兩帶閏銀捌分叁厘叁毫
長沙遞運學道修船銀肆兩解長沙府聽學道座用
均徭
各巡司弓兵徭編銀差陸名每名銀伍兩帶閏銀捌分叁厘叁毫
永克力差壹拾貳名每名銀壹兩捌分帶閏銀壹分捌厘共銀肆
拾叁兩陸錢柒分伍厘捌毫爭河口徭編肆名永克壹名普通關
徭編貳名澳洋關永克捌名野叁關水克叁名
順治拾肆年半裁銀貳拾壹兩捌錢叁分柒厘玖
毫存銀貳拾壹兩捌錢叁分柒厘玖毫
各舖司徭編銀差肆名每名銀伍兩帶閏銀捌分叁厘叁毫永克
力差拾名每名銀壹兩捌分帶閏銀捌厘共銀叁拾壹兩叁錢
壹分叁厘叁毫縣前舖貳舖各徭編貳名永克伍名見在招募走遞
巡江哨船水手壹拾名每名銀肆兩共銀肆拾兩
大江修船銀貳兩貳年壹次每年該銀壹兩
大江渡夫叁名每名銀貳兩帶閏銀叁分叁厘叁毫共銀陸兩壹
錢貳項共銀柒兩壹錢順治拾肆年半裁銀叁兩伍錢伍分存銀
叁兩伍錢伍分

走遞夫馬
排夫壹百名每名銀柒兩貳錢帶閏銀壹錢貳分共銀柒百叁拾
貳兩內本縣應役陸名又抑壹名共柒名抵本縣轎傘之數該銀伍拾壹兩貳錢肆分
實走差玖拾叁名該銀陸百捌拾兩柒錢陸分
脚馬貳拾叁匹每匹銀貳拾兩帶閏銀叁錢叁分叁厘肆毫共銀肆
百陸拾柒兩陸錢陸分陸厘
存留祭祀等支
龍亭儀仗修銀貳兩
文廟貳祭共銀肆拾兩
啓聖祠貳祭共銀柒兩

山川壇貳祭共銀壹拾貳兩
社稷壇貳祭共銀壹拾兩
邑厲壇貳祭共銀壹拾貳兩
名宦鄉賢貳祭共銀柒兩
鄉飲貳次共銀捌兩 順治拾肆年奉文半裁銀肆兩 尚存銀肆
兩
歲貢生員正貢盤纏除編外花紅旗扁酒席
銀捌兩 其呈詳作興臨期于備用內支給正貢陪貢貳名赴考腳力銀各貳兩伍錢 共
銀壹拾叁兩 貳年壹貢 每年該銀陸兩伍錢 康熙叁年全裁
本縣應 朝盤纏首領官貳拾伍兩該吏壹拾

兩共銀叁拾玖兩 叁年壹次 每年該銀壹拾叁兩 順治
拾肆年裁銀捌兩陸錢陸分陸厘陸毫柒絲 存銀肆兩叁錢叁分叁
厘叁毫叁絲
新舊會試舉人以壹名爲率給長夫銀貳拾肆
兩 叁年壹次 每年該銀捌兩
科舉生員以拾貳名爲率 每名盤費銀叁兩花紅銀玖錢酒席銀壹
錢 共銀肆拾捌兩 叁年壹次 每年該銀壹拾陸兩
學道歲科考生童合用試卷供應給賞等銀每
年派銀貳拾伍兩 臨期扣銀貳兩協濟汛陵驛搭應順治拾肆年分裁銀壹
拾壹兩伍錢 存銀壹拾叁兩伍錢

歲貢盤纏銀壹拾伍兩 康熙叁年全裁
廩生貳拾名糧銀壹百肆拾肆兩 學倉米折順治拾肆年裁
貳銀玖拾陸兩康熙二年全裁銀肆拾捌兩
學倉香燭米折銀壹兩貳錢陸分
門神桃符春牛芒神花鞭酒席開印封印牲醴
香燭等項共銀肆兩 順治拾肆年全裁
孤老口糧銀玖兩
孤老伍名口歲給布花銀 每名叁錢 共銀壹兩伍錢
供應銀壹百兩 順治拾肆年全裁
備用銀陸拾伍兩 內扣正官明暖轎絹圍坐褥轎轅等項銀壹拾貳兩陸錢

外餘銀伍拾貳兩肆錢
丁糧外派
柴湖洲稞銀叁拾捌兩 原全書內抵編楚藩查此項課銀原係佃民納
解柴租銀兩自兵火之後佃民無存柴湖荒廢無從徵輸
魚課銀肆兩肆錢 係大江水居人戶辦納
原額田地山塘基湖淤地共伍千捌百伍拾項貳
拾叁畝捌分柒厘
額秋糧米貳千柒百陸拾肆石柒斗玖升捌抄
額徵并新加共銀叁千叁百肆拾叁兩伍錢伍
分玖厘捌毫捌絲肆忽玖微陸塵玖纖

額貳麥折實壹千叁百伍拾捌石伍斗柒升柒
勺伍抄
額銀陸百柒拾壹兩貳錢肆分玖厘[illegible]毫柒忽
肆微玖塵捌渺
夏稅絹貳拾陸觔壹拾伍兩叁分叁厘叁毫叁
絲秋糧內派徵
原額人丁貳千玖百伍拾壹丁
額徵并新加共銀壹千壹百伍拾柒兩肆錢伍
分貳厘肆毫陸絲貳忽伍微玖塵肆纖玖渺
玖厘餘銀壹千貳百肆拾捌兩壹錢肆分壹厘

肆毫貳絲壹微伍纖
以上田地山塘基湖淤人丁並新加北絹顏料及
遼餉正項共額銀陸千肆百貳拾兩肆錢叁厘
肆毫柒絲伍忽壹微伍塵玖纖柒渺
起運戶禮工部并餉共銀貳千肆百貳拾伍兩零
叁厘捌毫捌絲貳忽玖微柒塵壹纖肆渺
解費銀壹拾肆兩叁錢貳厘伍毫陸絲伍忽壹
微陸塵
存留各官役俸薪驛站均徭祭祀等項共銀貳千
玖百柒拾柒兩玖錢肆分壹厘陸毫貳絲陸忽

內少經制銀叁拾柒兩伍分叁厘捌毫肆絲叁忽玖微柒塵壹纖柒渺
實額銀貳千玖百肆拾兩捌錢捌分柒厘柒毫
捌絲貳忽貳塵捌纖叁渺
順治玖年會裁各役工食銀貳百叁拾捌兩肆
錢內除撥補不足經制銀叁拾柒兩伍分叁厘捌毫肆絲叁忽玖微柒塵壹纖柒渺
實額銀貳百壹兩叁錢肆分陸厘壹毫伍絲陸
忽貳塵捌纖叁渺
順治拾貳肆年新裁銀叁百叁拾柒兩玖錢壹
分柒毫柒絲
順治拾陸年新裁銀玖拾叁兩玖錢貳分

康熙元年裁書辦廩糧銀壹百伍拾壹兩貳錢
康熙叁年裁歲貢銀貳拾壹兩伍錢
康熙肆年裁教諭門子銀柒兩貳錢
康熙伍年裁驛丞銀肆拾叁兩伍錢貳分
康熙陸年裁推官役食銀叁拾兩
兵部江濟水夫銀壹百叁兩柒錢伍厘捌毫柒
絲伍忽〇解費銀貳兩柒分肆厘壹毫
淺船銀壹拾兩叁錢陸分肆厘〇解費銀肆錢
壹分肆厘伍毫
折徵麂皮京價銀壹兩肆錢肆厘

湖洲蕉稞（丁墾外泒）

柴湖洲稞銀叁拾捌兩（全荒無徵）

魚稞銀肆兩肆錢（大江水居人戶出辦）

一更名地款項

原額田地共叁拾肆項壹拾畝玖分（每畝科租叁分）共銀壹百貳兩叁錢貳分柒厘（每兩泒耗貳錢）共耗銀貳拾兩肆錢陸分伍厘肆毫貳絲共銀壹百貳拾貳兩柒錢玖分貳厘肆毫

加泒玖厘餉損共銀壹拾兩叁錢貳分肆厘柒毫玖絲肆忽叁微

更名地壹拾貳項伍拾玖畝肆分（照前則例）

額租銀叁拾柒兩柒錢捌分貳厘

加泒玖厘餉損共銀叁兩捌錢壹分貳厘貳毫叁忽捌微

松滋租地貳拾貳項肆拾玖畝壹厘陸毫柒絲（照前則例）

額租銀陸拾柒兩肆錢柒分伍毫壹忽

加泒玖厘餉損共銀陸兩捌錢柒厘柒毫柒絲叁忽伍微伍塵玖渺

柴湖洲地叁拾柒項（照前則例）

額徵租銀壹百壹拾壹兩

加泒玖厘餉損共銀壹拾壹兩壹錢玖分玖厘玖毫

班匠（匠戶自辦）

江南人匠壹拾捌名肆年壹班該班納銀壹兩捌錢遇閏加銀陸錢（除逃亡故絕外）

見在納班執名每年徵銀伍兩肆錢（解司充餉）

附明賦役則例

人丁貳千玖百伍拾壹丁

田貳千壹百叁拾項捌畝三分○內上田捌百伍拾貳項三畝柒分每畝科秋糧米壹升壹合該米玖百叁拾柒石貳斗肆升柒勺○中田柒百貳項玖拾叁畝每畝科秋糧米壹升該米柒百貳石玖斗叁升○下田伍百項貳拾陸畝陸分每畝科秋糧米玖合壹勺該米肆百伍拾伍石貳斗肆升貳合陸抄○山鄉田柒拾肆項捌拾伍畝每畝科秋糧米陸合肆勺捌抄壹撮貳圭

捌粒該米伍拾壹碩貳斗柒升貳勺肆抄

地貳千捌百肆拾壹項捌拾陸畝貳分陸厘○內上秋地叁百玖項叁拾玖畝壹分捌厘每畝科秋糧米壹升壹合該米叁百肆拾項叁斗叁升玖合捌抄○壹叁肆陸捌都麥地貳百叁拾肆項叁拾伍畝捌分陸厘每畝科夏稅小麥捌合伍勺玖抄壹撮捌圭捌粒該麥貳百壹碩叁斗伍升捌合陸勺○貳伍柒都麥地貳百陸拾陸項柒拾柒畝伍分壹厘每畝科小麥壹升壹合貳勺叁抄陸撮玖圭伍粒貳粟該麥貳百玖拾玖碩柒斗柒升肆合壹勺○街基地肆項叁拾畝玖分叁厘每畝科小麥貳升伍合該麥壹拾碩柒斗貳升貳合貳勺伍抄○淤地壹百叁拾捌項肆拾畝叁分捌厘每畝科小麥玖合壹勺該麥壹百貳拾伍碩玖斗肆升柒合叁勺伍抄○山鄉地肆百柒拾壹項玖拾貳畝伍分壹厘每畝科大麥伍合肆勺該麥貳百伍拾肆碩捌斗叁升玖合捌勺伍抄○鄉基地壹百柒拾壹項壹拾貳畝貳分柒厘每畝科大麥捌合肆抄柒撮捌圭貳粒叁粟該麥壹百叁拾柒石柒斗壹

升陸合伍勺貳抄○洲基地壹拾伍項玖拾叁畝壹厘每麥科大麥捌合肆抄柒撮陸圭玖粒捌粟該麥壹拾貳碩捌斗叁升陸合壹勺陸抄○下地壹千壹百伍拾項肆拾捌畝貳分肆厘每畝科大麥捌合肆抄柒撮柒圭捌粟該麥玖百貳拾伍石捌斗柒升肆合柒勺肆抄○水鄉地柒拾玖項壹拾肆畝叁分柒厘每畝科大麥陸合捌勺伍抄該麥伍拾肆碩貳斗壹升叁合肆勺叁抄○以上各都地大麥每碩帶科夏稅絲貳錢伍分玖厘捌毫叁絲柒忽陸微該絲貳

拾貳斤捌兩小麥每石帶科桑絲壹錢壹分壹厘叁毫陸絲肆忽肆微叁塵壹纖該絲肆斤柒兩叁分叁厘叁毫叁絲

塘湖捌百肆拾叁頃柒拾畝陸分壹厘○內塘貳百陸拾捌頃壹拾貳畝叁分陸厘每畝科秋糧米捌合肆勺該米貳百貳拾伍碩貳斗貳升叁合捌勺○湖伍百柒拾伍頃伍拾捌畝貳分伍厘每畝科秋糧米玖勺該米伍拾壹碩捌斗貳合叁勺○已上共科秋糧米貳千柒百陸拾肆碩肆升伍勺內貳斗以上起科官等田米柒百

陸拾貳碩肆斗陸升捌合伍勺民米貳千壹碩伍斗柒升貳合近奉例清丈不分官壹槩當差○已上大麥壹千叁百捌拾伍碩肆斗捌升柒勺小麥陸百叁拾柒碩捌斗伍升叁合叁勺貳麥共貳千貳拾叁碩叁斗叁升肆合

夏稅○原編絹價正扛銀壹拾捌兩陸錢捌分陸厘貳毫柒絲柒忽秋糧內派貳麥抵米折銀共肆百伍兩伍錢肆分壹厘貳毫玖絲麥糧內派

俱無增減

起運○北京絹壹拾捌疋每疋正銀柒錢扛銀貳錢共銀壹拾陸兩貳錢新議徵銀解司○南京農桑絹叁疋壹丈陸尺伍寸伍分每疋正銀伍錢伍分扛銀壹錢伍分共銀貳兩肆錢捌分陸厘貳毫柒絲柒忽

撥運○歸州倉大麥壹千捌拾伍碩肆斗捌升柒勺每貳碩折米壹碩該米伍百肆拾貳石柒斗肆升叁勺伍抄每碩折銀肆錢該銀貳百壹拾柒兩玖分陸厘壹毫肆絲解本府倉支水兵工食○存留○本縣倉大麥叁百碩每貳石折米壹碩該米壹百伍拾碩小麥抵米伍百碩玖斗

陸升叁合貳麥共折米陸百伍拾碩玖斗陸升叁合除奉文減免外實徵米叁百碩每碩折銀肆錢該銀壹百貳拾兩○本縣學倉小麥抵米壹百叁拾陸碩捌斗玖升叁勺每碩折銀伍錢該銀陸拾捌兩肆錢肆分伍厘壹毫伍絲○秋糧○原編折色正扛銀陸百肆拾柒兩伍錢玖分伍厘今新加解費貳兩伍分實徵銀陸百肆拾玖兩陸錢有零

起運○京庫米柒百陸拾貳碩肆斗陸升捌合伍勺每石折銀貳錢伍分該銀壹百玖拾兩陸錢

壹分有零每兩新議扛銀滴珠銀壹分該銀柒
兩陸錢貳分零觧官費每兩玖厘
撥運○楚府祿米叁拾玖碩捌斗零每碩折銀柒
錢陸分叁厘該銀叁拾兩肆錢壹分有零觧官
費每兩玖厘○遼府祿米壹拾壹碩叁斗有零
每碩折銀柒錢該銀柒兩玖錢有零○將軍祿
米貳百柒拾貳碩叁斗陸合每碩折銀伍錢該
銀壹百叁拾陸兩壹錢伍分解府
存留○本縣倉米壹千肆百玖拾伍碩有零除免
徵并撥補學倉米伍拾壹碩陸斗有零外實徵

米貳百陸拾捌碩玖斗陸升每碩折銀伍錢該
銀壹百叁拾肆兩肆錢捌分并前夏稅貳麥抵
米折銀壹百貳拾兩內知縣壹員歲支俸米貳
拾柒碩每碩折銀柒錢典史倉大使各米貳拾
肆碩驛丞米壹拾肆碩肆斗俱每石折銀伍錢
司吏叁名各米叁碩陸斗每石折銀叁錢伍分
豐臺堡官壹員軍貳拾名共米壹百壹拾叁石
肆斗每碩折銀叁錢孤老伍名各米叁碩陸斗
折銀伍錢剩銀壹百貳拾伍兩壹錢捌分聽遇
閏并補給枝江所官軍月糧支用外松滋撥運

秋糧米折色銀肆百捌拾壹兩有零除扣銀壹
百壹拾柒兩有零代枝江所抵解鄖鎮軍餉外
實存銀叁百陸拾肆兩有零并枝江所本色屯
糧米伍千壹百肆拾伍碩內支本所官軍以萬
曆二十二年支數爲率共計柒百伍拾玖員名
各米不等共米陸千陸百柒拾碩零將本色屯
糧盡支外尚少米壹千伍百貳拾伍石每石折
銀叁錢除支松滋縣銀外尚不敷銀玖拾叁兩
○本縣學倉米壹百捌拾貳石叁斗有零又於
縣倉撥米伍拾壹碩陸斗有零每碩折銀陸錢

併前夏稅小麥折銀陸拾捌兩有零內教官貳
員每支俸米各叁拾陸碩廪生貳拾名各支米
十貳碩俱每石折銀陸錢吏壹名并香燭米共
折銀貳兩伍錢○丁糧○額派辦原編止扛銀
肆百壹拾肆兩有零新加潞府茶價併扛費銀
共玖兩貳錢實徵銀肆百貳拾叁兩有零例不免
起運○北京藥味正價銀壹兩陸錢有零每兩新
議扛銀肆分○陵寢正銀拾叁兩伍錢貳分每
兩扛銀玖厘○白硝鹿皮貳百陸拾張每張價
銀肆錢扛銀貳錢扛費每兩玖厘[illegible]

貳錢○冊籍硃料伍拾副每副銀壹兩貳錢水
脚銀叁錢每兩扛銀玖厘○歲貢司料銀伍拾
陸兩伍錢扛銀每兩玖厘○坐派兊漕等供應
銀柒拾兩每兩扛銀貳分○漕府柴價銀叁兩
伍錢解銀每兩玖厘○綾沙稀價銀貳拾捌兩
玖錢有零○撥運○曆日銀貳兩柒錢七分零
○軍器銀壹拾貳兩叁錢有零○科舉銀柒兩
柒錢肆分有零○淺船銀拾兩叁錢陸分肆厘
解用每兩肆分
戶口○原編銀壹百壹拾捌兩捌分有零加閏并

解銀共貳兩捌錢有零裁本府欽銀肆拾陸兩
柒錢零實徵銀柒拾肆兩壹錢有零㑹不優免
人丁內派
起運○南京戶口鈔正扛共銀肆拾捌兩叁錢帶
閏銀壹兩陸錢零官解每兩玖厘○撥運本府
戶口鈔銀貳拾叁兩有零閏加銀柒錢陸分有
零○驛傳○原編銀叁百貳拾捌兩加扛辦銀
貳兩貳錢有零哨舡水手拾名銀肆拾兩代監
利縣白沙驛扛夫壹名銀陸兩壹錢裁流店驛
扛夫貳名銀拾兩壹錢實徵銀叁百陸拾陸兩

有零除優免外稅糧兼派○江濟水夫貳拾伍
名每名銀肆兩玖分伍厘每兩扛銀壹分叁厘
解官銀每兩玖厘
撥運○荆南驛馬叁匹銀叁拾兩帶閏銀伍錢○
夔陵遞運所夫壹拾貳名每名銀陸兩帶閏銀
陸錢○議改澁市驛扛夫壹拾名每名銀伍兩
帶閏銀捌分叁厘○代派監利縣原編白沙驛
扛夫壹名工食銀陸兩帶閏銀壹錢○巡江哨
舡水手壹拾名每名銀肆兩無閏○民壯原編
陸拾叁名銀肆百陸拾壹兩壹錢陸分除優免

外丁三糧兼派○撥運○標兵壹拾貳名每
名銀柒兩貳錢帶閏銀壹錢貳分○存留○應
役伍拾壹名每名銀柒兩貳錢帶閏銀壹錢貳
分○均徭○原編銀壹千捌兩陸錢零加柴薪
閏銀貳兩捌錢齋夫閏銀壹兩陸錢○廢藩紬
陸長陽貳王民校肆名銀肆拾捌兩孤老貳名
布花銀陸錢○弓兵貳名銀貳兩壹錢零○裁
京解壹名銀叁拾兩○祭祀銀貳兩迎送恩赫
肆名每名銀叁兩陸錢陸分○滓河口弓兵貳
名建陽司普通關捌名野三關貳名每名銀伍

兩零○看司門子餘銀壹兩貳錢貳分○縣斗
給原多派閏銀肆錢零共裁銀壹百貳拾肆兩
零實徵銀玖百叁拾玖兩叁錢零除優免外糧
柒丁叁派

撥運○遼府蘄水王典膳柴薪貳名每名銀壹拾
貳兩帶閏銀捌錢○民校陸名每名銀壹拾貳
兩○厨役銀拾兩○湘府享祭銀伍兩捌錢零
○承天府太監皂隸壹名銀壹拾貳兩貳錢○
布政司表夫銀壹兩肆錢○按察司照磨快手
貳名每名銀柒兩貳錢○抽分廠夫貳名每名

銀叁兩陸錢○本府捕廳皂隸肆名每名銀陸
兩○照磨馬夫壹名銀肆兩○沙市驛支應銀
捌拾肆兩○館夫壹名銀伍兩○本縣柴薪伍
名每名銀壹拾貳兩○馬夫貳拾名每名銀肆
兩○門子叁名每名銀伍兩○皂隸壹拾肆名
銀捌拾貳兩○禁子伍名每名銀玖兩○庫子
銀貳拾肆兩內應役壹名銀柒兩貳錢○廣積
倉斗級銀拾兩內應役壹名銀柒兩貳錢○預
備倉斗級銀壹拾伍兩內應役壹名柒兩貳錢
○孤老伍名每名布花銀叁錢○大江渡修舡

銀壹兩○儒學齋夫肆名每名銀壹拾貳兩○
膳夫肆名銀拾兩○文廟啓聖鄉賢名宦山川
社稷厲壇共祭銀捌拾捌兩○門子伍名每名
銀伍兩○鄉飲銀捌兩○歲貢盤纏銀壹拾伍
兩○看守分司邑壇門子叁名銀陸兩陸錢○
遞送皂隸陸名每名銀叁兩陸錢○各巡司弓
兵銀共陸拾叁兩陸錢各舖司兵共銀叁拾壹
兩零○大江渡夫叁名每名銀貳兩又撥貳兩
移滄濱溪官渡○里甲○原編銀壹千貳百肆
拾陸兩零裁馬價銀肆拾陸兩零實徵銀壹千

壹百玖拾玖兩零除優免丁叁糧柒派○排夫
壹百名每名銀柒兩貳錢每名閏銀壹錢貳分
○脚馬貳拾叁匹每匹銀貳拾兩每匹閏加銀
叁錢叁分○公費實徵銀壹百陸兩零除裁外
○朔望行香紙燭銀陸 遺落十字
纏費共銀叁拾玖兩○分司日用等費共銀玖
兩叁錢貳年壹脩○上司往來脩用轎每年該
銀壹兩合用鋪陳共銀伍兩肆錢○按察司紙
劄銀捌兩○分守道供應銀拾兩巡道供應紙
拾兩○提學道歲科考合用共銀貳拾伍兩○

本府公費銀壹拾壹兩肆錢〇會試舉人長夫
銀貳拾肆兩〇歲貢盤纏共銀壹拾叁兩〇科
舉生員盤費等共銀肆拾捌兩〇刷卷銀叁兩
〇門神春牛等費共銀肆兩〇知縣典史圍裙
硃盒等費共銀陸兩纏銀壹拾伍兩〇看司門
子貳名每名帶閏銀貳兩肆錢肆分〇邑壇門
子壹名帶閏壹兩捌錢叁分〇迎送皂隸陸名
每名帶閏叁兩陸錢陸分各巡司弓兵帶閏共
肆拾叁兩陸錢柒分伍厘〇各鋪司兵帶閏共
叁拾壹兩叁錢壹分叁厘〇太江渡夫叁名每

名帶閏貳兩叁分叁厘叁毫近撥貳兩移滄濱
溪官渡〇里甲〇原編銀壹千貳百肆拾陸兩
零裁馬價銀肆拾陸兩零實徵銀壹百玖拾玖
兩零除優免丁叁糧柒兼派〇排夫壹百名每
名銀柒兩貳錢帶閏銀壹錢貳分〇內本縣轎
夫陸名〇內奉本府文取轎夫叁名解銀給領
〇走差玖拾肆名〇腳馬貳拾叁匹每匹銀貳
拾兩帶閏銀叁錢叁分零〇公費實徵銀壹百
伍拾兩零捌分除裁外
內朝賀習儀朔望行香紙燭銀陸錢〇修理

龍亭儀仗銀貳兩〇本縣應朝盤纏銀首領官
貳拾伍兩該吏壹拾兩造冊紙劄工食銀肆兩
共銀叁拾玖兩三年壹次每年該銀壹拾叁兩
〇分司合用陞紗圍裙壹副銀壹兩陞座褥壹
副銀叁錢陞皮桌座壹塊銀捌分硃盒筆架壹副
銀壹錢伍分拜氊叁條銀壹兩叁錢什物銀貳
兩黃絹傘貳把銀貳兩青絹傘貳把銀叁兩肆
錢雨傘貳把銀貳錢通共銀玖兩叁錢叁分貳
年壹置每年該銀肆兩陸錢陸分伍厘上司往
來預備骨花轎壹乘銀叁兩轎幃壹付銀伍分

叁年壹置每年該銀壹兩壹分柒厘〇合用鋪
陳上等壹付修整銀叁兩中等貳付每付銀修
整捌錢下等肆副每副修整銀貳錢共銀伍兩
肆錢壹年壹派通融支用〇按察司紙劄等銀
捌兩〇分守道供應銀壹拾兩〇分巡道供應
銀壹拾肆兩〇提學道歲考科考生童合用試
卷供應給賞等項每年派銀貳拾伍兩臨期扣
銀貳兩協濟江陵縣搭廠每年伍兩奏備用季
考銀解〇提學道紙劄油燭餘扣筭實用銀數
造冊申 學道印發本縣存照

本府公費銀壹拾壹兩肆錢○新舊會試舉人以
壹名爲率給長銀貳拾肆兩叁年壹次每年該
銀捌兩○歲貢生員正貢盤纏除徭編外花紅
旗匾酒席銀捌兩共呈討作興臨時丁備用內
支給正陪貳名赴考腳力銀各貳兩伍錢共銀
壹拾叁兩貳年壹貢每年該銀陸兩伍錢○科
舉生員以拾貳名爲率每名盤纏銀叁兩花紅
銀玖錢酒席銀壹錢共銀肆拾捌兩叁年壹次
每年該銀壹拾陸兩○本縣刷卷紙劄工食叁
兩叁年壹次每年該銀壹兩○門神桃符春牛

芒神花鞭酒席開印封印牲醴香燭等項共銀
肆兩
知縣皂紗團裙各貳副青絹傘雨傘各貳把油絹
雨裙棕雨裙各壹件硃盒筆架各貳副共銀伍
兩典史青絹傘雨傘各壹把土絹圍裙硃盒筆
架各壹副共銀壹兩叁錢通共銀陸兩叁錢俱
壹年壹換○縣堂燈籠夫肆名每名銀壹兩捌
錢共銀柒兩貳錢○縣學教官貳員各馬傘銀
叁兩共銀陸兩供應銀壹百兩丁二糧七兼派
○供應往來上司過客油燭柴炭廩給口糧小

飯下程中伙徑紅紙劄交際鄉宦等項支用○
備用銀陸拾伍兩丁三糧七兼派○如遇審錄
造册咨應卷廂杜架鎖鑰目碑上司經臨抄案
書吏飯食正官新任行香講書給賞新進學花
紅憲綱紙劄工食及伍年壹次恤刑公費等項
臨期動支○歲貢呈討作興并歲考科考府學
生員花紅盤纏聽臨期支給修理文廟銀伍兩
并各衙門舖舍倉廒本縣頭二門等項申請動
支○修理城垣銀壹拾伍兩本縣季考銀壹拾
遺落湖洲雜稞○實徵銀伍拾伍兩零

起運○北京乾魚正銀壹拾捌兩伍錢零議扛銀
壹錢陸分零○南京乾魚正銀貳兩玖錢零議
扛銀捌分零蔴鐵正銀貳拾叁兩叁錢零閏加
壹錢玖分零加京扛銀柒錢零司扛銀肆錢柒
分零府扛銀玖分零○線膠銀貳兩貳錢零閏
加銀壹錢陸分零加京扛銀柒分零司扛銀肆
分零府扛銀玖厘零○撥運○本府湖稞餉銀
捌兩零閏加銀陸錢零府扛銀叁分零○潞府
門攤銀伍拾伍兩零加府扛銀貳錢零○外奉
文加編各款○加門攤扛解銀壹兩壹錢零○

院司道府加銀壹拾叁兩柒錢零○加本府復
額戶口銀貳拾柒兩伍錢零○加荊南遞運所
紅舡夫銀貳拾陸兩○加建平驛扛夫銀叁拾
兩閏月銀伍錢○加廣積倉斗級銀拾兩○加
綾紗扛銀貳錢陸分○加門攤滴硃扛銀捌錢
伍分零○加班匠銀捌兩壹錢扛銀柒分零加
京扛銀陸錢零○加財用浩繁銀壹錢零○鹿
皮盤纏銀壹兩肆錢零○加遞送皂隸銀柒兩
叁錢零○加遞運所扛夫銀伍兩○凡壹應錢
糧起解定例○縣解府每兩加扛銀肆厘○府

解司每兩加扛解銀貳分○司解京每兩加扛
解銀叁分○除全書原定扛解盤纏外共議加
補銀貳拾玖兩零○外淤銀壹拾伍兩支給四
糧本縣自理每年積谷伍百碩預備倉備賑

鄉約

鄉約之設於民最切使上務倡率不爲講誦之虛
文下務躬行不爲戶耳之故事即欲躋斯民於
唐虞無難也否則是約也不幾爲塵飯爲土羹
乎

一鄉約議每月鄉市講貳次額爲定期前一日約
正傳與約講約贊並甲長等衆甲長各傳與十
甲人戶至侵晨約正等先到會所令甲下人陳
設香案講解六條如儀凡民之衆於爲善而不
衆於爲不善者由上有以激發之也○邑侯周
公加意與行與民更始除遵奉講六條外復聚
衆而申示之懇以發明天理良心肆字爲醇民
示一可懸之華爲莠民開一自悟之門且奉
上明文編立保甲凡輕佻之子罔諳尊卑剽悍之
家窩藏賭博者尤令甲長等不時報聞以彰董
戒此亦童牛之牿防其抵觸者也

荊州

邑誌之作其來尚矣自風土人物上下利弊

枝江縣志卷之五

知枝江縣事周廷桂　士修

職官志總引

枝邑建官以來其品秩崇卑員役全減往諜無徵論而不議矣搜括唐史亦有列官爲丞者想其易封建爲郡縣枝蓋全設國朝設知縣一員典史一員儒學教諭一員今省訓導一員流店驛舊有驛丞一員至故明萬曆二十六年改爲三縣驛今省　外陰陽訓科醫學訓術僧會司尚未置設今將職名開列於左以資披覽

枝江縣知縣題名前無考

唐

高汝士　鄉貫出身無考事見宦蹟傳

元

程德　至太巳酉任鄉貫出身無考事見宦蹟傳

故明

易貞　洪武七年任鄉貫出身無考

王滿　河南汝寧人由賢良方正洪武二十二年任事見宦蹟傳

高歛　四川長壽人出身無考宣德年任

陶繼　直隸吳縣人由文學正統六年任事見宦蹟傳

劉瑀　江西瑞金人由監生正統十三年任

何澄　浙江淳安人由監生天順二年任

周鎬　四川威遠人由監生天順七年任

許穆　浙江天台人由監生天順八年任

關忠　直隸魏縣人由監生天順八年任事見宦蹟傳

江僎　直隸高郵人由監生成化十三年任

李智　陝西三原人由舉人弘治元年任事見宦蹟傳

舒珪　江西進賢人由舉人弘治八年任

蔡文　河西信陽人由監生弘治十二年任事見宦蹟傳

吳洪　四川馬湖人由監生正德元年任

成斐　直隸泰興人由監生正德五年任事見宦蹟傳

王應奎　直隸高郵人由監生正德十六年任

武太和　四川安岳人由舉人嘉靖五年任與民作仇搆訟司府遂以去官

高公夏　四川內江人由舉人嘉靖八年任事見宦蹟傳

盛懋　直隸儀眞人由監生嘉靖十五年任事見宦蹟傳

沈元亨　浙江西安人由監生嘉靖十六年任

黃龍　江西南昌人由例貢嘉靖十八年任

梁國器　廣西平南人由監生嘉靖二十年任事見宦蹟傳

柳　華　江西德化人由例貢嘉靖二十年任

張友仁　貴州人由舉人嘉靖二十二年任

顔　鑰　江西永新人由舉人嘉靖二十四年任事見宦蹟傳

董　燧　江西樂安人由舉人嘉靖三十年任事見宦蹟傳

趙　恂　廣西馬平人由舉人嘉靖三十四年任

楊邦俊　雲南泰和人由舉人嘉靖三十八年任

許文獻　直隸長州人由選貢嘉靖四十二年任事見宦蹟傳

方　著　四川仁壽人由監生嘉靖四十三年任

高　第　四川梁山人由舉人隆慶元年任

令文煜　四川銅梁人由舉人隆慶二年任事見宦蹟傳

崔大壯　廣東番禺人由舉人隆慶四年任

耿師恭　雲南晉寧人由舉人隆慶五年任儘有明察偏任瑣小

蔣　垠　廣西全州人由舉人萬曆元年任

余能繼　四川長壽人由舉人萬曆六年任事見宦蹟傳

李陽吉　浙江縉雲人由舉人萬曆九年任事見宦蹟傳

牟有年　四川奉節人由歲貢萬曆十三年任

賴敷化　河南汝寧人由恩貢萬曆十四年任法尚嚴厲而小民反藉以安

邵象賢　雲南永昌人由選貢萬曆十七年任

謝應暘　直隸無爲人由選貢萬曆十九年任

周仲士　四川仁壽人由進士萬曆二十四年任事見宦蹟傳

羅　達　四川丹陵人由選貢萬曆二十八年任

陳其誠　廣東封川人由選貢萬曆二十九年任聽訟惟明馭下有體

陳典學　浙江平陽人由舉人萬曆三十四年任卒于官

劉廷論　河南禹州籍浙江慈谿人由歲貢萬曆三十五年任心田慈祥法網濶畧

錢奏勳　浙江仁和人由歲貢萬曆三十八年任善於政教優於文學

朱貽燕　四川人由貢士萬曆甲寅年至任

趙善鳴　江西廬陵人由舉人萬曆四十五年任

陳　鉉　四川舉人天啓元年任

王朝禎　江西建昌人由貢士天啓甲子年任

丁宇燧　雲南舉人天啓丁卯年任

陳　祺　四川温江人崇禎巳巳年任

鍾其偉　河南人由貢士崇禎壬申年任

吳文程　江西東鄉舉人崇禎癸酉年任

劉用良　直隸順德人由貢士崇禎丙子年任

胡嗚岡　直隸績溪人由舉人崇禎丁丑年任莅縣五載賢聲大著李自成陷荊州使人說之降公焚其書囚其使于獄後出城巡江水手謀叛奪其印綬獻于賊公卒不屈賊改容謝之而去

國朝

知縣題名

秘延瑞　直隸河間故城人己卯舉人順治三年任實政有記

李花白 河南寶豐人由貢順治五年任實政有記

曲允斌 三韓人由貢順治九年任陞山東泰安州知州今遷陞青州府知府在任六載多德政民立碑思之有實政記

田禹稼 河南禹州人由貢順治十五年任實政有記

周廷桂 直隸東光人康熙三年任實政有記

縣丞題名

唐

李　嵩 中宗時任鄉貫出身無考事見宦蹟傳

故明

詹　尹 洪武元年任鄉貫出身無考

典史題名

唐

盧景亮 唐時任鄉貫出身無考

故明

陳試傑 交趾夏華人由吏員洪武元年任事見宦蹟傳

陳傑通 福建福清人由吏員正統四年任

徐　儀 直隸江陰人由吏員景泰七年任

宋　暄 浙江會稽人由吏員天順八年任

彭　昡 河南人由吏員成化三年任

戚　斌 山東人由吏員弘治三年任

陳　祥 江西新建人由吏員弘治十二年任

翁　鈇 浙江慈谿人由吏員正德四年任

魏官山 四川邛州人由吏員正德十六年任

余永泰 四川長寧人由吏員嘉靖二年任

張朝官 陝西洛南人由吏員嘉靖五年任

李　軏　陝西人由吏員嘉靖十一年任
錢　廩　浙江鄞縣人由吏員嘉靖十三年任
岑　璣　廣西蒼梧人由吏員嘉靖十七年任
胡　堂　四川金堂人由吏員嘉靖二十年任
鄧　光爵　福建龍溪人由吏員嘉靖二十五年任
喻　煉　江西新建人由吏員嘉靖三十年任事見宦蹟傳
徐　覺　直隸吳縣人由吏員嘉靖三十四年任
楊得時　直隸亳州人由吏員嘉靖四十年任
張　絢　江西南昌人由吏員萬曆元年任
朱　鉦　江西新建人由吏員萬曆二十年任

吳文昭　浙江餘姚人由吏員萬曆五年任
余時達　江西永豐人由吏員萬曆五年任
方世輔　直隸蕪湖人由吏員萬曆八年任
羅允禎　廣東南海人由吏員萬曆十二年任
龍光榮　江西大庾人由吏員萬曆十六年任
李大能　廣東南海人由吏員萬曆十八年任
江汝濟　四川隆昌人由吏員萬曆二十年任
朱北亮　江西南豐人由吏員萬曆二十二年任
虞世騰　四川鹽亭人由吏員萬曆二十五年任
方有崙　直隸蕪湖人由吏員萬曆三十年任事見宦蹟傳

蔡長貝　福建長汀人由吏員萬曆三十三年任
謝明俊　江西高安人由吏員萬曆三十六年任毆堂官揪去其鬚剜小民浚及其骨
吳應龍　直隸丹徒人由吏員萬曆三十九年任
劉　勅
張九山
溫徇德　天啓元年任
郭維翰　崇禎十一年任
平應昌　崇禎十四年任

國朝

金梅士　浙江人順治四年任

謝朝臣　浙江人順治八年任
陳國泰　浙江人順治十三年任
俞有臣　浙江人順治十六年任
李宗文　浙江杭州府錢塘人順治十八年任

教諭題名

明

陳　特　湖廣華容人由儒士洪武十三年任事見宦蹟傳
劉　沖　江西廬陵人由進士洪熙元年任
陳　庠　浙江烏程人由舉人正統五年任
夏時敏　浙江黃岩人由舉人景泰元年任

陳　裕　四川涪州人由舉人景泰元年任

孫　勝　江西豐城人由舉人成化二年任

項　潭　福建福清人由舉人成化二十年任

虞　貴　廣西馬平人由舉人弘治三年任

李　相　貴州前衛人由舉人弘治十八年任事見宦蹟傳

黎東直　廣東瓊州人由監生正德九年任

時　來　雲南楚雄人由監生正德十五年任

蕭崇禮　福建南平人由監生嘉靖九年任事見宦蹟傳

張　瑞　貴州鎮遠人由歲貢嘉靖二十八年任

金　濟　浙江龍泉人由選貢嘉靖十五年任

蔡文清　福建閩縣人由選貢嘉靖二十三年任事見宦蹟傳

張　時　江西淸江人由歲貢嘉靖三十三年任事見宦蹟傳

宗　俊　四川南充人由舉人嘉靖三十八年任事見宦蹟傳

白　詔　四川涪州人由歲貢嘉靖四十一年任

王大化　四川蓬州人由歲貢隆慶二年任鋭勢凌鑠士心悉慭

劉　朴　四川郫縣人由舉人隆慶五年任事見宦蹟傳

張　璠　湖廣澧州人由歲貢萬曆元年任

曾　軒　江西安仁人由歲貢萬曆三年任

孫　傑　四川成都人由舉人萬曆六年任

錢　衮　湖廣湘潭人由歲貢萬曆九年任

馬性和　貴州易撒人由舉人萬曆十二年任

薛逢弼　福建福清人由歲貢萬曆十六年任待士全作盛氣睨豪鄉斧擯聞

沈嘉聞　直隸吳江人由舉人萬曆二十年任崇禎十三年入名宦

歐陽泰　湖廣竹山人由歲貢萬曆二十二年任

胡汝馴　遼東金州人由歲貢萬曆二十七年任

尹以譚　湖廣嘉魚人由歲貢萬曆二十九年任

王世鄉　四川合州人由歲貢萬曆三十四年任

鄭國彥　湖廣瀟湘人由歲貢萬曆三十六年任

羅尚庠　湖廣房縣人由歲貢萬曆三十八年任不事辨博雅修廉隅而足挽士風

臧隆恩　貴州畢節衛籍直隸淮安人由恩貢萬曆四十年任

張國南

周嗣濂　江西人由貢崇禎五年任

關啓元　湖廣黃岡人丁丑經魁崇禎八年任

尹承宗　湖廣宜城人由歲貢崇禎十一年任

尹湯賓　湖廣漢川人由歲貢崇禎十三年任

國朝

王　燮　湖廣景陵人由貢順治四年任

廖養毅　湖廣當陽人由貢順治八年任

侯維烈　湖廣興國州人由歲貢順治十年任

蔡之芳　湖廣華容人由歲貢順治十二年任

劉治臣 湖廣臨湘人由貢順治十七年任

訓導題名

明

梁　敏 廣東高要人進士宣德二年由青宮洗馬

周　璟 四川永川人由舉人宣德七年任

洪文璧 四川內江人由舉人景泰七年任

傅　元 江西新淦人由舉人成化二年任

姚　朴 浙江餘杭人由舉人成化二年任

姚　謙 四川金堂人由監生成化三年任

夏彥良 四川涪州人由監生成化六年任

費　倫 浙江歸安人由監生弘治八年任

鄭　鏢 福建侯官人由監生弘治十二年任事見宦蹟傳

舒　華 河南光山人由監生弘治十八年任

杜　璇 四川樂至人由監生正德元年任

沈　綱 直隸望江人由監生正德四年任

楊　滔 四川蓬溪人由監生正德八年任

周士元 四川安居人由監生正德十一年任

祝　南 四川內江人由監生正德十六年任

奚　理 江西弋陽人由監生嘉靖元年任

鄒　智 浙江西安人由監生嘉靖二年任

葉　深 福建龍巖人由監生嘉靖六年任

任守相 四川羅江人由監生嘉靖九年任

劉　傑 雲南永昌人由監生嘉靖十五年任事見宦蹟傳

目　恩 四川忠州人由監生嘉靖十八年任

吳明極 四川隆水人由監生嘉靖二十二年任

高　交 四川梁山人由監生嘉靖二十四年任

彭堯軒 四川夾江人由歲貢嘉靖二十八年任

劉　佐 四川墊江人由歲貢嘉靖二十九年任

王嘉表 四川開縣人由歲貢嘉靖三十二年任

李　延 四川合江人由歲貢嘉靖三十七年任

尹懷仁 四川新津人由歲貢嘉靖四十年任

楊正和 直隸丹徒人由歲貢嘉靖四十二年任

常思良 山西垣曲人由歲貢隆慶二年任

李　幹 四川江油人由歲貢隆慶六年任

向文魁 四川開縣人由歲貢萬曆二年任

徐維屏 四川松潘人由歲貢萬曆六年任

李　旻 湖廣荊門人由歲貢萬曆九年任事見宦蹟傳

張宗聖 湖廣桃源人由歲貢萬曆十四年任與世浮沈大非模範

古　槐 湖廣嘉魚人由歲貢萬曆十八年任

黎朝煦 四川貟縣人由歲貢萬曆二十二年任

路自安　貴州都勻人由歲貢萬曆二十七年任
閔蒙亨　四川漢州人由歲貢萬曆三十二年任
譚宗勉　湖廣衡山人由歲貢萬曆三十七年任
許弘猷　雲南人由貢崇禎六年任
周　婁　湖廣衡陽人由貢崇禎十一年任
陳　箴　湖廣武陵人由貢崇禎十三年任

國朝

楊之琇　湖廣江夏人由貢順治十年任
李延春　湖廣宜城人由貢順治十二年任
魏鉉齡　湖廣景陵人由歲貢康熙四年任

流店驛驛丞明無考

國朝

高以寧　浙江人
王　琰　陝西人康熙三年任五年奉裁

廣積倉大使一員

陰陽學訓術

醫學訓科

僧會司

宦蹟傳

宦於枝者僅流空名於往諜於世何益故淑慝宜分褒貶宜定令閱是志者知一時可以任意而遺臭流芳求改一字而不得嚴矣哉庶可以風世之後來者

高汝士　知縣鮮于侁因唐价論薦盛言汝士之美乞移之

李　嵩　縣丞中宗時任字帝宗少孤事母孝始爲枝江丞荊州長史張柬之曰帝宗千里駒吾得其人累擢衛尉卿

姚　肩　知縣遭金虜入寇郡邑塗炭枝江賴公以免見墓誌并碑記

程　德　知縣德禮化民政績彰著

王　滿　知縣洪武二十三年復設縣治相度地里起造廨舍興學惜民厥功懋著

陳　特　教諭洪武二十三年與知縣王滿共爲經畫開建學校後以久任遂家於枝

陳試傑　典史持身端謹贊政公勤及考滿邑民具狀保留知府劉永奏聞陞文九品俸仍典史事復任十餘年洪熙以前天

下霜降癸祲出目有司傑力爲民分諮具奏以
聞後卒於官遂家於枝至奕世而子孫蕃衍說者謂
公之食報遠矣
陶　繼知縣持身嚴謹門無私謁縉紳賢之
關　忠知縣政治有聲都御史楊奬云心懸報
主質天日以無私政在養民藹陽春之有脚後陞府
通判
李　智知縣恢修城隍廟制清復蓮花池侵地
興學育民才幹卓有可稱
蔡　文知縣遷建學校愛養黎元其政令美蹟

逈出時格
李　相教諭優於詩書篤於孝友
鄭　鏢訓導以禮記傳授諸生甚有發明至今
習二戴者賴以不絕贊助遷學功尤彔藉
成　斐知縣持己廉介不受私謁修廢舉墜建
置功多完婚助葬賑貧恤孤士民感德
高公夏知縣存心公恕行已端平歷政六年民
樂其治至嘉靖三十二年知縣董燧申入名宦
申云卑職自蒞任以來訪求前烈典刑俱在書
稱道小峯賢侯惠政恒存眞吾枝江父母六年

而初志不變一邑而百廢具興作宦有聲致政
以禮
蕭　崇禮教諭以禮自固以勤誨人建文筆峯立
魁字坊砌學左街皆捐俸以成未及六年自陳
乞休急流勇退卓乎其不可及
梁　國器知縣諳達治體期月著聲惜其歷任不久
劉　傑訓導持身簡厚繩人以禮諸士悅而敬之
顏　鑰知縣持身簡靜立政公平歷任六年士
民咸服繼任知縣董燧考語云三擢王官盡道
仰中之屆六年令尹皆懷去後之思

董　燧知縣智識蟻穴膽折蛟騰愛士民知雖
褒屬毛抑奸猾似發蒙振落去任已過週甲感
德猶同在時
蔡　文清教諭挽三代之醇而民風不振發六經
之覆而士類維新寧惟雨潤化乎膠庠抑且春
溫藹於蔀屋
許　文獻知縣明同秋月操並寒潭陞東昌府判
行之日囊無剩金路費不給任時舊用府加油
燭庫子之役力於當道議革民甚德之
張　時教諭才齊學博刻有詩文稿入學市之

索　俊教諭操行不苟文藝更優
冷文煜知縣慈和豈弟民有冬日之愛當共為
部郎轉陞僉憲復取道於枝枝人老幼趨而往
迎相對泣下失聲遮留十日後行
余能繼知縣公正剛果不剌不阿修城建關遇
事便民力爭當路屢至觸犯不忌
喻　棟典史起家法律不廢詩書
劉　朴教諭課秇橫經講席不撤恤寒生作文
士諄諄授門下以大業
李陽吉知縣造士課文親為評騭不奪於簿書

建有龍坡書院
周伸士知縣當枝士蓁蕪之日文教聿新及擒
茴戎馬之時民生不擾公之力也多有著作
沈嘉聞教諭文可起家行足維世卒於官
李　旻訓導敦大之行博洽之學師弟間不嚴
而廉隅自飭
方有崙典史慎於當官廉於持己

名宦

程　德　李　智　蔡　文　李　相
高公夏　顔　鑰　董　燧　許文獻

余能繼　蔡文清　劉　傑　陳誠德　沈聞
先代之著聞於枝若知嫂所垂昭烈往謀矣陽
呼召棠羊碑名存不朽諸公之行又何能不與
斯志並傳乎

僑寓

自昔豪人達士弧矢四方東西南北隨可寄行踪
故有肇迹於燕稅駕於吳掀揭事業錫梓里以榮
麻而暫棲偶息之地亦藉以垂不朽者於是作僑
寓志
劉道規荊州刺史桓謙叛道規起兵於枝江斬

之在州廉慎及歸府庫帷幔儼然如舊見荊州志
周惇頤道州人名惇實字茂叔辟英宗諱改名
惇頤判夔州過枝江觀蓮今蓮花池即其地
覃　達石門人　詳陵墓
唐鳳祖石門人明授鎮撫禦枝江後以有功陞
蘄州衛鎮撫
天地一蘧廬古今皆逆旅是寓生聚庶盡成寄
也而寄之中更有寄焉第其人碌碌無可短長
則亦與時俱徂直萍梗聚漂流羈跡亦必賢
哲而後名與天壤同敝則生此地者可知矣

前朝劉公諱用良直隸順德府人藏有是書其
公郎劉澤深於
康熙二年以賓興過清苑挾此來贈則劉氏之功
當與斯志並存不朽矣

枝江縣志卷之六

知枝江縣事周廷桂　重修

人物志引

聞之川靈岳降鍾秀毓祀人以地而產者地亦
以人而名然百里一英千里一賢雖山川之誕
植皆
朝廷教化之所成也不然何以維楚有材必在化行
南國之後乎枝邑江流分派熊繹肇封夙稱人
文之藪而今已寥寥矣倘首之修行以立其品
次之勳業以達其材安知後之視今不猶今之

視昔乎周秦以前邈不可稽上自漢唐宋元明暨我
國朝凡名賢者願纂彙成集以爲枝邑之人物志焉

薦舉

漢

霍　峻舉爲中郎將

董　和舉爲大司馬

董　允舉爲尚書令

霍　弋舉爲中庶子

明

胡崇顯由儒士任四川綿竹知縣年無考

同　志　永樂七年由楷書任戶部主事

進士

明

龔　英　永樂乙未進士選庶吉士授工部主事

田原慶　永樂乙未進士任御史事見卓行

劉　悌　由山東鄉試嘉靖癸未進士任工部郎中

國朝

余明𤼵　順治壬辰進士初授陝西甘泉知縣次授直隸饒陽知縣

李冲霄　順治戊戌進士授直隸清苑縣知縣秉心清儉制行高潔有五柳之遺風焉

楊引祚　順治戊戌進士授四川蒼溪知縣

楊毓貞　順治己亥進士戶部觀政

鄉舉

明

徐　璉　洪武己酉中湖廣解元爲楚開科第一

張　宗　洪武乙卯舉人任工科給事中

李　昂　永樂戊子舉人

何　眞　永樂戊子舉人三任州同一任府判爲諸生時修學宮得銀瓶甫數升盡送入官判鳳陽時獲私鹽數十載商人以重賄求免不受餘可推矣

潘承智　永樂辛卯舉人任廣西梧州府推官事見卓行

龔　英　永樂甲午舉人聯登進士

朱　俊　永樂甲午舉人任雲南布政司理問

田原慶　永樂甲午舉人登進士第

龔　讓　正統辛酉舉人任山東博平縣知縣復任廣西桂林縣知縣致仕

卞　森　成化戊子舉人任廣西蒼梧縣知縣

宋　聰　由貢中南京正德己酉舉人

李文秀　正德己酉舉人

何　[illegible]　由貢中南京正德丙子舉人歷任雲南[illegible]事見卓行

龔　相　正德丙子舉人任廣東南雄府同知事見卓行

劉　悌　嘉靖壬午中山東鄉試登進士第

李　山　[illegible]舉人任河南永寧縣知縣陞[illegible]州知州

枝江縣志　卷之六

張秉綱　嘉靖甲午舉人任四川西充縣知縣陞[illegible]

劉耀武　嘉靖癸卯舉人任直隸通州知州

李　[illegible]　由貢中應天嘉靖甲子舉人

宋子元　隆慶庚午舉人任河南武安縣教諭以[illegible]讀書以圖制科因疾卒

黃　科　[illegible]舉人任四川簡州知州左遷蜀王府長史

王之瑋　萬曆庚子舉人考定知縣卒京邸[illegible]落不給倜儻不事產業中第十年而家私恒稱

田見龍　萬曆戊午鄉試經魁

姚晉鄉　萬曆乙卯鄉試任江西南昌知縣

簡嘉善　天啓辛酉鄉試任江西上游知縣

全性和 天啓辛酉鄉試任浙江於潛知縣
余明燚 崇禎壬午鄉試
曹止學 崇禎壬午鄉試

國朝

楊毓貞 順治甲午鄉試
李冲霄 順治甲午鄉試
楊引祚 順治丁酉鄉試
胡慶祖 康熙丙午鄉試

明

鄉貢

胡信 永樂五年貢任廣東韶州府通判
丁庸 永樂八年貢
杜茂 永樂十年貢任山東嶧縣主簿
周爻善 永樂十三年貢任廣東樂昌縣知縣
趙弼 永樂十七年貢
劉耀宗 宣德元年貢任江西清江縣縣丞
向明 宣德三年貢任直隸豹韜衛經歷
錢紹適 宣德五年貢任四川新繁縣知縣
張浩 宣德七年貢任陝西理問陞知縣
歐旭 宣德九年貢任江西德興縣縣丞

易啓棠 正統元年貢任王府教授
李芳 正統三年貢任雲南 經歷
蔡思謙 正統五年貢任直隸義勇衛經歷陞雲南白塩提舉
李倫 正統九年貢任江西廬陵縣縣丞
蔡英 景泰元年貢
高鳳 景泰二年貢任山東樂陵縣主簿
龔鳳 景泰三年貢任浙江樂清倉大使
周冕 景泰四年貢任四川射洪縣知縣
張璦 景泰五年貢任浙江湖州府織染局副使
何清 景泰七年貢

左鏞 天順元年貢任江西分宜縣典史
田英 天順三年貢任四川成都府經歷
向文昇 天順五年貢任貴州鎮遠府永豐倉大使
劉進 天順六年貢任四川瀘州永豐倉大使
郭珍 天啓六年貢任四川閬中縣訓導復任盧山縣訓導
張敏 天順六年貢
李成 天順八年貢任四川邛州吏目
劉文 成化三年貢任廣東高要縣河泊所河泊
杜仁 成化五年貢任直隸貴池縣訓導
潘立祖 成化七年貢

吳志榮　成化九年貢

袁亮

李榮　成化十三年貢任直隸上海縣縣丞

趙愷　成化十五年貢

卞從政　成化十七年貢任四川成都府檢校

鍾恕　成化十九年貢任貴州思州府推官

胡志明　成化二十一年貢任福建延平府檢教

何智　弘治二年貢任廣東肇慶府知事

吳元宗　弘治四年貢

李韡　弘治六年貢任直隸鳳陽府知事

文鏞　弘治八年貢任四川夾江縣訓導陞四川大寧縣教諭

左輔　弘治十年貢任直隸揚州府通州吏目

張奎　弘治十一年貢任河南布政司理問

陳傑　弘治十二年貢

龔善　弘治十三年貢

冉仲洪　弘治十五年貢任　經歷

向勝宗　弘治十七年貢

楊序　正德元年貢任四川綦江縣訓導復任望江縣訓導又補河南杞縣訓導

史旻　正德三年貢任四川榮縣主簿

張世用　正德五年貢任廣西桂林衛經歷

王傑　正德七年貢任四川酆都縣訓導

鄧谿　正德九年貢任四川灌縣訓導陞四川雙流縣教諭復陞貴州平壩衛教授

何勗　正德十一年貢中南京丙子鄉試任姚安知府

周兆　正德十一年保貢任四川保寧府訓導

梁潮　正德十二年貢

田潤　正德十三年貢

胡必聰　正德十四年貢任四川彰明縣訓導

左臣　正德十六年貢

周文昌　嘉靖元年貢任四川中江縣知縣

龔鰲　嘉靖二年貢

屈儀　嘉靖三年貢

高廷珍　嘉靖五年貢任浙江天台縣主簿

卞勳　嘉靖七年貢任江西上高縣主簿陞直隸上海縣縣丞

宋廷輔　嘉靖九年貢

薛應春　嘉靖十一年貢任四川塩亭縣主簿到任二十日即掛冠而歸

潘輔　嘉靖十一年恩貢任山西按察司檢校致仕

解勗　嘉靖十二年貢任浙江錢塘縣主簿

何舜雲　嘉靖十五年選貢任四川嘉定州判官陞四川塩亭縣知縣

解昂　嘉靖十七年貢任江西浮梁縣主簿

劉贊　嘉靖十九年恩貢

裴　佐　嘉靖十九年貢任四川樂至縣主簿

冉　魁　嘉靖二十年貢

周　旻　嘉靖二十一年貢任四川蒲江縣主簿

何龍雲　嘉靖二十三年貢任四川通江縣知縣

湯　昇　嘉靖二十五年貢任四川峨眉縣主簿

田大本　嘉靖二十七年貢任河南郟縣縣丞以禮致仕

鄧　芹　嘉靖二十九年貢

潘希周　嘉靖三十一年貢任河南鎮平縣知縣改調乞休致仕

王　弼　嘉靖三十三年貢

陳　宣　嘉靖三十五年貢任四川易蒙府經歷

鄒　魯　嘉靖三十七年貢

李　顯　嘉靖三十九年貢中南京甲子鄉試

何奇雲　嘉靖四十一年貢

裴東魯　嘉靖四十三年貢任貴州永從縣訓導

王　鎮　嘉靖四十五年貢任浙江上虞縣縣丞公自授丞時隱忍負慝四季告休不張蓋不肯與人詰之曰恐負　朝廷名器耳居鄉八十五歲而卒

周　厚　隆慶二年任河南南陽府通判陞四川廣安州知州

鄢英芳　隆慶二年貢任河南輝縣主簿

卞堯封　隆慶四年貢任四川羅江縣教諭振衣千仞橫覽八荒囊無剩物而縣隣駐旌祿僅三釜而建閣捐金一時名流如太史金深公蕭泉艮山公御史臺懷忠公

以步陶彌公公不就遂歸

[illegible]之綱　隆慶六年貢任直隸寧國府知事

[illegible]應科　萬曆二年貢任河南南召縣知縣

楊偲高　萬曆三年貢任四川簡州訓導

[illegible]時中　萬曆四年選貢任直隸含山縣知縣

潘希召　萬曆六年貢任本省襄陽縣訓導事見卓行

何楚望　萬曆八年選貢任直隸武進縣縣丞陞四川威遠縣知縣初耻爲丞乃刻意苦節復臺省四薦始陞威遠令以禮致仕

向　栢　萬曆十年貢任直隸沙河縣知縣

黃立道　萬曆十二年貢任本省永定衛教授

潘　鸞　萬曆十四年貢任本省衡州府教授居鄉六十年無有疾言厲色青袍敝服雍容絹執中目覩歛肰三仕儒官歸來温飽不給

[illegible]道南　萬曆十六年貢任本省京山縣訓導

劉廷瑞　萬曆十八年貢任江西湖口縣訓導

裴若衮　萬曆二十年貢任四川渠縣知縣兩院會題致仕

楊　蔚　萬曆二十二年選貢任四川榮昌縣知縣以禮致仕

王本方　萬曆二十四年貢任浙江武義縣訓導

唐　喬　萬曆二十六年貢任江西撫州府訓導

向　程　萬曆二十八年貢任山西岢嵐州判官

鮮希魯　萬曆三十年貢任本省蘄水縣訓導

張儒 萬曆三十年恩貢

鮮儒 萬曆三十二年貢任江西瀏陽縣訓導

劉悌 萬曆三十四年貢

王之瑞 萬曆二十六年貢任浙江遂安縣丞

張嘉會 萬曆三十八年貢

婁明斗 萬曆四十年貢

楊守和 萬曆四十五年貢任江西臨江府歷四川鎮雄府教授致仕回籍

楊一變 萬曆間由歲貢任浙江湖州知事

鮮于晰 萬曆間由歲貢任廣東番禺縣丞

鮮于曦 萬曆間貢

鮮起雲 天啓元年選貢任南直上海縣丞

劉一南 天啓年歲貢

曹應知 天啓年歲貢任直隸涿州州判陞廣西桂林府理問

宋之范 天啓三年貢任衢山教諭

向稷 天啓年歲貢任浙江象山縣丞

楊載露 崇禎四年選貢即楊蔚之次子增生楊從纓廪生楊從邵庠生楊從矩之父

張如渠 崇禎年貢

劉宇戡 崇禎九年貢

李燦 崇禎十一年貢

楊湛露 崇禎十三年貢即楊蔚之長子廪生楊[illegible]

楊士傑 崇禎十五年貢

楊道振 崇禎十七年貢

龔振聰 崇禎十二年拔貢

國朝

貢士

余明薦 順治四年恩貢

毛士鴻 順治六年歲貢

熊夢非 順治七年歲貢

黃閣會 順治八年恩貢選通判候缺

黃士哲 順治八年歲貢

曹應乾 順治九年歲貢任醴陵訓導

覃景岱 順治十一年歲貢選州同候缺

曹譽學 順治十三年恩貢

羅人龍 順治十三年歲貢任本省寶慶府訓導

黃鳳羽 順治十六年歲貢

陳起虞 順治十八年恩貢

張應星 康熙元年歲貢

李焻 康熙三年歲貢

例監

明

向　綸由附任廣西鎮安府知事
張廷用由附　胡　珂由附
胡　瓚由附任鴻臚寺序班陞四川蓬溪知縣
周經緯由附任四川巫山縣主簿
周　道　董本欽　王　泮
覃　銑任北京兵馬司副指揮使
汪福相由附任四川遂寧縣主簿
王　矩　解廷相由附任鴻臚寺序班
董本高由附任四川彭山縣主簿長官待不以禮遂歸
何　珂由附任直隸盱眙縣主簿

史學魚由附任鴻臚寺序班貞不絕俗
唐良臣
劉仲元由附任浙江杭州府照磨
汪　洋由附公廷絕跡多年卧隱不仕
覃汝成由附任北京兵馬司副指揮使
王　棨由附任四川峨眉縣主簿
汪宗海由附
李　果由附任浙江餘杭縣縣丞　沈貴中由附
楊道生由附授京衛經歷
楊道弘由附授北城兵馬司副指揮使

周大謙
熊　達由附任雲南布政司經歷
汪宗瀛　陽　杲由增
覃文選由增任山東平度州同知
薛文蔚由廩任鴻臚寺序班奉　命致仕
劉士懋由附任浙江平湖縣縣丞　王希曾由附
劉用伋由准貢任河南偃師縣縣丞
田世祿由准貢任山東膠州同知
汪　偉由附　周弘奭　李之奇
曹　棐由附任江西太和縣縣丞

曹　璨由附
汪宗濤由附任四川榮昌縣主簿
向自明　王俊士　王吉生
楊　琨由附事母以孝聞獨行好善樂施有傳
曹　渠由附
曹　棻由附
楊　學由附好古力學工詩
王居敬　張星明

附廩庠高誼

楊一新邑庠廩生從王陽明游得聞良知之傳歸而下帷讀書著懷陽子集學者號止

耆先生

余弘道　耕讀傳家非禮不動有長者風二子皆成名

李滋　邑庠生秉禮服義言笑不苟人欽慕之

杭道　廩生家貧力學有儒者氣象

鄧之獻　廩生博學宏才淹貫經史爲枝士冠冕

鮮位　庠生服古樂道先輩遺風

李鐸　最得儀經之傳以家貧子幼不仕

魯論　昔有學諭恣意淩轢公不受辱當貢期遂還其廩辭選職

卞龍　孝友傳家萬曆九年應督學之獎後選職

附武舉

杜希晦　原在學會有評以他事者遂戍於衛遂合究發憤嘉靖甲子中而釋歸

楊世忠　由附中萬曆壬午鄉試

李拱宸　原在學係附中萬曆甲午鄉試

張天宿　中萬曆己酉鄉試

附吏員

冉客　任雲南大理府稅課司大使

田達　任浙江東陽縣縣丞陞金華府同知

馮翊　任四川成都府廣豐倉大使

王喜　杜景

萬廷惠　任四川永川縣典史　彭仲賢

閔世科　任四川龍安府司獄陞王府典儀

向棵　任陝西韓城縣典史後以母疾告休致仕

王東陽　任四川典史

徐雲程　任浙江遂昌縣典史陞四川南部縣主簿

劉世珊　任直隸青浦縣縣丞

胡遂　任直隸雄縣典史引分月守小心謙退

楊世隆　任四川典史

詹晁　任四川仁懷縣典史

胡來賓　任山東魚台縣主簿

劉世泰　任河南新野縣典史

徐日章　任四川新寧縣典史

薛登賢　任四川什邡縣典史

熊遇　考授照磨候選

楊翠　任四川成都府稅課司大使陞南直霍丘典史

蕭應呂　省祭

胡遇　省祭

周之德　任陝西白水典史

周弘璧　任直隸臨淮縣丞

劉世道　任四川遵義典史

國朝

董善　任直隸滄州鹽倉大使　張文臣　任肥城縣典史

卓行傳

夫天下惟中庸不可能而是傳也何以卓冠於行益浮娉者流好矯激慕虛名疇能振拔流俗以自見第其間苟或生於枝長於枝而墳墓於枝足可為世樹坊表者則世不分遠近位不分隱顯官蹟幽芳不難嘉與其行而編次之

霍峻字仲邈三國時枝江人先主以才勇舉為中郎將守葭萌城張魯使人誘之峻曰小人頭可得城不可得劉璋以兵圍峻經年不下先主平璋峻以功遷梓潼太守及卒先主悼惜謂諸

葛亮曰峻既嘉士有功於國當親行弔祭遂率羣寮而往宿於墓上

董和字幼宰三國時枝江人其先家巴郡江州漢末卒宗族西遷劉璋以為成都令時蜀土僭侈和躬率以儉轉巴東都尉遷益州太守清約如前南土愛信昭烈定蜀與丞相亮並署大司馬事外牧殊域內幹機衡二十餘年比死家無擔石之儲其清約超絕蓋如此

董允三國時枝江人董和之子丞相出師表稱其良實志慮忠純宮中之事悉以咨之必能裨補闕漏有所廣益延熙中累官守尚書令

劉凝之字隱安南北朝南郡枝江人父期公衡陽太守兄盛公高蹈不仕凝之慕老萊嚴子陵為人推家財與弟及兄子立屋於野外非其力不食州里累行辟召一無就妻梁州刺史一仝女奩具盛厚凝之悉散之親屬妻亦能甘窮苦乘蒲柴車出市貿易周用之外輒以施人為村里所誣一年三輸公調求輒與之又有認其所着屐即解與之其人後得原屐送還不肯受臨川王義季立江陵並遣使存問凝之答書頓首

稱僕人或譏焉凝之曰昔老萊向楚王稱僕子陵亦抗禮光武一旦攜妻子隱於衡山之陽

霍弋字紹先三國時枝江人峻之子後主立太子璿以弋為中庶子璿好騎射弋援引古義左右規諫甚得切磋之體

劉仕英洪武初枝江人以文學名於世耿主簿之心不勝其濟物之心潛德弗耀不干仕進其古之隱君子乎

龔讓兩令劇邑廉正一致未幾自陳解綬行堅高尚

田原慶歷任御史賦性剛直激揚無避權貴後
以軍務入蜀施爲布置皆有條理卒於官
張敏廉以處己惠以恤民在任而父母循良之
聲滿於道路致仕而院道奬勵之禮至於家庭
田達以吏員任東陽縣丞後勦賊有功陞金華
府同知
潘永智幼貧嗜學博通經史入仕清約
何　昜獨清獨醒古貌古心當官卓有賢聲居
鄉雅著時望
裴　相爲同知時委抽南雄太平橋商稅又督

修黃冊併軍政冊俱愜輿情當考滿時副使劉
永成公贈考滿賦云問公於橋分橋不預公去
永清有渾公徹底廉得清名與橋俱等語
卞　懃稟性直率揮洒不拘長於詩賦
田大本操守清潔行誼醇篤長厚之貌兒童走
卒亦慕其名
潘希召翼翼小心溫溫雅度即繩趨矩步中猶
斤斤有渝越之慮
鄉賢
翟　燮　董　和　董　允　劉凝之

龔　英　劉仕英　田原慶　潘永智
何　昜　裴　相　卞　懃　田大本
潘希召
偉哉諸君生前矜節沒世榮名讀其傳千百年
猶有生氣登紫岳迤邐菁蔥蜿蜒白水汪洋鱗
殺瀲灩遙有奇特者起耶至今俎豆常新非後
之人不能忘公公自不可忘耳九原可作即執
鞭所忻願焉
國朝　卓行傳
李冲霄字六翮其先歷宋元居枝下沱家風清

白世以儒業高曾若倫若翊父滋春育公昔則
經傳學恪於志行而甲科則自公始公性孝友
忠信不疑人欺遇事無所回避右不可輒面斥
之至其前者雖薄夫鄙人恥稱人過食貧受徒
課明道義不徧一時之士盡在泮宮而品行亦
各有宗領立身立教聲蜚嘖嘖郡邑間願治戊
戌始成進士作令保陽清苑爵賤清慎絕不以
勢利自污作士牖民率皆孝友忠信之治而他
有所不襲爾歲之後徭賦輕刑政簡姦豪懲頑
愚格善良興井井有循吏風自茲而擢須累

牘紀錄盈册爰奉即壓之
育咸以爲李公之畫乎已而被乎物矣且將大被乎
物矣隨以有故遂謝之而決歸志　河南道御
史于公喑而規之曰以公才德如是成治於淯
如是倏忽爲肥遯高尚之士耶公矍起曰非敢
爲肥遯高尚也君子不干乎名之目而慮乎幾
之難不藝乎爵之盛而憂乎心之枉肥遯高尚
非我志也恬然循道以行
内閣李公特以詩賦贈重爲之惜紳衿父老扶
輿擁道連二十五里哀號如孺子之失慈母刻

石立亭以誌不朽歸而行李蕭蕭結茅以居飲
食服御猶未仕者然人皆嘆之公曰何足怪也
以金帛遺子孫者損其智以機謀遺子孫者削
其德予既拙且貧故無是患家之幸也益廉約
無美日申孝友忠信之說以爲家珍閉門謝客
始終不忒其志有經年不見其面者　郡伯耿
公　司李方公聞而重之擇爲鄉飲大賓公以
簡出未就其聘卒之日市野失懽莛逅畢至
邑侯周公以德愛德大哭於庭爲之屢嘆恤其
子孫卒年五十有八贈謚尚有待於表　闕

附
内閣高陽李諱霨祖餞詩
投紱怡然去棠枝好掛冠非關文法密轉嘆吏
才難自昔知音遠商瓊舊業寒樊輿諸父老無
數擁歸鞍

邑侯周諱廷桂贊
邈遯千古渺然無垠延於盛世特起異人似淵
之靜如嶽之貞剛中正大偉岸拔群潔廉高尚
不藏其名笑傲自適議論風生自公居鄉隣睦
友親自公在官政簡刑清昔澹隣治教牧兼歷

遺愛之垂列於碑亭美此名賢方陟於
廷豈意五斗視若浮雲自公歸里勞節彌精不由
其徑不履公庭逮公嗜學耄而益勤憶昔衛武
恰與性成懸河三峽詩酒怡情淵明之骨青蓮
之身鄉公庭訓義方惟兩秀發聰穎摧子若孫
文行並美光於泮林紹述乃翁不無其人垂之
簡冊炳若日星曷哉多士視此先型

枝江縣誌卷之七

知枝江縣事周廷桂　主修

貤封

明

蔡　璐　天順四年以子思謙請封贈爲徵仕郎妻朱氏亦贈孺人

蔡思謙　天順四年奉　勅進階徵仕郎妻譚氏特封爲孺人

何　勗　禮部司務嘉靖十一年奉　勅進階登仕佐郎妻王氏特　贈爲宜人繼室卞氏亦贈宜人

何存忠　以子封南京戶部福建清吏司郎中爲奉政大夫妻田氏封太宜人

胡　璿　嘉靖三十三年奉　勅進階爲登仕佐郎妻曹氏封孺人

楊　蔚　崇禎九年奉　勅進階奉直大夫妻何氏贈宜人

節孝傳

昔謂綿人以焚廪浚井則千古無孝子信哉程量當世者之責怨也澆風偷俗髭鬚而號稱男子者方且不知忠孝爲何物矧婦人女子不閑內則女經又可知也第兖岳之氣不擇人而鍾一朝天性激烈發於偶然出於自然有合古仁人孝子之用情者可不爲之闡揚歟

明

孝子

陳紀　五都人割股救母母疾遂痊斷脂焼香祈

延母壽嘉靖二十四年知縣顏鑰申禀褒實獎勵

方釗　董市人割股萬曆二十五年知縣周仲士獎勵有傳

楊琨　國學生生六歲失怙事孀母曹氏色養無違教諭侯維烈作傳

國朝

馮嗣京　庠生母朱氏疾篤禱藥不效割股救親申詳

督學道旌奬

史弘業生員史館英之子年十四歲家極貧父病篤割股救親

王紹吉父苦病家貧割股救之後遇風覆舟而死人咸憐之

冉超求割股救父病即愈於康熙四年知縣周廷桂申詳道府蒙批奬賞

明

節婦

○、楊氏監生何清妻清早卒楊年二十四歲子存忠止三歲苦節撫孤始終不渝壽九十歲子孫登仕籍者數人時以爲貞節之報有司奏聞九年奉旨旌表

龔氏市民汪銘妻

、王氏生員龔朝相妻二十四夫亡甘守清貧事舅姑撫孤子龔桂克紹父志閭里稱節

○文氏胡盡忠妻年二十三夫亡遺腹七月生男仲禮始終一節

伍氏生員冉世臣妻年二十一夫亡甘貧守節誓死不再適

李氏生員向繡妻年二十八夫亡絕嗣撫侄生員向坤亨爲子孀居誓無二志

田氏唐大有妻年二十一夫亡撫孤田禾成立孀居四十年無玷

周氏鄧守隆妻年二十五夫亡撫孤鄧兗楚至死不渝

嵇氏廩生楊一敬妻年二十夫故無嗣剪髮自誓建祠祀夫

道院三旌其門年七十而終

王氏張維妻未字夫亡自投水而死知縣周仲士申明有傳未嫁宜爲烈女而以氏稱從周傳

聶氏生員全臬和之妻善事舅姑夫歿守節撫子祈年著名黌序皆母之力也壽六十卒

劉氏生員薛文煥妻年二十八夫亡撫孤孤絕始終不二年七十知縣劉廷論申文憲賓旌其門

劉氏童爵之妻年二十五夫死守節終身有司有聞旱貞節之旌

曹氏京衛經歷楊道生之妻年二十七夫亡撫幼孤琨守節不二有司旌其閭

楊氏千戶王三提之妻夫早死無子守節年八
十四歲
道府數旌其門
潘氏生員汪潤民之母嫁不半載而夫於遺腹
子撫之遊庠年七十而終
國朝
張氏舉人曹止學之妻夫早死張生一女數歲
誓無二志知縣李花自旌其門
袁氏夫病家貧子稚苦守苦節終始克全閭里
稱之市民楊從先之妻生員熔之母也

楊氏廩生楊本姓張際春之妻年甫三十夫死
并貧教子鄉里嘆服
毛氏庠生楊宗寵之妻年三十歲失夫教育孤
子苦志守節
謝氏監生熊釋志之母早年失夫苦守精微
熊氏千戶王建之之妻十四歲夫死守節遺腹生子年六十二而卒
王氏郎縣丞劉士懋妻年八旬知縣周廷桂旌
節壽雙全
附鄉勇死事
楊一登百里洲人爲團練長有勇力甲申春賊

殲數百至流店焦[illegible]擒八人莫敢敵一登奮勇
率衆大破之斬獲賊首甚衆洲民得以保全後
闖逆賊兵數萬至一登率衆禦之連勝三戰後
賊益兵鏖戰父子歿于陣中
附錄遺行
明末崇禎闖流寇至江北庠廩生李之喬同妻
曾氏被执不屈慷慨罵賊而死妻曾氏見夫遇
害索刃就死被殺邑孝廉符嘉善爲詩弔之曰
多君罵賊致身於名擬沉檀火后香强項誰能
輕鼎鑊齊眉人亦重綱常文章未就風雲邑姓

字偏成日月光當道應須恰壯勵好將俠烈奏
明王
庠生熊藏美絕跡公庭時稱長者
王成美 爲人好善樂施屢被優獎賊陷枝城
知縣胡暘罔投江成美救之得不死鄉里義之
劉秉正 邑庠生慷慨有氣節水手劫知縣胡
暘罔欲害之人不敢救秉正獨憤勇以身蔽之
義形於色由是不敢加害
涂大烈庠生繩趨尺步禮義自閑
杭士穀增生秉禮服義爲士模楷

附鄉耆

李誠成化三季山西大同府納艸一千一百束
冠帶榮身

向政成化四季納米三百碩冠帶榮身

胡應祥厚以存心富而好禮季九十六始終一
致閭數十季後而鄉人稱善者猶必首公恩例
冠帶

杜璽質而寡言老而必遜

楊中和好義周急尊賢樂善

周大邦[illegible]文篤於家庭忠厚孚於鄉里

袁本實樸而不華公而不苟

劉萬金好善樂施

曹文聰處世公平接人謙謹

李仲和立心公平居家孝友

楊道修萬曆癸丑春饑捐米助賑

張珙居家耕讀處世謙和

楊仲梓獨行好善積德裕昆

全傲修理學校譙樓儀門及各公廨皆竭力奉
公士民重之

歐陽廷相好善樂施隆慶季曾捐資於縣以備

荒歉

易天貞孝友醇篤屢膺鄉飲前　治臺梁曾旌
其門

田可耕居富守禮勸善化俗

熊厚倫義全節女

潘文玉煎魚田田足挽古道季逾八十而公庭
罕跡

張德祿　余　秀　荀加善

荀向善　張　淳　黃訓道

王　堯　張　鑰　周　林

趙　鏜

楊開極力行善道邑人服之修學尤其首者著
郎康生楊鼎之父

附名醫

卞演精方書神脉理求劑者衆不計利故全
多人

卞聯雲初業儒后精通方脉能取右淤而神明
之嘗曰古人謂方不可執夫方可執而不可执
不可执而未始不可执也神而明之存乎其人
所施劑活人甚衆李曲田三邑侯特旌錄之暨

有題贈

附仙釋

幻妄不經之說尼父捲舌第以傳燈飛錫爲靈此皆索隱之徒剽竊附會餙無成有安可於怪中臻怪以炫俗見乎志應得書當例也書於末簡外之也

梁陸法和枝江百里洲人術能前知侯景遣將任約擊湘東王於江陵法和救之至赤沙湖乘輕舟不觧胄縱火及風約大潰遂法和謂湘東王曰侯景無足慮蜀賊將至巳果至一戰殄之

軍次白帝城謂人曰城旁有諸葛孔明琴箭鉀一斛許掘如其言至襄陽城北大樹下畫地令弟子掘得龜放之山中人多惡疾藥之即瘥毒蟲猛獸授禁戒不爲人害江湖結表放生漁者果無所得少得即風雷懼其人而還之將兵華軍漁遼者使猛獸夜噬嘗爲人置宅墓求福戒曰勿擊馬於碓人違之及憶戒及馬已斃其術能奇中如此舊載枝江志今荊州志曰江陵人

慧安枝江人姓衛氏開皇十七年遁於山谷大安中開通濟渠饑殍相枕安乞食以救之獲齊衆煬帝徵安不赴潛入太和山及帝幸江都乃杖錫登衡岳行頭陁行唐貞觀中至黃梅謁五祖遂得心要麟德元年遊終南山石壁因止焉高宗嘗召安不奉詔於是徧歷名跡至嵩山武后徵至輦下待以師禮甚加欽重后嘗問師甲子多少師曰不記后曰何不記耶師曰死生之身若循環環無起盡焉用記爲況此心流注中間無見漚起滅者乃妄想耳從初時至相滅時亦只如此何年月而可記乎后聞稽顙信受神龍五年三月八日閉戶偃而寂春秋一百一十

八隋開皇二年壬寅生唐景龍一年己酉滅時稱老安國師見荊州志

范儕精廬枝江東南附城州上有道士范儕精廬著自言巴東人少遊荊上多盤桓於枝江縣界惡衣惡食瀟散自得言來事多驗人心欲見之欻然而對面言奪求終弗遇也雖遐踦諸州而未嘗見其濟涉見荊州志

了紀有禪行得仙術萬曆間自蜀過枝任錫于西門龍王潭猴子洞有蝙蝠數千師曰借寓耳不久當見還蝙蝠悉去洞無水師至傍忽滴一

泉足供一人之用居洞中辟穀煉氣日食棗數枚胡麻一龠而已山有虎或爲師衛師曰吾終夜坐山頭與虎爲伴何懼哉后入達安青谿山中師去之后蝙蝠復來泉亦旋涸

修枝江縣志流連往蹟不能自已偶成十賛

楊際春

紫山在縣南門外數里舊誌載昭烈入蜀息馬于此登山看紫云

賛曰

天挺人傑　孤窮不屈　力挽天河

豎漢赤幟　龍鳳左右　熊羆羽翼

紫山佳氣　鬱葱猶昔

講經臺在上百里洲五代梁陸法和講經其上

賛曰

山不在高　得名以仙　水不在深

有泖者泉　瞻彼崇臺　陸公居焉

虎丘鷲嶺　吾與而三

庚山清修寺舊傳庾子山別業在焉

賛曰

開府清新　杜陵所懷　悠遊茲土

孰爲往來　渭樹江雲　風期邈哉

我思古人　臨高徘徊

霍　峻枝江人也事昭烈守葭萌擱張魯誘之使降不從

賛曰

仲邈忠義　天日可捐　喪元無畏

城不可得　北門葭萌　金湯業業

昭哉漢臣　千古惟烈

董　和亦枝江人事蜀漢爲時名臣

賛曰

幼宰清約　曠世所無　身秉機衡

家乏擔儲　安漢定蜀　邊籌廟謨

慎乃儉德　惟懷永圖

董　允和之子也爲蜀漢尚書武侯出師表稱其忠純

賛曰

尚書忠純　丞相所舉　宫中之事

悉以咨之　裨補闕漏　有所廣益

惟忠惟孝　德產實枝

霍　弋峻之子也事蜀漢爲中庶子諸王好獵弋

以禮閑制之

贊曰

庚子獻替　古之遺直　不尊于嬉
而規以德　僖佰阻魚　長鄉諫獵
愧彼伏馬　終焉默默

劉凝之枝江人事實見本傳

贊曰

凝之清介　南北所推　爰于是篤
寧靳於財　尚慕古賢　惟湯與萊
賢哉淑女　悠悠永偕

慧安沙門也枝江人有道行年百十八歲時稱老
安國師

贊曰

慧安沙門　行苦功深　蹤遍嵩衡
悟證無生　終南片石　黃梅一葉
不知甲子　安問起滅

姚　石蜀人宋南渡時宰枝江民甚德之葬在百
里洲

贊曰

有宋賢臣　試于劇邑　既優於學
尤富於德　内撫百姓　外捍牧[illegible]
民歌其政　載彼豐碑

武備志

守禦所明時設立屯田鎮守以控制峒蠻者也
原設正千户二員副千户七員百户十員鎮撫
一員皆世襲吏目一員部選其所轄旗軍皆屯
丁充數我
大清定鼎裁革舊弁所屯歸并荆右衛征納惟城守
修築原屬所軍康熙元年知縣田禹稼念所軍
逃絕者多申詳

院司府詳准軍民各半施工在案然其門關城守
之備不無有待于修復舊制云

正千户二員

王安邦直隸儀真人　湯抗中直隸巢縣人

副千户七員

梁維禎直隸陸安人　楊時發直隸和州人
朱　官直隸鳳陽人　李之屏直隸臨淮人
王蓋臣湖廣漢陽人　張世勲籍貫舊志缺
周于德直隸丹陽人

百户十員

劉昌祚直隸江都人 張 蕙山東文登人
許振國直隸華亭人 夏時行 籍貫舊志缺
王三捷山西太原人 周于德直隸丹陽人
蘇民望湖廣松滋人 丁 顯直隸海州人
王維屏直隸當塗人

撫鎮一員

王維垣原籍南京直隸廬州府無爲州巢縣人

吏目一員 部選

按以上皆舊誌所載并名今已奉文裁革姑錄其目以備異日城守參考之故制云爾

按枝江所屬軍民壤錯其荆右二衛屯田仍如舊制惟顯衛屯田于康熙元年奉
旨歸併附近州縣徵收由是顯衛各屯在枝土者悉屬枝籍爲屯田屯糧云至于十所屯田原設守城近華舊并其屯糧雖併入荆右衛康熙二年后奉 文修城仍勾所丁築城申詳
院司道府准以軍民各半施工

枝江縣誌卷之八

知枝江縣事周廷桂 王修
楊際春

秘侯治枝江實政記

治邑難也治疲邑尤難治成平之疲邑難也治殘破之疲邑尤難蓋非至仁則不足以徧愛非至明則不足以燭奸非至斷則不足以行法三者一不備則疲邑之殘黎不能保其安居而無有失所者甚矣治殘破之疲邑之難也惟是順治二年之秋闖賊餘孽逃入荆屬大江南北亘數百里受其屠戮而枝江爲甚明年春

王師遣勦賊遠遁瘡痍之民百僅一二道殣相望春種失時夏秋饑饉滋甚民乃流於盜賊之徒白晝殺人行刼而罔有所忌秋九月河間秘侯始奉
簡命來宰枝江單騎至縣見公廨燒燬無遺胥役死於殆盡民採葛蕨菱藕充食公見而恤之乃
親詣
院司道府具陳枝民所以顛沛困苦死於之狀遂至縣中招集殘民煦濡愛養如保赤子斯時也民皆以盜賊充斥告公爲偵訪眞實捕得渠魁

數輩而皆厕名伍籍者盗恃有庇不以爲意公一面具文申詳一面嚴訊廉得其受害贓証立斃之杖下而赦其党且示以改悪自新之意盗風乃息初鎮兵驕横過枝輒搶奪民患苦之聞公至皆歛息過自后枝土稍寧居矣値虎狼滿野田土盡荒民乏牛種公令攢居聚處且勸手鋤開墾其報墾入册者爲良民不則爲奸宄由是民皆盡力墾荒遠方逃亾者漸以歸復報糧編審成熟至四百頃民乃足食當兵火之后武勇相尚紳衿寥落往來雜農賈中無别絃誦之

聲寂焉無聞矣公嘉意優禮每接見必從容晋坐問民疾苦士有能文者尤加厚焉翹望集之庚山禪院親爲講説經書爲道學指南自是而枝庠人文復蔚起矣公明察以斷發奸摘伏意主鋤悪安良有犯必誅一無所貸然嚴威太過仁愛稍替較下車時有間矣説者謂公方患盗時誤採某進治亂國用重典之説而非公之本意也是后爲治多任法威聲大著民莫敢犯適宜都缺員　院司道府以署事委公月餘宜之吏民有骫法者公求之急乃訴上誣公且訛傳鎮帥嫉公之爲陰與爲難公特報閉閣不視事家人屬役畏法不敢問覘抵暮乃知其投繯矣後月餘郵報有行取公入部屬者而公已卒矣惜哉噫追公之行迹公之政公之爲枝士民者至矣乃枝士民今已就樂利矣亦念爲枝民奠宅里保婦子者誰耶亦念爲枝民計生養除禍患者誰耶亦念爲枝士開學校敷文教者誰耶若此者皆公之德也枝士與民食公之德服公之教固宜尸而祝之没世不能忘也後之言枝江治績者當自公始公諱延瑞直隸故城人

李侯治枝江實政　楊際春

論守宰之善否則取其涖事之實蹟而觀之而淺其政之得失與其民之愛畏有可稽故觀潁川京兆之治而四長二王之政可知也觀魯山中牟之治而紫芝仲康之政可知也蓋郡邑以得良守宰而重而守宰以能治郡邑而名守宰而誠賢也則其所行之政傳而郡邑之治亦因以傳然使守宰無可述之績則郡邑之治又安望其傳之永久而無替也哉枝固蕞爾邑瀕大江爲楚蜀之衝宰兹土者不知其凡幾矣然福

稽前史未有一誌枝政者將小邑無可紀之績
足以光史乘傳奕禩乎抑宰無可述之德政且
未有登顯秩樹隆名者而澤風猶無所據以爲
考信之資也夫爲治之道寬猛不一其致要以
宜民適時而止故何遵約法參守弗失可也苟
太甚者必改絃而更張之所以國僑相鄭發惠
而使義諸葛治蜀法立而恩明得是意者其惟
李侯之治枝江乎先侯而宰枝江者爲故城之
秘侯其爲治也專任法當兵燹饑饉之后目覩
其疲民而[illegible][illegible]煆錬之民之思得慈仁愷悌

厚愛人者而爲之長寔乎若立嚴傳之側而思
就慈母之懷乃繼秘者則李侯也侯諱花白字
太素天中之寶豐人固所稱慈仁愷悌寬厚愛
人君子也曾爲宰于秦之洛川有治聲故其來
宰枝也盤根錯節迎刃而解之有餘裕矣按枝
爲楚蜀要衝南北孔道兵馬旁雜田多荒蕪雖
遺黎有子而牛種不給以故艮田腴產莽爲獸
原侯捐俸給牛種募能以百畝熟者爲上七十
者次之五十四十者又次之號曰新墾之農免
其徭三季民爭應募墾荒焉枝士久以荒亂廢

業横經之子寥寥數輩侯加意優厚振拔孤寒
在任凡兩試生童所錄皆眞才二十季之內鄉
會貢舉皆其所課士也侯之初至枝也縣治暫
設于上百里洲洲以水患侯修築爲防若凡二
百丈他洲之有隄者無不爲之增修加補長隄
相望屹爲澤國重防焉后徙入縣治也築城鑿
池修理學舍公廨及山川社稷壇廟以爲治人
事神之本又兩次招安流賊千餘人皆發回原
籍爲民先是賊營逃出者多被殺擄招安之政
自侯始焉自秘侯之在枝也盜風浸息矣而隣

邑之壤聯枝隅江北地方者間有萑苻之未靖
侯廉得其實狀申詳
列臺捕其渠魁數人而戮之市由是路不拾遺夜
戶不閉矣又邑中多虎患如艸埠江口王河舊
縣流店洋溪紫山一帶皆衝要必經之路而山
君負嵎行旅斷絕相傳爲神虎噬人不可捕侯
懸重賞募能捕者操强弓毒矢以從之虎無所
容皆遠徙出境昔劉昆爲弘農守虎渡河避之
漢帝稱爲長者不與侯異世而同軌耶蓋侯之
慈仁本于天性其爲政也一以興利除害爲務

而又自奉儉約蔬食布衣如寒士朕主其登高攬勝臨流悟眞則又別具心眼并沾沾簿書錢穀間此外別無可適情娛性者比也舊枝境內有庾山爲晋子山之別業而前五代梁陸法和之講經臺在焉其山水居一邑之勝入莫有知者侯爲建亭其上俯矚江流遠睨山嵐樵歌牧笛漁艇村烟一一得之眉睫間遊人至此爲之低回晋連不能去云侯之宰枝也春秋方富治聲盛著以勵精太過會得疾告致歸里樂志林泉抱膝坐咏彷彿諸葛君居隆中時天下而無

大事也天下而有大事侯可屬

荆戎府李署篆枝江縣政實蹟　楊際春

舊誌凡代署皆不錄非不錄也無可錄之績也順治八季李侯以　戎府代署枝江僅兩閱月耳善政纍纍民到于今受其賜欲不錄得乎前此縣中奸胥猾吏克塞盈廷屢剔難盡侯下車出示招告刊榜嚴革由是奸猾斂戢民害永杜又江南一里于順治肆季編審殘燬后爲山賊盤踞民避難江北田荒糧熟民苦賠荒相率控縣縣以額糧難減爲辭侯至難民詣縣控籲惻

朕勤念清查得實即申詳
院司道府設法減免糧差自是山賊出入江南十季不復難民得免糧差不致流於失所皆侯之賜也嗟夫從來代署只遽廬視事耳其于民之困苦饑寒如秦越人泪不相關切焉有如
府侯之借寇兩月而深仁厚澤至拾餘季后猶沐其賜者乎詩曰樂只君子民之父母終不可諼兮其　府侯之謂與侯諱洛日山東人陞四川道轉淮海道嶽遠實政以志不朽

三韓曲侯治枝江實政　楊際春

或問實政記與去思碑有異乎曰有異蓋碑不過其一時士民感慕之情而使能文者爲述其懷德望恩之意故雖有盛獻善政亦不過一郡一邑而止耳至于傳天下流后世使天下后世之爲政治民者無不于茲取則焉則非有實政可記無以憲今而垂后故碑者一時之事而記者天下后世之事也乃實政之行必本于實心大惟以其實心發而爲實政小之以治郡邑大之以治天下莫不有可大可久可傳可法者出乎其中令採風者從傍而志之曰某也賢某也

龍其也背爲其事其也嘗用某人大自軍國學
校戶口錢穀刑名之重務細至邑居溝洫桑麻
雞犬之瑣屑一一勤諸鐘鼎書之竹帛使天下
后世之觀者如身至其地而親見其人若古傳
記之載龔黃卓魯諸公政事益未易屬筆者非
若去思碑但述其懷德望恩之意而已矣故曰
有異愚得是意以記三韓曲侯之實政焉侯宰
枝江凡陸載治聲洋溢乎三楚業已奏績超遷
作牧齊魯之邦矣枝民之謳思詠歌者已于侯
之去思碑盡之茲欲述其所爲以實心而發爲

實政者勒諸鐘鼎書之竹帛以傳天下流后世
使天下后世之人如身至其地而親見其人非
愚之身被其澤而親炙其教者又曷能一一而
詳列之哉記侯自奉命涖事之日以暨超遷去
枝之季善政纍纍不能盡述茲紀其大而可久
足以傳之天下而流后世者按枝江所屬跨江
南北侯下車之季江南苦賊江北苦旱侯初至
渡江修治城池戒嚴守衛設堠偵望而外令民
皆保聚獨澌洲三洲聞賊至侯即躬率家丁直
搗賊壘賊出不意遂驚遁違去其經賊地方一
應差徭悉行蠲免難民得一意安生不致流于
失所而于江北受旱之民則又加意撫摩其所
以休恤賑救者一倣周禮大司徒荒政之法而
行之是歲也饑而不害夫師旅饑饉一時交加
即有長才倉卒受事難免棘手而侯能保護安
全如去湯火而置衽席可不謂以身許國視民
如傷者乎枝自兵燹之后學宮榛塞人文淪落
以故師儒撤皋比之座生徒乏橫經之所絃誦
聲息科甲久歇侯雅意儒術尊賢重士初至即
舉行鄉飲酒禮使士民復見先王養老尚齒之

政而又高設講座奉儒學教諭下雉四峯侯先
生講業于百里洲講經臺之故址捐俸治館集
諸生而課之者凡三季無少間甲午戊戌已亥
得進士三人由是枝庠文風丕振夫薪槱造士
古之英君哲相當文明之日猶需諸遲久孰有
起久廢之絕學而程效于歲月之間者乎非侯
之教養有方不及此也自甲午　王師駐荊軍
需供億日苦不支他邑之流于轉徙者皆是也
侯晝夜焦勞思所以定民而足國者乃率其耆
老士庶而告之曰他邑之流于轉徙者皆平日

吏不恤民使奸猾中飽有以致之也吾素視枝民如子奸弊一清今國家有徵發子趨父事此一時也有不便爾民者吾與爾共謀之父老中有公正不欺諳習事務者里舉一人以爲宣民一切軍需徵發不自爲催辦吾但受成數耳至于民力之不給者當爲爾請命雖受譴責吾非心焉不以累吾民也民相感激至相謂曰有君如此而忍負之哉皆爭先輸公軍需所供遂爲諸縣首昔倪寬爲內史大家牛車小家擔石較之侯無以異也是其能以撫字爲催科也不賢

而能之乎枝濱大江古稱雲夢澤國地堤逶蜿蜒綿亘如長蛇者蓋二百里癸巳江水氾漲所在潰决漂蕩渰沒民不遑居方冬水落時側應修築民有爲願以熟地作廢洲之說者幸衆來顧侯赫然斯怒痛懲其爲首者以爲浮言亂衆欲坐以重法群議遂息于是起工築七百里洲堤三處凡數百丈沮洳之區遂爲宅土矣次年春水渡至民間訛言新堤將潰咸相率走侯夜分冒雨躬操畚鍤遂先登堤所皆趨赴從之亭檠數日水退無患自是枝民得免墊溺之虞矣

方浮議紛起之日非得侯力排之于先孰肯任堤潰之時非得侯力抵之於後則隄工何由而得成水患何由而得消民居何以奠而國稅何由出乎故曰非常之原黎民懼焉及觀厥成晏如也侯之悍災禦患力于有爲而不惑於浮言如此至于復南渚之故疆實歸巴之難眦清刑獄而囹圄爲之久虛免贖鍰而爭訟爲之永息均里甲而徭役無偏重之弊械虎豹而戶口無逃亡之民奸胥斂藏盜賊屏息賞無間于疏逖刑不貸于豪右莫非其以實心而發之爲實政

者也雖然侯之勳名在政府侯之恩德在斯民今其所爲以實心而行實政者又已在齊魯之邦矣他日侯以考最晉秩入爲三公執政必當如古龔黃卓魯諸公故事則欲考侯后此之實政者又當于齊魯名宦集中求之傳天下流后世無斁矣

田侯治枝江實政　楊際春

順治十五年三韓曲侯以考滿遷泰安州一時枝民皇皇然如嬰兒子乍離慈母之懷而岌岌乎難其爲繼也秋八月潁陽田侯乃自天中之

獲加來宰枝江甫下車卽召父老訪政令之有
不便于民者許除之民皆言枝苦江水爲災方
墊溺失所二麥不登侯嘆息曰天災流行何代
無之但撫綏愛養不致災民失所是在有司耳
乃除免其災戶之徭又請詳　上臺開倉發賑
暨歸巴遠人之投誠安插枝土者一併計口給
糧或言彼非枝民安得給公曰彼居枝土卽枝
民也能忍其獨饑耶冬民皆言無食不能築堤
公曰無食正坐無此堤耳若能築饑止今歲否
則饑無窮期矣但築之吾免爾徭民大感激皆

子來赴工以徐舊總爲上流要害經始築之高
大堅厚較舊堤尤固是秋洲民大獲居無何歸
巴投誠兵將有副總生事擾民至搶奪行劫人
莫敢攖侯聞之親率捕役擒獲之收禁中具文
府道及院司會題立葦正法投誠兵將自是屏
息　北院李巡撫對府僚大加稱賞曰如枝江
田令者不畏強禦爲民除大患無愧爲令長矣
會
王師南征軍需旁午侯不避寒暑單騎下鄉催督
起運不用刑罰惟以勞苦急公相勸勉民未

完納皆相謂曰無煩苦憂我父母官長爲也
儲所供爲荆屬先自是凡郡有難集者皆委
焉枝民雖體侯之德亦漸告疲矣然終德侯不
欲使侯聞之十七八年水侯又勸民築堤以備
水患築上百里洲堤六處共六百丈南渚洲是
一處五十丈偏瀾洲堤七十丈澌洋洲堤一百
二十丈下百里洲堤三百丈又修渡流店閘皆
侯躬親督作無少懈堤成民欲立廟尸祝侯侯
力辭之又重修縣治城守舊爲守禦千戶所軍
築邇來所軍消乏皆迁延不進侯爲請詳

列臺准以軍民各半施工不半月百堵具作乃捐
俸修理衙舍大堂儀門六房吏舍私廳廨煥
然一新先是徭役諸雜辦悉責里民多至破家
侯憐其疲困諭令細戶敢有抗阻者許里長告
縣親爲追償分文不貸且加之法自是細戶不
復敢拖欠而里長益樂于趨事矣其寓撫字于
催科之妙如此侯蒞枝五載紀錄二次考滿以
無力給由遂越本任會
世祖章皇帝崩駕哀詔未到不敢舉喪禮誤用硃鈐
會　院司查劾其事而邑中之猾遂乘此以中

矦百姓皆叩臺請矦寃事竟日而矦尋以疾卒于荆邸二子相從貧無以殮郡伯耿　聞之嘆息至泣下捐俸爲殮具云

荆刑府方君代署枝江德政實蹟

嘗怪豎儒淵春秋譏世卿之例遂詠尚書教胄子之規皆未講乎貴貴賢賢之大義者也蓋春秋所譏特指其席寵估勢者流耳賢如國僑晏嬰華顏可以世卿少之乎甚矣豎儒之惑也故不登泰山不知岡陵之卑也不觀滄溟不知潢汙之小也不遇名賢不知俗儒之妄也我

荆府方君以華屋貴胄叔季爲名進士授南荆司李擿奸發伏所斷如神人以爲淑問如古皐陶耳亦孰知其誠求撫字有爲古召杜之所不及者乎今

聖上康熙二年枝江縣事缺員民變代署之難得其人皆先期逃匿

院司道府皆以招集茲土非方君之廉明仁恕不可君單騎下縣父老聞君來項蹙迎于道左君從容溫諭問所以逃匿之故咸以民苦軍需夫役及雜辦採買之煩離鄉別井非其得已君曰此非百姓之罪也乃出示招撫申詳減免一切雜泒不急之務止督其正項與軍艸運夫而已又嚴革正項每兩加三之火耗及見年庫吏更迺之陋規民大歡呼有來暮之歌一時逃匿在外者相率還家皆曰微君至我輩皆飽鄉殍也于是爭先完納君曰孰謂枝江難治向來治之者未得所以治耳初縣署爲水圮民疲不能修君捐俸修理不費民間一錢又年來庫務脊役因循積欠久不得清君至即逐項清查追完積欠刻日上庫時有吾旁午君從容坐理焚香啄

詩如無事時民亦若不知有上官在縣也皆曰聞春秋賢公卿有國僑晏嬰者想其惠政不過是耳其悅服之深如此三年冬新令尹至乃還郡君署枝江凡一載后雖還郡猶無日不念枝民而枝士民亦無日不念君也雖然君固名公卿之賢胄也他日入爲名臺諫爲名執政紹乃祖烈致君堯舜安知不視天下民亦如視枝民也哉

重修流店閘記　劉治民

江自岷峨發源滙納衆流蔓延千里出瞿塘過

三峽由夷陵至丹陽水勢稍殺其中爲洲渚者凡十數而百里洲最著縣名枝江義取諸此也洲四面皆濱大江代有水患民倚隄防爲命焉先是涖兹土者蜀江周公仲士于萬曆之戊戌建閘于洲尾之流店驛通其蓄洩司其橐籥其制稱善巳酉天中劉公廷諭復修之沮洳之區遂爲沃壤此則流店閘之所由來也洎明末兵燹蹂躪祗庶彫瘵隄潰而閘亦隨圮民與魚鱉爲伍者有年矣幸

皇清定鼎川嶽效靈申甫篤生我邑侯田公奉

命來宰枝邑公潁人也治以四長爲則焉甫下車即召集闔邑紳衿父老徵民間疾苦而親問之于是洲之士庶里老咸以隄潰閘圮江水爲害告　公曰比墊溺者非吾民也乎哉吾爲

朝廷宰兹土撫兹民忍聽其哀鳴嗸嗸乎爰是命駕循視水涯相其高下緩急而先後施工焉巳亥春築洲頂臘之徐舊總潰口數百丈堅厚廣大其砥柱狂瀾之力居多民皆信之庚子築西南之蕭畢二總北岸之甯家總工力稱是辛丑復築香積渡口隄亦數百丈斯時水利乏員　公躬親督率外復委予代効奔走竊予不敏耽悅

公之德意敢憚勤勞隄既成　公謂余曰百里洲以隄閘爲命者也隄未修患在無隄隄既修患又在無閘故堤之不修猶無民也閘之不修猶無隄也譬如人之一身咽喉闢竅欲其開通疏利而后始安今吾與先生既修此隄尤欲成此閘敬以煩先生先生往哉予曰公之德也民之福也小子有志而未之逮也　公有命敢不是听由是自冬月受事早夜與首事諸義民竭工聚材以無敢廢乃命不數月而工遂告成洲

之父老莫不扶杖來觀欷歔嘆息曰是何工成之速也壹壹之詠得毋類是歟諸義民咸夆而推其勞于予予曰惡此公之德也予小子何與焉雖然隄閘成而公之德不朽矣予與爾諸人奔走其事之微勞或亦藉公之德以傳云臨湘劉治臣記

周邑侯實政記

古之循吏蜀郡以興學書南陽以溉田書渤海
以弭盜書朕漢時得書者僅數人而一人又各
以一事自見甚哉衆美咸備之難也康熙元年
冬
王師征西二一年滿漢官兵蜂屯雲集至甲辰秋賊始
授首二三年中枝民流離轉徙日以百戸計其安
厥井竈者政無多耳未幾奉
命宰枝者則
邑侯周公也自甲辰以迄今茲凡有七年見 公

之政恩 公之人誠所謂才德兼全衆美咸備
之君子乎嚮枝民之遠徙也開至誠以招徠之
如新集者之病在賦也輕徭薄賦以蘇之如新
集者之病在刑也三宥八議以寬之蓋民當大
困之餘不忍其太甚不能救民於焚溺之中也
四年奉 檄入城邑居者不過數十餘家蚺木
蓊欝虎豹雜處巡城垣而廚擉如故入衙舍而
傾頹未起他如
學宮荒蕪壇壝榛莽以及門關倉庫之屬橋梁臺堡
之類俱史壞而不可復理當斯時也百廢未舉

井得才人以振刷之其何能百度維新遹觀厥
成哉 侯首修城郭樓臺以峻內外出入之防
次建廳廨堂宇以肅遠近觀瞻之規大而興舉
衆月斯張矣枝民有山鄉洲居之異處故賦有
上中下則之不等矣遵賦役全書因地輸租豊
俗每飛詭寄戸以欺上即科收酒派以行私矣
奉
上憲檄令民投櫃而且羨餘之悉捐庫收之而
給易單之先發從來積習蹊更如洗矣由居之
民皆役矣是以有募總之設鄉居之民妨畜矣

是以有遮邊之舉洲居之民患水矣是以有興
親之督揽鎮有四董市爲最凡布帛菽粟之物
產于枝土者必不能取辦於官中於是先給貨
本而後糴之雖民之無良以有爲無以賤糴貴
矣聞之晏如也枝庠人文
國朝彌盛惜屢經兵火棟桷無存矣輒捐俸鳩工而
鼎建焉枝士庶其彬彬蔚起乎猶慮成人有德
小子未造也爲之立義館給月米即沾体塗足
之子亦如誦說詩書矣又慮良民易與爲善莠
民易與爲非也爲之立約正[illegible]倫攸數

之輩俱各回心嚮道矣故今日士歌於學農歌
於野商歌於途賈歌於市而流離困苦鰥寡孤
獨之蒙其福者無不有父母之頌焉凡此者皆
侯之才所致也抑知才本於德故能衆美兼備
衆效畢臻也哉益嘗合邑侯之始末而詳列之
李方二公祖署篆枝江視民如子迄今數季之
後沐膏澤而詠勤苦者往往流涕善矣然李公
祖三月而遷方公祖七月而還侯師帥七季長
育枝民始終無間可念者一秘侯誅鋤匪類乂
安殘黎善矣而朞月之間斃於杖下者數十餘

人覆盆之嘆至今不免侯除巨奸劇惡外每有
涖事鮮綱之仁可念者二秘李二侯編審丁糧
不問存亡多寡荒熟各註一半善矣而有賦無
田賠累至今侯獨聽民報墾賦役日增可念者
三秘李二侯當干戈甫定之餘典籍云亡取舊
役以備諮訪善矣而弊孔日熟民無遁形侯於
諸邑人役一季一更上自催徵錢糧下至聽斷
訟獄惟以木隷從事即供事兩班者僅備洒埽
執儀仗而已可念者四秘李二侯徵收稅糧不
立歇保不問花戶惟責里長念誠善矣而勤惰

不分民何以勸侯當季終之際猶食慰勞未已
也又從而奬賞之於是爭相灌輸兩稅立報可
念者五曲侯仁心仁政美不勝書尤嘉惠斯文
優容士類意誠善矣但羅令之子翺翔城市每
爲鄉里所譏侯自大典大禮厚加優崇外或一
季而一晤或數月而一見筆硯塵封者不得不
閉戶窮經也可念者六田侯慮軍興旁午民隱
難以周知里長之外另設值民而高下其手是
非不公以致告訐風長紛紜莫决侯毅然汰革
民用和睦可念者七田侯慮衙蠹横行民情難

以上達不時採訪以示董戒一生倡先舉首反
遭斥革以致官民爭訟連季不休侯於諸士子
誘掖保全七季如一日可念者八安插海人不
過墾荒增賦然稍棄墳墓新入版籍此念所難
施恩當先及者也侯既予其田畝即憫其饑寒
可念者九百工技藝原定供事公家然父母妻
子嗷嗷待哺此分無可逃情則堪念者也侯厚
其賚殮又給其工值可念者十侯之可念其大
者如此役之司牧幸由舊章則枝民百世之福
皆侯賜也豈片長小善奏效一時者可同日語

誠而識
邑侯周公猶歉然有餘憾焉蓋一行作吏自當以
善政善教流被寓內匪區設施注厝止於一方
一邑何以仰答
君恩於萬一乎然　公才德兼優若彼
上臺公祖屢次紀錄若此始於一方一邑者自可
推之郡國天下也異日豐功偉績勒諸鐘鼎正
堪不朽艸野芻談何足以重公哉八里士民謹
薰沐稽首以記
儒學生員楊駿發楊鼎楊恪敬述

枝江縣志卷之九

知枝江縣事周廷桂　主修

藝文志

記

山水記　周仲士

粵稽周成王封熊繹於楚自稱歸移枝江號丹陽郡一名羅國蜀江東下縣灌津出瞿塘俱有小水從入未有大江分枝者分枝自枝江始因以名邑邑在南岸地脈自北城金雞山突起結爲公署形勝最高環五門皆處其下金雞山麓

爲大通寺宋咸淳岷岩禪師所建今爲
聖壽祝釐之所輸西爲預備倉倉之左爲新文廟先是邑科目久缺余卜青烏家言鼎遷於此與三元峯相對詳見廟學記中緣城而西覆船山以形相似也祀關聖顯於頂上余易名曰福傳山轉其義而不轉其名再輸南爲邑治前有蓮花池昔周濂溪過此觀蓮今仰周亭特起焉如治前小案然傳有蓮數枝爲濂溪手植亦召人勿剪其崇意乎逮明重來周子千載蓮花當作一邑紅尖再南爲城隍廟威靈顯應其報如響

并僅土木肖像者也人憚之廟左爲千戶所署
係國初首建以防容美等洞出沒城北一門東
二門皆傍大江城與江環則附郭之戶與城環
儻所謂柴門不正逐江開者乎此城市之大較
也邑以江名界在江南者多山界在江北者多
地界在江心者多洲南一枝從演武亭起自困
水港自容美流出繞城北合流於大江自水匯
西曰老鸛湖湖側爲金紫山每日出湖光蕩映
若紆金拖紫可掬者再迤南五里爲着紫山漢
昭烈初入蜀載景帝木主於此息馬更衣因名

紫山上有三郎祠拱宸亭下有神井行者不敢
飲馬祠中題咏甚多如杜工部之雲隨白水風
振紫山趙文肅公貞吉之地迥秦嶺天迴漢廟
張崿嶸公隹衛之異代君臣有眼一時賓從衍
盃是稱雅絕余每乘春領印登眺者再見脉從
絕壁氣護于龍雲隱孤城煙含萬瓦若爲邑治
特樹此大屏障者縣西而正拾里爲石龍鄉士
人耕於野得宋人史公子韋墓志並得墓於汚
泥中余移公並配揚宜人柩於高阜處建祠堂
祀之且入公於名宦祠俾世享血食語具中文

並祠堂記中再南二十里爲天生堰在官木山
之巔每雲霧作即雨諺曰雲掩天生堰有雨即
日見指此又西南三十里爲羅老洞約深二里
許昔有羅姓者居洞側號青城山人莫知所之
曾因旱官民禱洞下雷雨倏作水溢洞口失吞
從者三人遷延駭異再轉而東則爲洋溪與松
滋接壤圍繞邑城咫尺間耳中一枝吞城一里
許有石如筏浮水面曰石簰簰之左爲三郎溪
爲關公之子立也李冰有功於蜀而子爲二郎
神蜀祀之關公有功於荊而子爲三郎神枝祀

之義非無故邇十里有石峙江側形如鼓舖曰
石鼓有灘曰堆塌此入蜀第一灘也余癸祝給
舍世祿曾寄余數言謂吾輩波波仕途有得有
失攫之有命一日同王宜都之棟過此波濤洶
湧恍惚震蕩王公曰此又波波中之波波也余
曰人人盡道此波惡波口何時不放船耶曰灘
而下有洌洲郗洲關洲而關爲大淨居寺在上
有藏經樓汲門下有能解經旨者三洲相吞不
踰里箱舟中平覷若相聯然再下五里分爲三
岔因名江岔口右岔經流於松滋曾於己亥七

元大寧大月中偕余宦都門鹽江長陽邸放舟
而行江陵則丙夜抵松終戴松滋九階同行二
公謂余但得抵松不必會戴取山陰興盡遺意
也余曰舊志缺失一篇今庾臺係晋庾信講經
處今建清修寺於上昔有劉凝之故宅凝之夙
慕老萊子嚴子陵之爲人非力不食者又梁陸
法和知人禍福隱居於此梁侯景之亂法和率
蠻兵擒之後聞梁敗衰服終身亦忠義異流也
志稱此地其九十九洲洲不滿百故不出王者
宋文帝在藩忽生一洲未幾嗣位此其左券余

於學記中謂輔玉之名世與與王等諸生能應
五百季之昌期即滿丹陽之洲百矣以是爲寺
矜廣厲云嗟嗟漸洋本二今聯而爲一百里洲
本一今分而爲二陵谷變遷即河東河西二十
季倏易何必百季哉北一枝沿江五十里爲董
市市中居民叢集今於邑城四方商賈多有貿
易者獨絃誦風微而市後有回龍觀今改爲金
龍寺余將新葺莊嚴妙麗儼乎化人之宫巴歸
義宜之景洲者每停驂駐節焉詳金龍寺記中
寺之左數十武爲金盆山丞依帝於頂上昔季

平地土人以多故累土爲山前有官亭亭旁爲
社倉山後數百武新移安民堡每一登眺風景
殊佳平坦一兀堪輿氏最奇之雖由人力若出
天成詳具金盆山記中沿江而東十里爲王大
仁河再十里爲江口有彌陀寺自江口進之五
十里爲艸埠與當陽接壤曰艸埠而還有瓦劄
墻元時鮮太守請於朝合七邑之人力而後成
功嘉靖中復沖一口湮塌至今俾利水者不得
水之利懼水者返受水之害余特請於上發倉
粟數百碩以砌之土人曰永鑿離堆功並神禹

今侯築瓦劄墻食侯之澤者不當與鮮太守等
尸祝耶余聞惡肰詳瓦劄墻記中再十里仍還
董市據邑志稱霍梓潼之忠義董司馬之清約
尚昔令之純實今子姓無考至湖界當陽兩境
有楚穆王昭王懷王諸墓今並翁仲亦無跡矣
吾蜀任少海曾云千古此江山問漢祀楚祠安
在若爲此長太息者竊謂寰海之大徵獨冋皆
五湖十洲三島稱雄長但不得名人粧點其中
湮寂無聞者不知何限蔵爾丹陽諸勝沉霾千
有餘載今一表識彼山靈地主不驚異余爲知

已耶夫大塊不自秘其奇珍顯以示人吾儕胸
中丘壑到處皆吾固有必欲池沼在室島嶼羅
門而後曰吾有濫矣况茲幅員曾臨蒞於此四
載乎自懇生平傲骨最能結山水緣雖業廣紛
紜中不減狂態翌日得褰裳遨遊重來舊境竊
恐天台採藥人武陵捕魚者迷失當年故路矣
是烏可無記記之以紀其盛焉

曲侯去思碑記

攷古治績循良多矣或頌神君或歌來暮或擬
借寇擬攀轅此皆民心之誠孰得而僞焉雖然

在承平之牧易凋殘之牧難凋殘之時事事厚
望于上上實生我反謂援我以生者有之枝江
邑侯憲章曲翁之治枝則進于是侯之蒞枝七
年不特才能不求赫譽飲冰茹茶惟以實心實
政而造福于殘黎七年來獲沾之靡乎也市廛
之得所也村落之鷄犬夜靜人之稅貢日集
邑且連代象陸城很陽兩邑惟恐旦夕去也一
時口碑藉甚然其大造于枝民更有進焉枝之
民不堪命有目經兵火後田在艸間認荒賠熟
支吾失措侯奉命履畝清丈區別荒熟民不苦

于賠累八里賦稅責在里正多寡不齊戶淵若
至棄先業而逃奔　命均土平糧裒益多寡里
不苦于徵收學宮茂艸子衿有晨星之嘆侯力
請學臺求爲廣額作育邇日克子弟員者百余
登春秋榜隨接河伯荒陵閭閻有其魚之嗟我
侯親爲督率固厥隄防邇日荷鍤止者千余樂
耕饁者鱗集最棘手事莫如軍興供給飛檄雨
下誰敢不從侯百計料理以身先之迹似滋于
勞民而民卒無怨咨知我侯之實心救時信而
后勞又恤其苦我以不堪者等夫牧民一一事克

碑于民尚思之不置况種種實心實政遺殘黎
以無窮之利者乎今擢晉秩泰安五馬行且召
矣于時清風滿袖行李蕭然彷之古越清獻公
一琴一鶴相隨弗殊侯之心祇謂清白家聲可
無墜矣枝之民尚亦習而忘之謂于我何有者
矣茲欲借寇抆轅而不能乃思其德思其仁永
矢弗諼謀勒石以垂之問思于予予曰是真可
去思者也是真可永垂爲后之蒞枝者存一詠
則也夫因爲之歌曰瞻彼紫山其色蒼蒼瞰彼
江水其流洋洋何以將之躋公稱觴邑侯之澤

山高水長

賜進士第除授浙江處州府推官隣治生陳其

美頓首拜撰

縣鄉紳士庶軍民人等仝立

順治十五季戊戌孟春月吉旦

厐到河碑記

枝江縣百里隸圖江北古河曰厐到河遡當遠而上始窮其源分流至枝頻季水勢瀑漲瀰漫廣袤卒湮故道以致高下之地旱澇俱災　元剌史鮮公具　題動一州三縣糧夫開䟽四十八圦灌救糧田于五百石桊巳諭數百季之利朳何嘉靖間馮夔橫流溢爲汎濫害劇往昔民桊之汙萊者奚趐千畝而公賦計五百二十餘石多致逋負罹災之民覊情當路前令卅四冉請隄防之竟不報大都築室之謀奪於衆議簡

髮而櫛拘論束之無盡乎視民之溺莫之極也厥者由哉歲丁酉蜀巍商冊使君慨肰抱澄淸兼濟之思動關民瘼不啻痛癢會民田李仁馬應珠等具以狀聞公殊爲惻肰即稅駕往閲撫膔拊髀嘆曰官罔爲民謝以塞責民罔安堵胡能興化當此四瀆五裂田廬胥爲巨浸民命國計其謂之何長民者宜勤簿書期會以博名高何爲哉因殫智畢慮所由擀要皆掩飾買譽傳舍視之必無濟矣公一念懇至可質神明偹陳利害請之兩臺道府諸公不頄民貲力至癸弃

之議且引舉以堅其必成上一一銓所請僉嘉其爲民實念卓有古王政風公每曰予于民父母也父母坐視其子之陷溺其何目釋溝中之恥乎檄下蒙勤倉粟七百五十石公次第捐出俸銀給匠等董厥成甃石汪水以防衝决堅厚高深爲一勞永逸計一時荷畚鍤奔命者如子來焉疇昔奉漏沃焦苟且圖成盡洗而更新之務可迴狂瀾抑洪水障澇西不稱病自是歲登禾黍民享粒食皆公賜矣何有于公賦哉噫公之功懋矣是可以觀政矣思昔胡烈于襄修築

石堤民德之有春陽冬日之頌杜預于荆修召信臣故堤民恃爲障長江之險得民之深猶可想見君子至今稱之公以有盡之財塡無窮之浪太歷年之危錫萬世之安逆覩胡杜偉伐不得專美于前已詎止永鮮公之績哉公令枝醇正粹自節用愛人百廢（鼎）鼎新四民禔福晋而秖枉　天朝計在旦晚茲不具述書有之惟克果斷乃罔后艱詩曰匪直也人秉心塞淵其公之謂乎

公諱仵士號毓所壬辰進士丁酉年任蜀仁壽人

水利幕君虞世騰蜀鹽亭人

萬曆二十六年九月二十四日邑人裴若衮撰

百里洲堤塍記

國家舉事凡以爲民也民生利害各有關切之處而當事經理應定劃一之規近如百里洲堤塍一事利害所關在當事者未有不矢公矢愼利國恤民是以枝江所轄論之江南居什之一江北居什之九惟一洲孑處江中上下南北俱無所係每年漫潰洲民自爲修築昔萬曆己酉迄康熙二年兩朝碑記俱有成例至康熙五年潰

堤愈多奉

上嚴催修築無容怠緩奉　本府戎廳王親臨踏驗而洲民乘機有協修之控里民不勝駭厥究奉

院檄云上流不協下流下流應協上流地界不相連利害不相共者不許扳扯何得强入里不相涉之糧夫共勷其事以致士民千餘嘵嘵赴訴本縣太爺周　目擊潰堤從無完工不忍里民無辜代修兼恤洲民修築不及捐俸協奏親臨督修而里民感父母之恩刻期告竣雖然遵命

勞遣恐洲民藉口爲例具控
院司道府蒙批有司嚴訊協修之故所造俱陳事
難混施則今日協修乃里民一時權宜之計非
後來相沿之規始末確據悉載石碑語復詳
院司道蒙批小民紛紛滋擾着令該縣鐫石垂後
且洲民自悔前非書有券據其洲之堤自行修
築不容妄扳後不爲例之斷無容他議庶南北
劃然國計民生各有所賴誠當事酌劑詳明以
垂夫後者也茲特脩述情由付諸石工以示不
朽云

修枝江縣誌序

裴若衮

邑故志年久多散佚、前令裴修未竟、文獻卒致漏軼、志自今錢侯始輯成、命不佞若衮序首簡、廼若衮椎魯胡能文、敬拜手颺言曰、秭邑之志即古列國之史、古作史之難無出於志以陳壽范曄之徒不輕作志、誠重之也、昔人謂作史者三長曰學曰才曰識、而後之志余病焉太過者擬古而雕繪失在浮、不及者趨合而繁腴失在穢、甚之讀終日而無蹤攷一方之利病、又奚庸志爲哉、今觀侯之輯是書也、發凡舉例、爲卷若干、所謂浮與穢者未嘗有一、其志可知也、按禹貢荆州之域屬楚上游、枝舊稱巖邑、版圖隼民繡錯、嘉隆前習號愿愨、近漸多武健全賴上之人教化刑賞磨濯之、且土瘠民貧、當孔道逞來颿檝輪蹏供億繁劇、官茲邑者難之、中間沿革代更徙置不一、以是疆域繫於諸路分野稽乎象緯、形勝風俗錄奚遠邇之分、物產山川載庫大小之異、記學校書院以重育賢、官室關梁以昭賁世、信方來則寺觀廟祠之數若鑒已、遵則陵墓古蹟之並存、述宦績備與夫猶可紀、人才不遺於一善女婦章節孝之異仙釋見方技之奇詞賦歌咏蒐羅今昔懿行嘉言甄收顯晦其前有遺而未備畧而未詳或匿其所諱而未者一一旁求博採文雖省而意該名具足而實副編摩出自考據裁訂斷以獨衷聯前志失浮失職不可同語昔尼聖作春秋且日於義則丘竊取何不易言爾時殫一時直道之公垂百代不刊之典文信事核懲戒華衮斧鉞侯之秉亦既淵且塞矣惟冀斯民三代昇日覲風察俗審枝江沿革之故稽山川形勝之源考人物瑕瑜之辨典博稽遠覽之思按牘而求如指掌矣侯之有裨於枝也不亦炳烺簡冊哉以侯文章政事卓有風猷造士福民毫無粉飾至其精瑩粹白則又矚朕不群者志事特其緒餘未足究竟侯也

時曆壬子歲季冬月蜀渠令裴若衮頓首拜譔

枝江縣志卷之十

知枝江縣事周廷桂　王修

詩

唐

人日過枝江　杜甫

元日至人日未有不陰時凍合鶯難至春寒花較遲
雲隨白水落風振紫山悲蓬鬢稀疎久無勞比素絲

又

此日此時人共得一譚一笑俗相看樽前柏葉休隨酒勝裏金花巧耐寒佩劍衝星聊暫拔匣琴流水自須彈早春重飲江湖興直道無憂行路難

送枝江縣尉　張籍

家童從去愁行遠縣吏迎來怪到遲定訪玉泉幽院宿應過碧澗早茶時

宋

枝江寄彥修兄　劉文蔚

盃爾枝江遠人來蜀道稀亂離非復昔富貴不如歸
歲晏心何壯家山顧莫違阿問從小慧解嘆白雲飛

又

有客傳[illegible]秋心[illegible]詩[illegible]竟見[illegible]喜鄰里借書看

離蜀秋六半浮湘歲欲闌柴門頻灑掃夢想見征旆

紫山懷古

江山俯碧流殿宇喜重修已失吞吳恨空懷復漢仇
數聲啼鳥迴三徑落花幽誰料在歌客還歸此地遊

明

荊景　龔英 以下皆明詩

荊紫山高爽氣新相成文筆自精神祥雲潑墨江花
潤清曉朱明野樹春天巧由來須待我地靈從此合
鍾人挽回風水千年盛一念循良契化鈞

前景　鄧繼曾

高塔嶙峋入望新巨靈失巧訝山神鋒芒直欲青霄
漢形勝應知歷萬春山接巫黔初壯楚氣同清淑合
生人循良政績斯文在多士從今屬化鈞

荊景

赤甲清江天畔垂紫山黃葉正紛披高湧自託長風
巽下澤誰聽短笛吹地接山迴秦避路雲飄天迥漢
留祠周郎陸弟空相憶細雨荒臺獵罷時

前景　劉旦

尊酒匆匆別楚都登高題咏冠黃初山寒白鶴窺樽
祠江冷青龍見馬圖赤[illegible]卜居愁入峽丹楓迎棹興

思吳宵聲逐遁古廬王曲似陽春和轉孤

荊景　孫宏軾

空齋獨坐靜朝暉忽在雲山共翠微幽鳥棲枝低對
語閒鷗過岸巧相依幾年懷抱憑樽酒何處風流與
賞衣鄉里冠裳君闕遠便從琴鶴學忘機

前景　張嘉衡

四望煙光楚塞開丹陽春色正徘徊長江滾滾浮天
來芳艸萋萋接地來異代君臣如在眼一時賓從且
啣杯揮毫各有登臨興授簡予慚作賦才

又

漠漠陰雲四暗垂先朝遺業盡飄披山前細雨千帆
亂江上邊風畫角吹易道斜通巴子國龜文空記漢
王祠聽來明月啼鵑夜不盡懷人感慨時

荊景　馬晉明

炎祚沉淪霧四垂皇孫慷慨嘆離披山餘紫氣疑衣
色松入長風作鼓吹漢賊鼎分俱往事英雄覇令尚
同祠三洲曲抱巴江水嗚咽還如拜主時

前景　譚宗勉

岩岸山石水滔滔冬嶺青松鶴結巢此日何妨安石
臥而今重見漢春秋

前題
霄靄祥雲護翠微騰騰紫霧襲龍衣因憐劉氏三分
定感慨明良八斗揮祠外風烟遺古迹座間英氣對
斜暉遊人漫有登高興梁父吟成事已非

前題　裴若衮
荒臺青艸傍江濆著紫名留萬古新遺廟風煙明歲
月忠魂天地漢君臣三分帶胄滂圖鼎百世丹陽翹
峯春遊事登臨興感慨東流不盡總沾巾

白水曉渡　李　震
雲護星疎月已西行人幾隊立沙堤孤舟渡罷重回

首幾聲鄰鷄隔水啼

三洲煙樹　同　綸
洲分次第列中流淡淡煙迷盡日收更上高樓頻壯
目浮陽洲尾又洲頭

山市夕陽　何　暘
縱橫市肆繞山坡車馬紅塵過眼過試看古陽殘照
裏夕陽好景不須多

彌勒梵鐘　鄧　芝
梵王宮殿聳蒼空淡淡雲煙鎖嶺峯斷續鍾敲天未
曙客舟遥聽月明中

蓬萊仙境　項　渾
三郎溪畔紫山隈水遶峯環翠作堆云是神仙曾此
會至今猶是小蓬萊

石簰漁網　沈　綱
雲消江水自天來江上桃花映白簰頃刻活魚須換
酒白頭浪裏棹舡回

花溪牧笛
花滿雙堤水滿溪牛羊聚散艸萋萋牧人懶散無拘
束一笛横吹日未西

江口移舟　董　燧
侵曉離江口衝濤渡岸西煙堤兼水潤雲崎接天齊
秋淨蓬窓寂更深驛漏遲舡頭滿鷗鷺相近不相疑

過三洲
三洲昔是鴟梟窟一變今爲鸑鳳窩物性未應分善
惡人心原自具中和林間雨過花常潤江上春回鳥
自歌稍喜丹陽更化地不妨騎馬負煙蘿

堆場詞　張同士
驚濤噴雪起飛湍水月江天午夜寒夢回漁父扁舟
曉祇聽人歌蜀道難

宿净居寺　余　謙

翡翠辭煙寶殿迷天花滿奇月光低高僧重我詞垣
客彩筆剪箋試一題

暮春遊淨居寺　　項　潭

九十部華眼底殘事竟暫徹抑禪關易啼聲[illegible]湖邊
路花落香聞寺外山聽法曾嫌三要誕哦詩殊覺寸
心閒同行總是知音者一葉扁舟共往還

遊太通寺　選文韻　　李文秀

烟霞華殿擁岑陰色即空兮佛即心天上飛龍否說
松月明宿鶴聽徹音燃燈不塔橫牛斗曉徑山僧問
古今聯句幾將思坐久鵝花點與衣襞皺

遊寶月寺　　傅鳳翔

金盆山亦是金山古寺稜層隱碧間江水周遭疑若
動塵埃遠却地應開寶筵僧溺潛龍護月與風清飛
鳥還靜倚翠微覓新句景從勝處破天慳

前景　　何　昜

叢林隱隱倚江頭野鶴閒雲任去留可愛一輪千古
月季季不盡照沙洲

遊江口彌陀寺　　喻　楝

公餘乘興出枝城暫爾彌陀一駐旌拂殿嵐雲隨地
隱遶門江水挾潮平竹間剩有山僧迓物外應容箬

更經旦暮登樓還極目漸看西北淨煙塵

彌勒寺　　鄧　松

古寺已今成莽野幽人何處覓珠林堪嗟佛子非時
教猶有千季空谷音

登三清閣　　王[illegible]聲

層簷高枕大江流一望仙源接大丘鳳[illegible]千鈴聲似
水寒侵五月氣如秋吳山遠送王猷棹[illegible]水遙連呂
帝樓此夜吹笙明月下玲玲風韻過滄洲

遊雙泉觀　　卞光封

尋芳直上最高峯景物都歸兩眼中萬籟無聲天寂

靜雙泉有脈海濤洪桃花流水成陳跡明月清風醉
三王翁笑同道人說爐火眼前楓葉即丹紅

楚懷王墓　　李文秀

內絕壁均未絕齊九重尊重委于泥老馬不忿曉關
氣夜夜懷王墓上啼

江漲　　錢奏勳

六月江心泥濫流巖城寂寞枕滄洲濤聲震地蛟龍
怒浪吸滔天魚鱉愁到處泥沙迷古渡沿堤禾黍[illegible]
昔垣個儕赤子成飄泊拯溺何人效一籌

[illegible]懷古　　[illegible]時中

春流有客過乘槎野色蒼茫一望賒撲地千村烟火列連天巨浪舳艫斜將軍故壘空埋沒處士遺風目物華何事庾臺蕭瑟甚暮雲江上使人嗟

春日過枝江途中即景二首　鄭維垣

煖日遲遲一騎驂遊蹤漸已遍荊南蕭疎艸色春仍淺刷見桃花一奇酣

又

秋風楊柳却先零纔到春來奇已青物性易榮還易悴松根藏晚有蒼岑

春日過枝江有感　王泮

漠漠春雲黯四垂那堪愁思正離披千家有室皆懸磬百里稀烟半絕炊白雪臺荒萋蔓艸黃陵花落掩空祠關心民瘼慚無補肉食何人是濟時

晚至枝江阻水　胡容

濺濺煙江天際頭寒城寂寞枕滄洲潮平古渡痕新露奇壓中流勢欲浮白水隨雲悲老杜紫山落日嘆炎劉虛簷紅映芭蕉雨相對擷花開晚秋

宿枝江　許文瀛

何處長風起四陲黃昏疎雨倦銜泥雲低曠野連城暗奇遠寒江夾路岐漢水遙從天上落蜀山似向坐間移客心不憚滄波險登陟時聞驛馬嘶

春日過枝江　曹思濂

楚宮舊是丹陽地春艸低迷春雨饒沙岸微微穿荻笋釣舟隱隱繫楊橋山分巫峽千峰色江合沮漳二水潮九十九洲從此始欲同高士寄漁樵

京旋聞錢父母新政　楊蔚

肖宇亟需漢吏才使君清政日邊來新綳早聽輿情動囊穎先傳碑口開微索村村息吠犬絃歌處處想春臺曾栽河陽花滿地憶今枝邑可重栽

先生四十五歲致仕居林下三十五年泪

皇清定鼎事經兩代而鄉人伏臘懽讌言及先生無論賢智愚不肖咸曰善人生子五人两傅明經三食廩餼生孫十六人十人遊庠餘俱業儒較之明季諸鄉紳中貽休頗永論者以爲善人之報云

頌錢父母德政　薛汝蔚

西疇綠漪麥登秋一片黃雲滿地浮與致張公今接武雙雙两穗聽人謳

頌錢父母德政　裴若緩

丹陽擬箋豈三年赤子同聲頌二天漢治皆年曾借

懲明侯今日得逢錢礪碩興政疏當路燁燁才名註
上賢循吏傳成國史在清風千古讓君先

紫山　毛頴羨

花落花開幾送迎牡丹多出魏家情移來嶺上爲衾
綉赤水丹山擬四明

遊紫山

一聲長嘯倚高峯曉度遥聞山寺鍾但使群疑此盡
釋自哀今暫學從龍

其二

爲傍名高望懸圃欲從勝槩陪赤城不妨展齒頻前

後一任錫穿隊裏行

其三

衣鞋竹杖老婆娑映臉芙蓉倒醉酡陸渾若能留客
任拚將結廬傍山阿

再遊紫山

生平說着山便喜死後亦流將其骨呼童攜酒騎款
驢踟屐重來再覩此春李三月此山中今季山中秋
風起秋風振葉從山毛溪流湛湛洗山髓山邊有光
不歸山水邊有光不歸水都在遊人眼底來山光水
光混元如爛出丈胸下太初炳炳煋煋着着紫霄大

飲酒一蔵詩要使山靈長不死

國朝

甲申仲春廿有七月署中無事偶成四首　方象瑛

邑小渾無事春深只閉門香清餘短篆艸綠長新痕
野色來虛閣江聲抱遠村依依劉氏巷猶得幾家存
勇弟成小廬環堵自蕭然不礙琴聲靜能令鶴影翩
藹藹民如子飄飄吏亦仙斯焉可爲政何必錦堂前
江自三川下平分百里洲築堤將望歲禦水動防秋
所用皆蘆荻生涯半釣舟登高時寓目泛泛似浮鷗

春耕亦在野猶稱僥安居尚有流離況皆因烽火餘
桃花籬落冷燕子畫梁虛民力征求盡還驚報羽書

甲辰暮春同友人登庾臺坐禪室望大江　鄭師濂

霽落孤踪未肯降偕君登眺酒盈缸竹松和露浮前
卒山色連雲聳洽幢喪有龍精誰得買居如鶴窟豈
容雙東星不解遊人恨何日乘風遠渡江

次鄭鴻學老師甲辰暮春同友登庾臺坐博達
禪室望大江限江字　楊際春

千年嶽二三州境降遥勝何須借玉釘好易關河

聽蔣風習習動龕幢雲霞西嶺通僊徑冠冕南州得
士雙湖海元龍吞几許濯纓茲且泳滄江
次
司理方大宗師署中四韻　楊際春
爲集流於宅驅車到里門棠陰增爽塏桑野斷啼痕
愷澤周窮屋仁風被遠村使君來未暮猶幸幾家存
攀留吾子意悠借豈徒然欲展鵬摶翮先教鳧影翩
民勞欣得毋吏習喜登仙會須來寵召恩拜玉墀前
自峽經千里分流遶數洲王功猶在地帝儆動春秋
野甸盈盈水民居汎汎舟哀鴻今有訴信不逐輕鷗

役車嗟未息何暇圖安居目極凋殘狀心勞撫字餘
春風絃誦遠夜月杵聲虛犬吠花陰地猶爲告捷書
江漲
春流添漲漾危堤望入寒煙處處迷來往行人愁斷
絕孤帆一片古城西
紫山冬翠
山靄青葱曙色侵江城遥撲翠華臨已驚松老霜能
傲更喜峯迴徑轉深嵐氣遠從白水映烟光應共紫
泥沉洞庭落木紛紛下對此寧忘遲暮心
謝歸呈曲父師　李德裕
廬結湖濱疑是基桃花滿邑問歸期淑人寶有綏流
績鴻雁誰無與澤思朽骨加噓恩易倍稿苗需露雨
同披采暘遐通咸謳戴才子寧優百里知
頌周父師德政　李德裕
始信循良著上功七年教養惠殊同桂間簷滿郊境
淨庭際雀羅獄訟空爲戶絃歌覘帝力五窓吟誦想
仫風何緣下邑荷清政吹鼓休明此日中
紫山　毛士鸞原名士鴻
稠嵱冷淡任江涯細取青螺上黛眉京兆筆尖渾未
了爲他愁翠染胭脂

紫山冬翠
卿木青青山自丹何緣雪裡可人看骨高只會傲儼
傲色秀從教飽衆餐畢竟心能通日月不肰性貸耐
風寒咲伊萎落眼觀者好向山靈一免冠
石篩魚網
江沙百丈石屏鋪向晚漁舡晒網風摩詰畫中詩若
少也堪補入輞川圖
紫山冬翠　楊鼎
突起孤峯秀色侵江城遠映如春臨雲眠殘碣荒臺
冷煙鎖蒼松背院深勁節偏從彫後顯榮名詎倚萎

中沉麥空壯氣爍千古日暮漢宮勞我心

登清泉寺

閒將清景洗塵埃手撥風雲上佛臺曉盡道傍松影亂卻疑天上梵音來

宿雙泉觀

高卧青霄不自知渾天星斗合山麗醒來垂手海雲外托起扶桑日正熙

遊長寧寓水府廟柬周月枝明府

劉國任　江陵人

古刹臨江日空潭落照斜月明輝驛路風靜穩漁槎地僻僧能靚村豐酒可賒彈琴知有王花發滿千家

登金雞山過大通寺　劉國任

金雞山下古招提淼淼江流望不迷帆影倒飛依檻轉野雲橫奇疑天低千年興廢徵文獻時刖邑志自埋絃次鈴鼓聲遠日青僧何處所山僧指點蜀帆西

傳

張烈婦傳　周仲士

按烈婦係枝江縣二都民王翮之次女許聘於本縣五都民張夢祥之次男曰張維二姓結婚且備六禮有日矣不意維偶罹痰火之病臥牀不得遂瘳久之卒然不可諱數日以訃聞烈婦如猶潸潸承睫徐而血淚如滴繼則捫膺擗踴而大叫也曰天乎傷哉何朝露之溘至也既不獲飾巾以待終又不獲持㚆於亞室吾既死所矣由此哭踊勺水不入口者數日母婉諭之曰兒過矣兒雖受字未嘗結褵彼無天命自天其身已屬不幸矣並天吾兒乎烈婦曰不然夫世之號爲人婦者必入夫之室而後爲若有聊蓋自委禽之日已爲若婦矣吾母知張郎之不幸天於天獨不念並天吾兒之天乎吾夫已不存矣吾何之若再受聘於他人是二夫也是欲禽犢我也於是再哭欲往弔於家父母不允徐而寄泣於嬸母曰吾親不容我之親奠也再不一代奠吾不忍也吾自育一脉盡白於父買羊偶之得請兒爲我代奠不可乎父如其[illegible]遣子大

化走吊並達烈婦之恍豈日回顧奠禮已行維已歸窀穸矣烈婦曰吾夫已葬吾不相從於地下吾身將何之乃復號泣不絕聲母虞其有他變命婢監之歷丁夜監者寢寐烈婦潛出隨自投水而死

方孝子傳　周仲士

孝子方姓名釗枝江之董灘口人家素貧窘值父早年見背益貧身無策得母鄭氏撫育稍稍成立母子相倚為命者數年釗思室如懸磬母饔飧且不給乃傭工計值且學織藝庶幾得八

布斗粟以供母朝夕每外有肉食果核輒納而歸母頗懷橘陸子遺食封人之為者里中人共義之曰孝哉方子可以為閭里勸矣無何母鄭氏二竪不仁嘗食被哽遂成咽喉之病臥床第者三月孝子皇皇投醫而醫不良投巫而巫不神及其革也一水不能嚥口母身危孝子心危矣四月朔夜焚香祈命於天願以身代遂割左脇和藥以強膳母母之病稍愈尋日倏起似有神以佑之者顧母病急不知為兒之肉及母大愈後孝子婦稍稍白之於是母子潸然泣下也復融融然泄泄然樂也泣者幾為黃泉相隔之鬼樂者幸母與子共生而無恙也鄉保徐朝陽童藏張俊五公以其狀上祈有司表揚之

楊太僕先生傳

先生諱蔚字純白別號太僕始祖助明開國有功為武畧將軍遂以千戶侯出守枝城先生毅然以詩書起家弱冠應萬曆癸巳考選拔置國學肄業是時國學無人從大學士王錫爵議棄經書論策表判為一場分房校試先生列在通省第三廷試天下第二大司成李廷[illegible]實器重

之國門下二十年始授蜀之榮昌令[illegible]言于先生者曰昌邑縉紳多強項好操縱輕重人號稱難治先生曰吾為朝廷令但知有朝廷爾但知為朝廷愛養士民爾于縉紳何有旋撈儀門有一官輕似葉三尺重于山之句飲冰自矢內外截然為強項者遂各自引謝去不敢挾私謁焉而待諸生有禮每朔望必束簿書一切都置高閣與諸生講藝竟日夕其朔望內所行事可告天者無不以告諸生以故自名宿如王應熊喻思恂[illegible]劉泓劉潛倪于義等皆先生所造士

后亦卒爲名公婿任目五年不肯夬一死刑民
以無冤且日得先生民目以不冤鄉縉紳卒未
如先生何也其以其績奏旋陞留忠州守以羸
疾致仕歸橐中僅書册文籍而已居鄉三十年
不一上公庭健闢門訓子若孫以讀其長公諱
湛露次公諱蕺露俱知名士丙博明經若叔若
季豊露鍾露流露俱庠生余以　順治丙申司
訓枝庠不得一見先生及諸公也與其孫從繩
從鄖從樞從柄從矩駿發從楫一樟俱爲余門
下士聞先生之善與其鄉人衆爲之道也爲述

其槩若此要之先生德爾爲行事愈久愈爲人
爾道不衰其爲先生后者又豈可量也哉是爲
序

雲南彌勒州奉直大夫李琬春撰

楊母潘氏傳　江陵王顯撰　癸卯經魁

楊母潘氏余母姿楊峻發範我之母也範我以
順治初來自江陵湖與余居相錯兩人一見
如舊識訂爲文字深交三年中除文字外未嘗
一事得入胸臆爲牙間一日範我忽不自顧感
激悲憤泣語余曰吾違游吾祖父不血食有年
矣恃有吾堂兄弟在所不足於心者惟是我母
之不得血食也假館讀書强半爲我母爾乃頻
年寂寞不得邀一月之贈祭以遂我母生平之
志我其生何面立天壤死何以見母地下乎余
感其言之悲因得悉其狀潘於範我爲嫡母嫡
之難事易與爲寡恩也往往而然潘母幼適滇
滇先生是爲範我之父潘母初亦舉丈夫子四
卒不得成立潘泣以告先生曰所貴乎婦人者
無他惟以子貴數舉子而數不得成豈非吾之
命也歟琴書之不得別與人也當計之審矣爰

娶饒姓之女饒氏是爲範我之母連舉子三範
我爲首出顧其爲範我母者爲饒氏則其爲潘
氏者當不復爲範我母也而潘則固範我母也
潘母少知書識文字其穢持恩勤較篤於饒者
不必言範我甫三歲潘口授大學及唐人五言
詩句成誦則陶然喜不成誦則愀然爲之不怡
迨長且婚督課愈力屬望愈堅且厚不但琴書
之不樂與人也亟思爲門戶光大衆咸卜滇
先生有子矣丁世亂潘母卒於山易簀之前一
日猶手範我以不忘詩書爲諄諄令範我以繼

一食廩餼旋貢於鄉要範我今年未四十其所成就尤復未可量者非潘母之賜誰賜乎爲門戶光信有由來也余是以樂誌之以愧天下之爲人婦而不思爲人后即勉爲人后而又難事寡恩者

楊震生夫婦合傳

楊生際春字震生余初來枝庠先爲接見余心儀其人曰是所爲慷慨負大志者乎何舉止議論之落落不倖也閱方册見領批入闈者其人也食廩餼將貢於鄉者其人也余心儀其人以

爲此猶未足盡其人也若論其人終當拔赤幟爲天下用然猶以爲未見所爲文章一日余入郡謁　司李方公祖是固海內名爵天下文章莫大乎是者也亟語余曰作枝江縣誌稱楊際春者何人也用筆在班馬睞斧之間又能馳騁縱横於唐宋八家之內既該且博亦詳以要使日爲史館記事記動記言者不可少其人也猶所謂幽燕老將者是耶不知其五陵年少也余心儀其人曰是誠所謂負大志爲天下用者也何意志未卒業年三十六以殁余儀其人而惜泯没以終也設誠致奠旌之文敘而字以爲生未及蒙國士一日之知庶幾借一字之褒亦以寵行於誌不朽乎余儀其人終莫之釋也所可爲解釋者震生有一子是時年十四已具大人之目而其所爲婦楊氏者真震生婦也日夜悲號之死靡他曰夫亡我應從之於獨是煢煢孤子誰與依庇詩書之願不得於夫者又誰與擇課其子平日守遺篋而督課之留外祖父教誨之遲生存揮金自如不事家人生產迄殁貧無一積自以紡績佐子以讀父書今五年於茲矣

爲其子婚娶爲震生成禮以葬爲支持賦役門戶以無隕震生一日聲聞者皆楊氏也年少守節冰競自禀有震生當日爲之夫君可少楊氏今日之能爲震生婦哉是可以並傳矣

楊際春本姓張枝江百里洲人讀古有志師事外父楊從純

楊　氏枝江縣城人太僕先生之姪孫從純之女

康熙九年七月　　日枝江縣儒學司訓魏鉉撰

蕭母李氏傳

蕭母李氏松滋白家河李宗惠之女也趙氏生母粗識字年及笄適蕭公相袞諱時幸者甫入

門値其姑傅氏年七旬兼盲兩目性頗暴急母善事之婦左右手姑悅焉卒以孝聞其既嫁之明年即勸蕭公再娶蕭公不從一日與蕭公同嘗姑復語及之曰吾恐廢蕭門祀耳固自知終身不姙育也倘再娶生兒則我輩無子而有子母無孫而有孫矣豈非美事姑怫然曰汝何言之易也遂歷引嫡庶之不相安者以重抑之母趨出即嚙指瀝血大書二天字以進因泣下蕭公母子與泣下遂決意娶謝氏越三歲而長子滑露生母喜甚顧復長育時病目則舐之病癒

則吮之所以扶植而生全之者歷數年如一日也又三歲而次子振音生母喜甚所以慈次子者猶之乎慈長子也又數歲而一女生母愈喜甚所以慈此女者無異乎慈二子也而母卒無所出撫悶之餘母與謝氏常戲取衣服飲食之類而爭之各呼助于子女皆不左袒謝而左袒母焉家人鼓掌大笑而鄉里競傳之以爲美談母于是時可無負于嚙血書天之誓矣明天啓三年邑侯溫江陳公曾旌其閭曰女中慈孝誠稱之者非過詞當之者無愧色也母平生儉且勤薄有所蓄積病既篤其妯娌子姪與家之奴婢皆有以輕重惠之至同胞姊妹之子有干以私者曰母無兒女故耳母作色示之三日內遂不復與此人言而氣絕禮葬之後冬大晴忽天陰微雨幼女六歲方與羣兒嬉忽泣而告兩兄曰雨濕母墳土也三人相抱痛哭昏于地者久之母恩之感人如此此豈偶然而致者哉母逝后次子女俱相繼亡么長子滑露以明經應歲薦遊予門最久每進謁輒備言蕭門之祀不絕巳身之遂長于天地間者皆李母之遺也一日

役以母墓碑詩示予其詞曰魂兮何所太三十且三春不產仙姑骨多慈姒后仁德高天有盡恩潤海無濱綠篆風霜古千秋子侍親予素慕母之行併讀其子之詩不禁喟然曰是足爲天下凡爲嫡母者法矣遂爲之傳

儒學司訓竟陵魏鉉齡撰

楊孝子傳

侯惟烈

國學生楊琨初名丹字載之后遊泮改名琨別號嵩丘祖居太平鄉其曾祖一新從王陽明先生講業于南贛之間爲陽明門下高士受道生

仕宜隷龍驤衛卒于任時現生方六歲母曹守
志撫之生而天性孝友童季行事有如長者親
族咸異之事母盡極色養母有疾則食不入口
俟其食也乃加一餐弱冠董大宗伯思白先生
督學楚中所命題爲肰則舜僞喜者歟大書題
牍歷試諸郡無稱題旨者得其卷錄之遂撤題
版袖其養示府縣曰非篤孝人能措半語否已
而聞其孝母也衆服董之神鑑云萬曆甲寅遊
北雍從董受學也居上庠心怏怏若有所不自
遂者已而聞母疾遽辭告歸奉養母終其天季

未之少懈也母歿哀毀骨立后三十季言及母
生平行事輒泫肰泣下平居待人接物必以古
聖賢爲法則常曰謹言慎行一生行之恐不能
盡其謙和温厚出于至誠雖賤輩童兒接之一
如見大賓性好施予閭里中貧病殁葬者輒捐
助之雖日數輩無少厭里有見其遜讓而故凌
之者安忍受之其人大慚謝公令僕看庄偶得
盜稼者亟令釋之曰吾使爾看庄未令爾捉彼
也盍以此感化改行性不喜人訟行季六十絕
跡公庭居家惟課子弟爲事鄉里有爲不義者
輒私相謂曰蒿丘得無聞之耶其盛德感人如
此歿之日無遠近親踈爲之垂泣皆曰善人吾
不得而見之矣迄今二十餘季言盛德行事必
推之

楊兆元傳　　魏鉉齡

枝增生開泰字兆元其父諱表之次子也性聰
穎善詩賦以德行文藝重於邑生平多慷慨有
雄才遡變能通應物以誠其遇之所歷上之賢
士大夫下之黨塾父老子弟及其剽悍构嫡機
譎之類衆矣自公處之卒肰相投於意外之間

而莫測其端緒迨寇蜂起連營數十里所過城
邑警殺焚掠殆盡及至境聞公之賢縱還其所
擄之鄉閭子婦而江南之賴以存活者甚衆其
後幸際底定發荆州授生徒督學校枝士一試
而出其門者人人長公　昇尤若爲日侵擄相尚
以來喜談武勁而昧詩書由是介大江之南北
皆靡肰向風始知敦學且禮貌覔温篤於孝友
其弟若極姪若鼎者咸藉其厚德之被每遇貧
終日絕炊而色不戚邑有大疑大議必請決之
獎言兩解苟濟於時即盡捐所有不恤也歷邑

佽諸公咸推重焉余來枝過訪與之商譚竟日忘倦有北郭高士之吟年五十七而卒聞者莫不哀久之慕益深而無以得平公也合八都之民議請其靈會薦於大通寺中

傳

庠生楊宗益妻毛氏未字時即專讀女訓與其父兄執經辨難有若師爻長適生事舅姑孝遇夫婿以禮性靜正不苟言笑以禮法自持又好以禮法繩人然其卓識遠見有男子所不逮者楊生姊老多病每過楊生氏事之若姆嘗曰謂

使予常見姊氏如見舅姑耳楊生甚重之相敬如賓及楊生歿世氏哀毀盡禮家政無論大小叩之必著夢寐所告應焉如稿人咸以為誠所感也楊姊以其弟於氏婦常過從氏事之愈謹謂獲吾常見姊氏如見夫子耳門庭清肅內外凜然子際會甫七歲遺腹一子氏小字之曰遺奉取遺以奉先祀之義氏課其子甚嚴或嬉息則令之跪其父靈席前反覆督責繼以痛今其子十歲餘胸中筆底已具奇氣雖師爻之訓規半亦母氏之善教也

傳

庠廪生毛七湯妻周氏守婦誡甚篤孝慈敬戒卓有古人風每勸夫力學曰官可不做書不可不讀也一日生讀古至李氏引斧斷臂事擊節曰婦此婦真足為夫增体面矣氏問故生為之首尾解說氏曰茲何與夫事只緣各人良心不死為自家立体面耳後遊寇入蜀道經枝江生被掠氏從姑匿深林中得脫生在蜀一季氏奉其姑依于父家有人謂其氏之父母曰相傳皆謂毛氏子已死愛君少胡不早為之謀氏聞之

厲聲曰吾舅已歿夫未返告與老姑相從即目擊夫死可守則守萬一不可守有死而已徇難之行吾不為也其人慙謝而去後生果從蜀歸復值逆闖薄荊生母子夫妻俱被擄母熊氏逃入暗室自經死賊欲殺氏生謂婦方病語賊勿殺令自斃氏曰妾病自分必死若不使君見妾死終不能釋君之疑也將軍殺妾正以君士子妾士子之妻兩有所全耳君胡不思尚望其有生從之日耶遂從容就刃賊亦義之

傳　楊州彥

庠增生毛穎美號中山持行端方不喜曳裾侯門其爲廬陵人邑有趙侯者亦廬陵以桑梓之情招之卒不赴一人陷非罪先生私捐囊金爲之維挽得脫其人之婣戚謂先生曰某也貧無以爲禮當爲畫言所以維挽之苦徒令其知感耳先生曰救人而欲人知乎與不救同且天下又豈有求人知之毛子哉素重肰諾取友謹明崇禎朝蔡正菴來督楚學學政頗嚴各學不敢以劣聞蔡于緘聞時勒令諸生皆于策面註某人劣庠生朱之翰字太維者每佻達不羈小忤

適一生與先生連席私謂先生曰事迫矣將柰何即欲以朱塞責先生作色曰然友何可欺也遂于策面目註懶學二字後朱附箕徧達同學與牘其達先生牘中[illegible]有云不欺然友之語使翰泉臺感激每至沢下牘尾云九月當與吾兄枝江道上一晤是季先生舟忽從邑中歸正值重九至百洲腦風大犇泊忽憶朱語爲之莢舁澆酒于小寺中大呼曰太維享此忽風從門外入者旋移晷先生連呼太維風徐徐出寺門外雲歛風靜遂發舟性最樂施里有饑寒者輒衣食之稍稍任俠自好風味不苟三厨見人家有佳子弟能誦讀者爾不置口楮墨衣履不厭頻也江陵一友季幾壯尚試童子族之人頗詘笑之其父恚甚逼令易業轉若于外者一載矣先生知之恳請其父曰某龍也終當借泮池水飛去者何遽令易業可速返之其父從所請後此友遂得登賢庠屢試異等中明崇禎朝癸酉外魁其與人爲善成人之美大率類此訓家嚴正課諸子姪必先孝弟先生古學名家試輒不利致困諸生爲文力追周秦嘗語諸子姪曰漢以

下文豈不好但元氣斵小減矣如樂府子桓美媲漢初古行律絕遠接盛唐胸中淵浩昔學士家所未聞見者詩古文辭幾于盈尺僅錄其有關編誌者屑備彤管以當金月緒打起黃鶯兒也

荊楚文庫

〔乾隆〕枝江縣志

〔清〕王世爵 修
〔清〕鍾彝 纂

前言

《〔乾隆〕枝江縣志》十卷，清王世爵修，清鍾彝纂，清乾隆五年（一七四〇）刻本。

王世爵，廣寧（今遼寧北鎮）人，清康熙五十二年（一七一三）舉人，乾隆二年（一七三七）知縣事。鍾彝，字商貽，浙江平湖人，康熙五十二年舉人，雍正九年（一七三一）官黄安縣知縣。

枝江歷史悠久，然明及前志不存。清康熙時周廷桂有修，至乾隆時已七十餘年，且存志因兵燹致殘，乾隆丁巳（一七三七）王世爵就任枝江，乃謀續修縣志。適遇浙西名宿鍾彝偶游枝江，故邀以修志，經六閱月而成稿。志分十門，分地理、建置、田賦、祭祀、秩官、選舉、人物、列女、藝文、雜志。《中國地方志總目提要》論其對康熙志體例稍有改移，『删武備志；改政教爲田賦，祠祀爲祭祀；别立選舉志、列女志；增設雜志類』。

是志纂修嚴謹，發凡稱：『著作之體，徵今則從流俗，援古必核史書……此誌凡所援引必註明出自何書。』且此志『每册撰敘數語於前，或駢體或韻語，以總括一册大意』，每册後『綴詞一段，從史家論贊例』，有良史之風。

是志僅國家圖書館、臺北故宫博物院有藏。《故宫珍本叢刊》《中國地方志集成·善本方志輯·第二編》《國家圖書館藏地方志珍本叢刊》皆曾影印出版。兹亦據此影印清乾隆五年刻本。（宋澤宇）

目録

重修枝江縣志序

天下郡縣莫不有志用以載山川田賦土俗民風以及物產人文批覽瞭如所係亦綦重矣枝江爲楚受封之始自開邑以來歷一千九百餘年而名不易其爲縣最古惜舊志無存往事莫考有明關成栁董周錢諸公先後編輯已盡付劫灰所僅存者惟

國朝瀛海周公重輯一編又因兵燹之餘殘缺失次掛一漏萬是有志如無志也官斯邑者文獻無徵貽譏固陋誰之咎歟廣寧王公乾隆丁巳來

宰是邦以練達之才製嚴疆之邑甫數月政通人和修舉廢墜見舊志蕪畧慨然有意續修適已未歲浙西商貽鍾子來遊鍾績學好古浙之名宿也相與裒輯搜討經六閱月而脫藁爰付棗梨問序於余余受而詳加披閱凡枝邑之山川田賦不啻劃沙印泥也枝邑之土俗民風一若家至戶到也枝邑之物產人文亦有足取而可法可傳也向之殘缺失次者今已秩然井然向之掛一漏萬者今且純備無遺憾也是王 之大有造於枝

也以兹孤縢較彼魚頭直欲自居百尺樓上推倒一時名下豈計上下牀哉噫前歲石首張公重修石邑志成索序於余余以舊曾宰石欲修之而未逮猶得樂觀其成故序以誌之今枝邑之成斯志也余忝作郡藉以厠名

簡端且以嘉荆屬吏治之優裕文才之炳蔚余亦與有榮施焉遂不辭而爲之序

旹

乾隆伍年歲在庚申秋桼月朔旦

授中憲大夫知湖廣荆州府事加一級紀録三次又軍功紀録一次長洲

鄧士燦譔

重修枝江縣志序

縣令下車掾曹必以邑志呈閲洎乎晉謁上官亦以茲充羔雁甚矣邑志之重也伊古迄今州邑之乘汗牛充棟而所傳於後世爲不刊之典籍者不過盛弘之荆州記常璩之華陽志陸機之洛陽志虞預之會稽典録數部而已其故何也横言之則數十百里土俗民風非身歷者不知豎言之則數千百年沿革興亡非博採者不括而且有其才無其學不可以作有其學無其才不可以作有其才有其學而無其識亦不可以作即三長具備而拘於情面閡於請托洪湣依違而不能直筆者尤不可以作久矣作志之難也予不敏早隨鄉賦旋試鉛刀奔走秦楚間二十餘年簿書期會日不暇給其於撰述之家無能爲役況敢登作者堂而弄斧班門乎但念枝雖巖邑建置最久溯其入傳之始魯桓公十三年楚屈瑕伐羅杜註傳羅即今枝江地也歷周秦漢晉以迄

乾定尚郡邑之名紛紛改易而枝江數千百年如故其爲名區諒非虛譽自應誌載詳明考據典核以成一邑之鉅觀矣乃秉燭夜覽殊未愜心訪之老吏具云從前舊志世遠年湮不可復考是編乃昔令瀛海周公所重輯者距今七十一年又經吳逆犯順盤踞此間即一邑而隔江分治及其鼠竄焚掠無遺今所存誌刼燒之餘也夫何足怪予因慨然有志續貂乃忘其固陋謀諸邑之故老而搜討舊聞博求軼事近參府志遠證史書雖擇焉不精語焉不詳斷鶴膝而續鳧脛未免滋愧而矢公矢慎願爲楊子雲之謝絶附名而不爲陳承祚之妄立佳傳則余可自信而亦闔邑諸君子之所可共信也夫

旹

乾隆五年庚申正月上浣知枝江縣事廣寧王世爵

撰

重修枝江縣志序

枝江楚開基地也周革殷命興滅繼絕大封勳賢後裔以鬻熊爲文王師訪其曾孫熊繹得之荆蠻胙以子男之田而宅諸丹陽即今枝江縣也越十七代而楚武熊通始大奄有江漢又一世而楚文熊貲始遷於郢以舊所居地爲邑仍其故名而未有枝江之號其名枝江者粤自秦始秦并天下廢封建置郡縣而枝江始名義何取爾以蜀江至此分爲諸洲至江陵而九十九洲起自此間如喬木之有條枚爲故曰枝

江開邑以來至今一千九百餘年而枝江之名不改其爲縣也古矣俯仰今昔幾歷滄桑其間陰陽之災沴兵革之蹂焚田賦之遁增遁減戶口之時盛時衰忠臣孝子義夫節婦之懿踪遷客騷人儒流方外之韻事與夫陳碑古碣廢塚荒陵兩漢三唐六朝五代之藝文人物土俗民風當時定有記載而後世無傳者何也人亦有言世無潘岳則關中之誌不傳無羅含則湘中之記不作無陳壽周穪則益部先賢陳留耆舊諸書不顯蓋惟博雅之士好古徵今一鄉一國莫不殫見洽聞輯諸簡編懸之國門傳之奕世而滋者蔑爾偏隅文獻無徵作者難述者亦難故邑乘蕪畧而不全也間有一二撰述之家留心典故各私記載而所見異詞所聞異詞所傳聞又異詞非陽五之伴侶即李老之豁達史遷所謂文不雅馴薦紳先生難言之者得無類是歲己未余以寄公偶遊此地宰斯邑者慨然有刪訂舊志之舉余老且耆矣不揣固陋共襄厥事感定國迎師之意發世誠懷舊之思廹欲成書而每以覩聞未廣爲憾諺曰長袖善舞多財

善賈物莫不各有所資以爲用操鉛槧者亦然徵引不博則事多所遺考訂不詳則聞多所僞余用是兢兢裒輯舊聞搜討軼事遠稽百代之典章近訪八都之父老甲朝繕寫丙夜編摩六閱月而脫藁爰付諸殺青以表章枝邑之故實鳥集千狐之腋以成裘良有苦心不敢期蔡中郎之鬬帳也或亦免陸士衡之覆瓿云爾

乾隆五年歲在庚申浙西退叟鍾燊商貽氏題

發凡十五則

一舊志自有明天順前作者不可復考所可知者天順間則有閻公忠正德間則有成公斐嘉靖間則有柳公華董公燧萬曆間則有周公仲士錢公奏勳先後編輯今皆失傳惟康熙九年周公廷桂續修者尚存故府距今七十餘載矣前庚戌以後事蹟未經表著恐其久而愈湮故亟為重輯之非如鄒邑所云狐裘敝而補以黃狗之皮也

一著作之體徵今則從流俗援古必核史書若不證據明白而放言橫議如唐虞之有羅夏商之有丹陽徒供識者一喙耳此誌凡所援引必註明出自何書以免齊東野語之誚

一每册譔敘數語於前或駢體或韻語以總括一册大意非漫為弁首故套亦非好騁筆墨也

一每册後妄率鄙意綴詞一叚從史家論贊例但恐東家之顰或增其醜耳

一山川形勝宜入志書者非徒供選勝蠟屐之快凡一丘一壑隸我版章者悉為蒐採罔敢遺漏

一户口田賦

國朝自有賦役全書然滋生開墾日長月增與全書大同小異者俱斟酌入志至於前志舊額不敢概芟以備稽查參考之資

一人物志除忠孝節義德行文章可以信今傳後者其餘鄉曲小行概置弗錄

一孝行中卧冰割股等事本非聖賢中正全受全歸之義然矣念精誠亦足動天地而格鬼神故存其傳者以為礪世磨鈍之助

一志書例有名宦一册茲不另作凡有宦蹟可稱者即附職官之下使閱者一覽瞭如觀火也

一選舉志自科目外兼及恩拔歲副等貢此近例也於古無之子不云乎吾從衆

一納粟外流與選舉二字不合顧名思義自難混入其有

特恩准予頂帶者登之詩曰采葑采菲無以下體

一閨門為風教之本乾坤所以正位雎麟自此化行扶植綱常莫此為亟故凡潔身守志終始不渝者

無論曾否旌獎俱登簡策且為另立一冊曰列女志亦與人為善之意也

一古蹟中如陸通故居茂叔觀蓮之類荒唐傅會予特存而辨之郎庾公壁亦在疑信之間然點綴荒凉不可無此一蹟附辨於後

一藝文所應採者傳取徵實文取雅馴詩取合律其他諛墓祝生頌揚德政及巴人下里之詞俱不闌入從吳敏德文章辨體例也非本地人而名士游覽篇章有關斯土者俱得載之從楊用修四川藝

文志例也若本地人所作不關本地而奇文大篇可入志書者亦得採入從程篁墩新安文獻志例也

一郡邑志書往往殘缺失次者皆因奸偽之徒乘新舊官交代之際抽換竄綴愈久愈失其真是編於每卷末記明頁數以防作偽併將此書先後交代明白以垂永久

重修枝江縣志徵文小引

蓋聞采風問俗爰馳使命之輶車稽古居今必覈典章於故府入國至境禁諱須知數政寧人諮諏是亟然非詳明志乘何因考訂原由覽三輔黃圖便知陸機之著作閱會稽典錄誰如虞預之精研益部先賢傳來陳壽汝南故實輯自周斐羅含湘水記聞有體且能有要常璩華陽國志傳信不以傳疑景純山海之經名高東晉文通赤縣之志譽溢南齊自古郡邑成書最係朝廷鉅典而況枝江巖邑實為荊土名區

能繹開疆已有丹陽之號宋家建縣曾傳下沱之名而無如沿革屢經滄桑數易燒餘兵火卷帙已非全書詢及芻蕘父老曾無確說登高遠眺千百年之故蹟難尋攤紙旁搜十七史之陳編罕載諸侯去籍重傷周制之湮文獻無徵每憶尼山之嘆雖有舊志已同塵飯土羹併有訛刊半係贗文錯字麻沙俗刻夾豕成群校對同文烏焉盈貫縱是前人草創殊非後代典型此本縣所以一見擭塗願學郢人斲鼻廣收狐腋欲為枝邑成裘者也敢佈悃誠通知耆宿山巔

水溢豈無遺軸名賢世族巨家應有巾箱雜著若者
覩見若者耳聞俱是先朝軼事千佰非多什一非少
均成今代叢言天寶遺聞記自白頭宮女靖康往事
寄來碧血孤臣既自古而皆然豈於今而獨秘作者
不必皆聖有關風土皆收述者敢謂我明可上誌書
畢錄相期月內悉彙署中己未夏孟世爵具稿

乾隆四年廣寧王世爵重輯枝江縣志
浙西古當湖原任湖廣黃州府黃安縣知縣鍾彝
商貽氏編輯

校閱姓氏

儒學教諭孝感晏景殊
訓導麻城成　撰
典史杭州沈　濱
邑人拔貢楊　仁
恩貢覃公輝

國學李士俊　陳上會
生員裴文度　楊　倫
全　逢　梁　宏
梁紹呂　楊之鵷
監刻禮吏全　廸
工吏龔克吉
繕寫書吏姚承忠
鐫刻江西陶維藩　陶及陞
熊子國　羅佐臣

枝江縣志目錄

浙西古當湖鍾彝商貽氏手定

晉書裴秀水陸徑路地圖云制圖之體有六一曰分率所以辨廣輪之度也二曰準望所以正彼此之體也三曰道里所以定經由之數也四曰高下五曰方邪六曰迂直此三者各因地而制宜所以校夷險之異也有圖象而無分率則無以審遠近之差有分率而無準望雖得之一隅必失之他方有準望而無道里則施於山海絕隔之地不能相通有道里而無高下方斜迂直之校則徑路之數必與遠近之實相違失準望之正矣書此以弁枝江地圖之首云

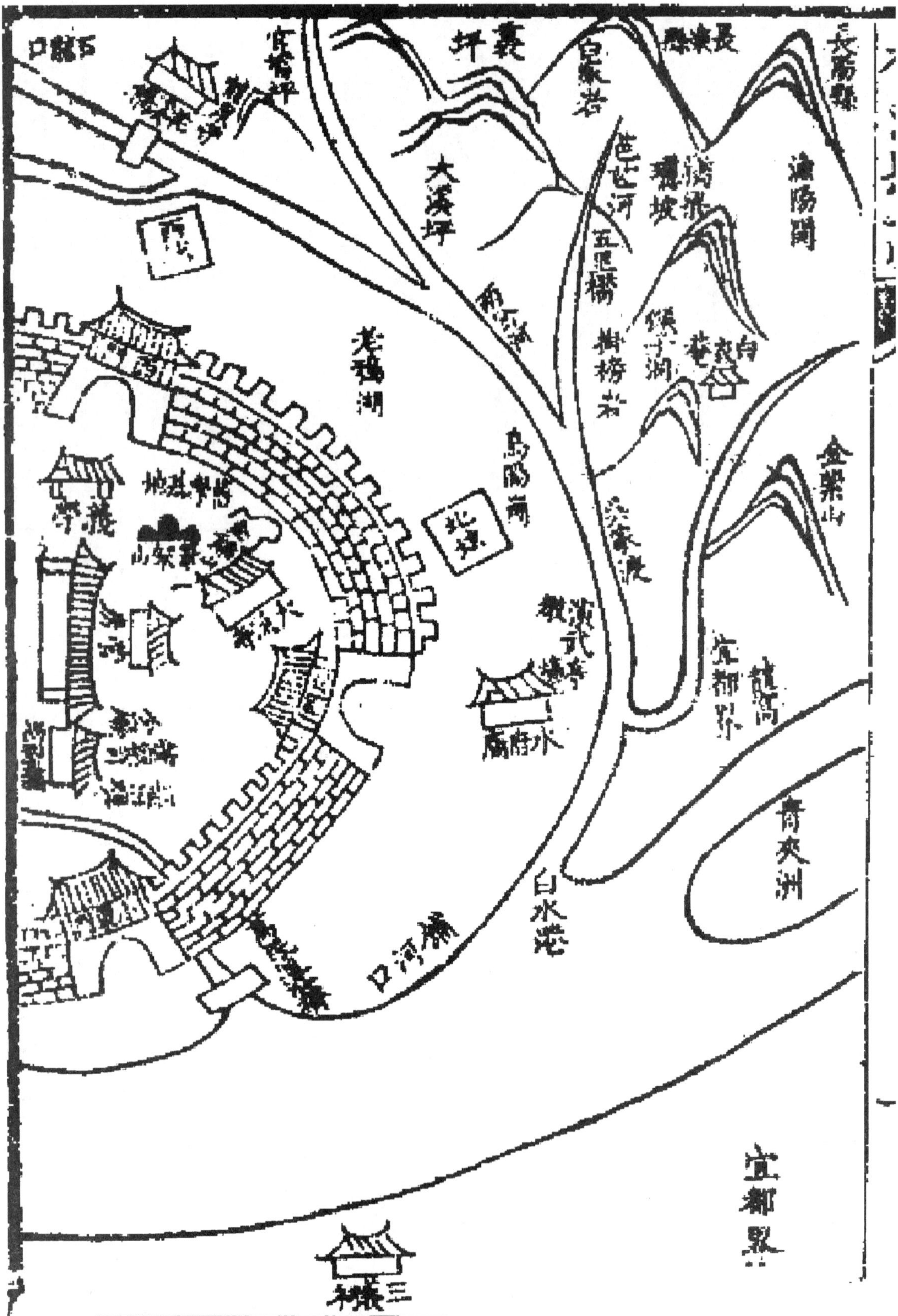
長陽縣
長樂縣
大溪坪
漁陽關
金紫山
白水港
宜都界
演武場亭
水府廟
北城

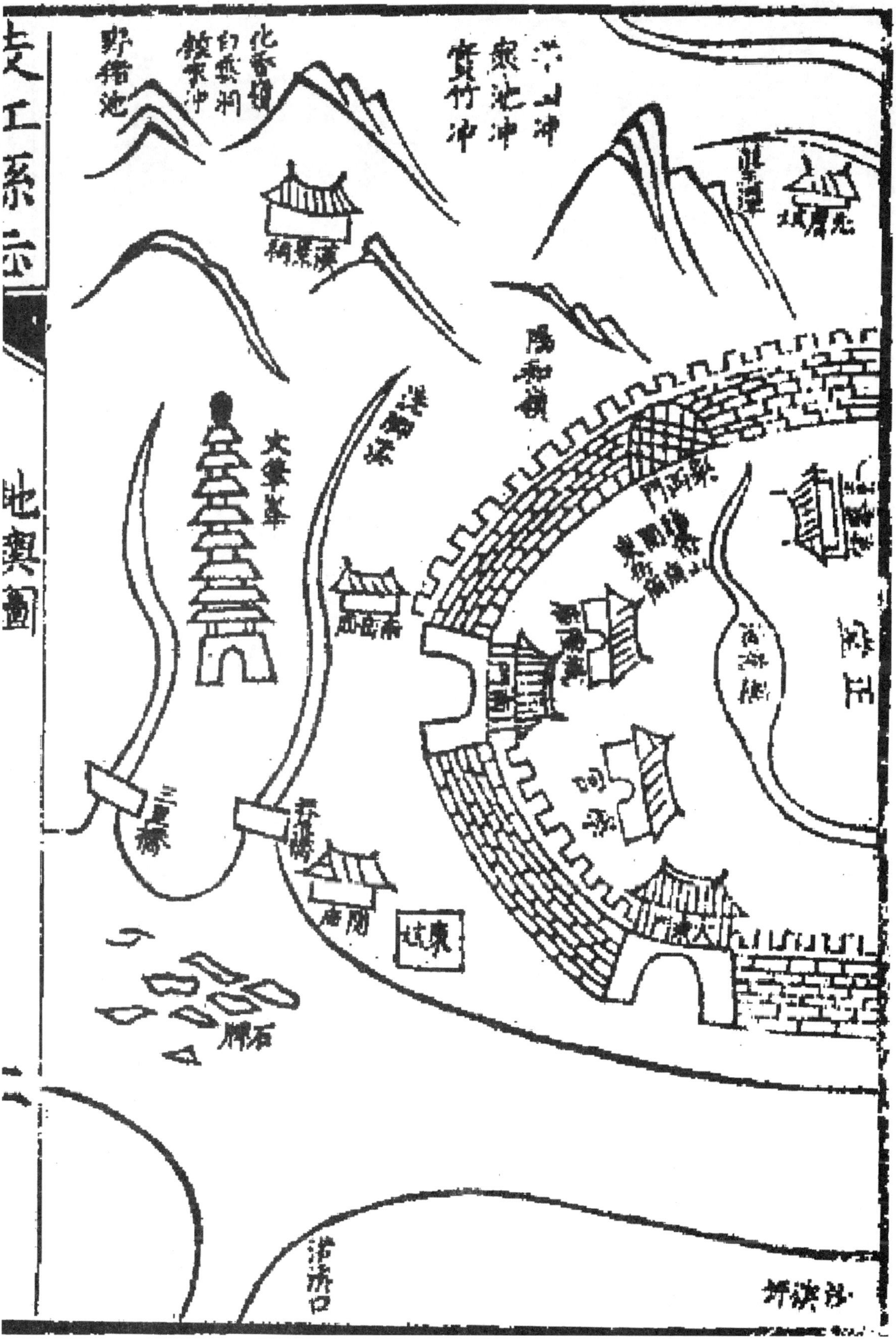
地輿圖
野豬池
化香嶺
寶竹沖
陽和嶺
文筆峯
三星橋
石牌

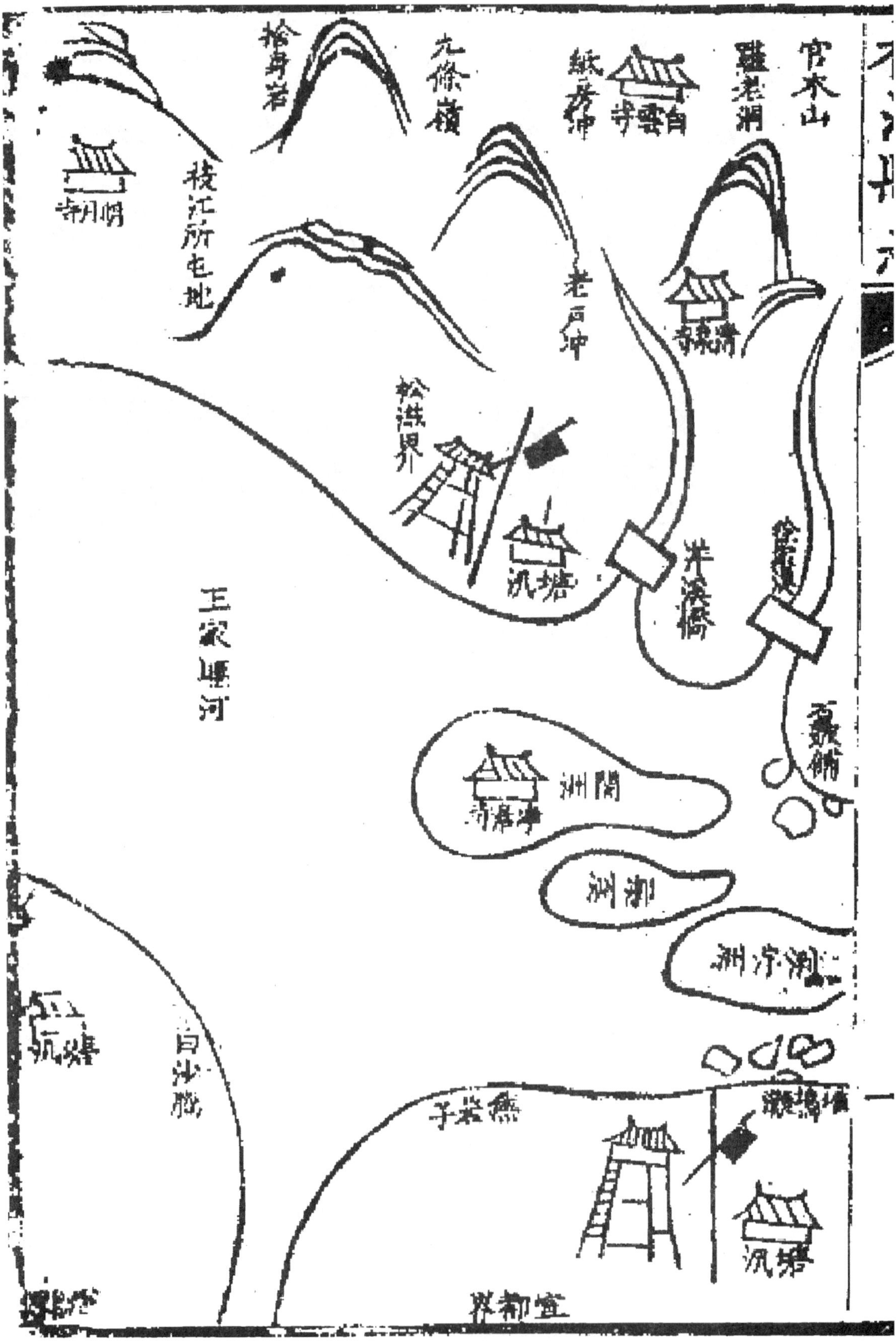
官木山
白雲寺
紙房沖
九條嶺
捨身岩
枝江所屯地
明月寺
老石沖
松滋界
汛塘
洋溪橋
王家匯河
關洲
汛塘
宜都界

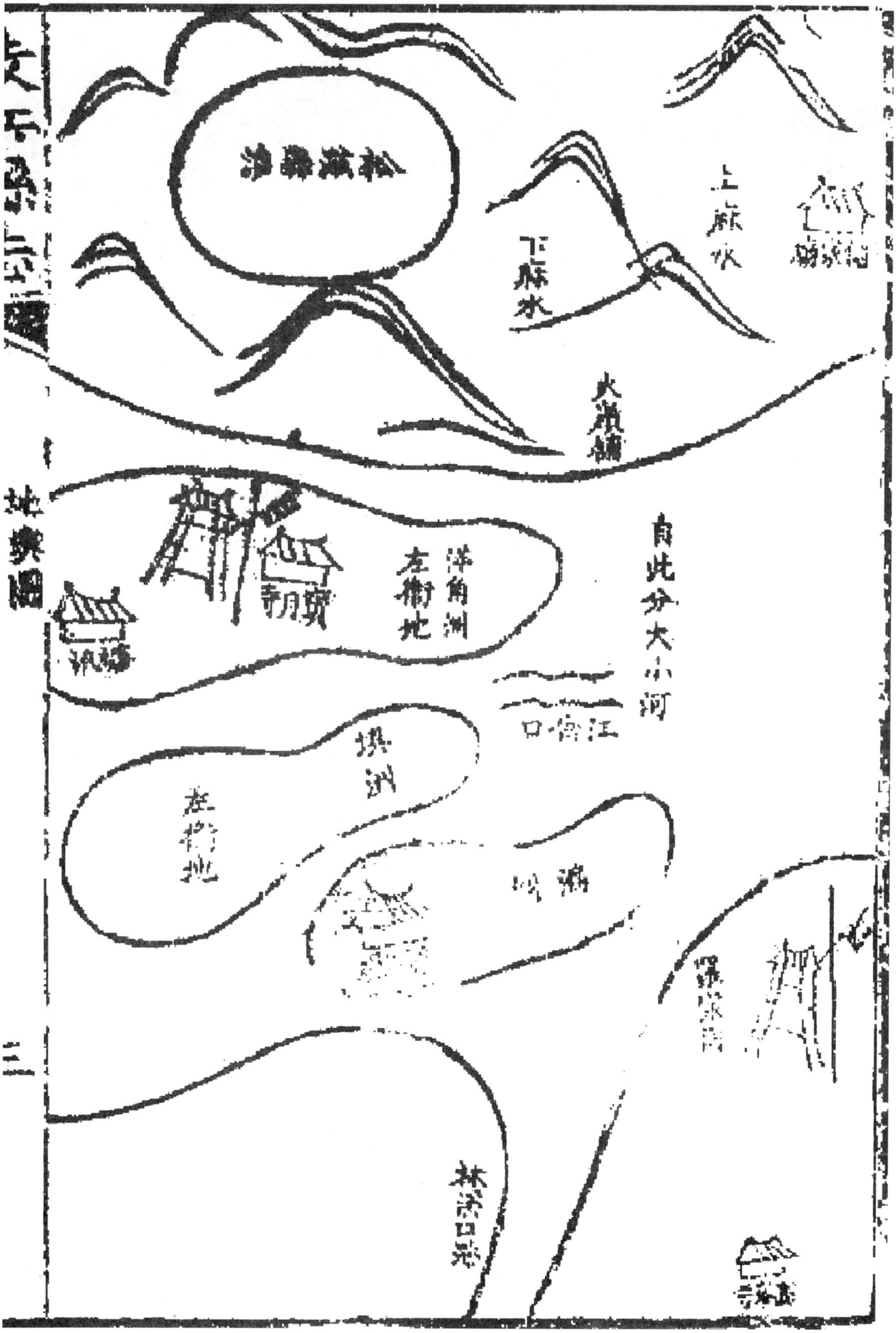
地輿圖
三
上麻水
下麻水
自此分大小河
江合口
左衛地
洋角洲
左衛地

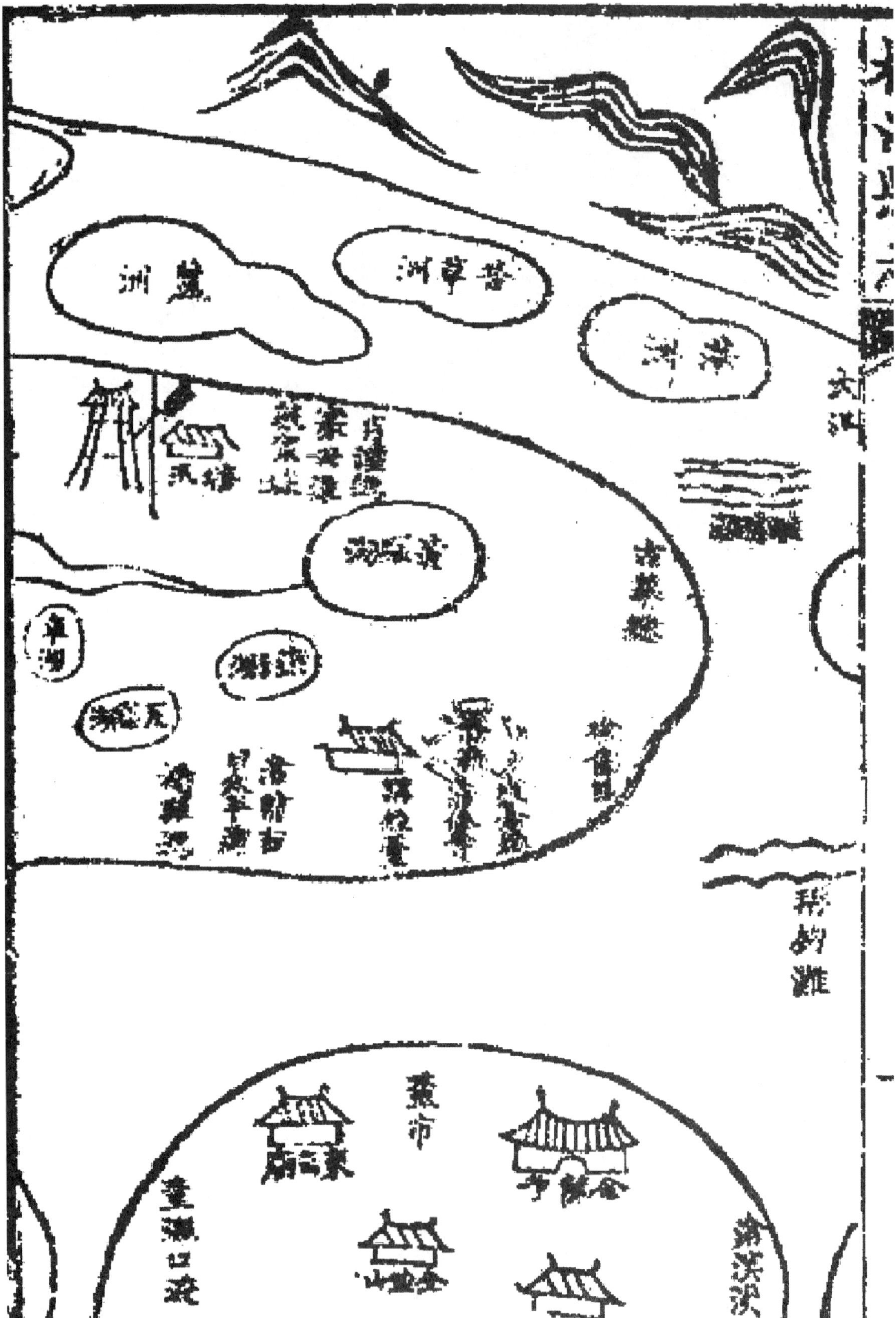

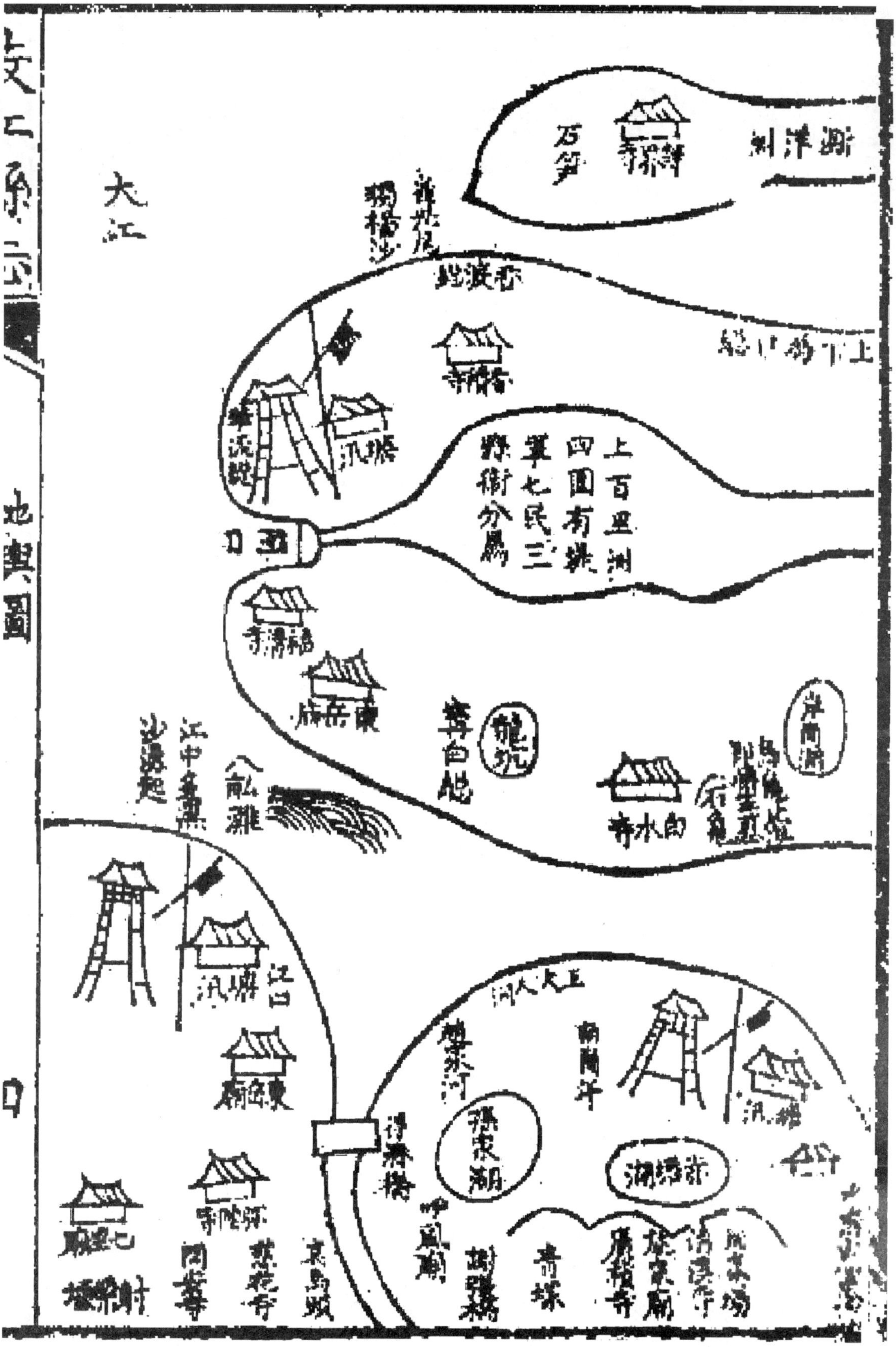
地輿圖
大江
石筍
上百里洲
四圍有堤
軍七民三
龍坑
江口

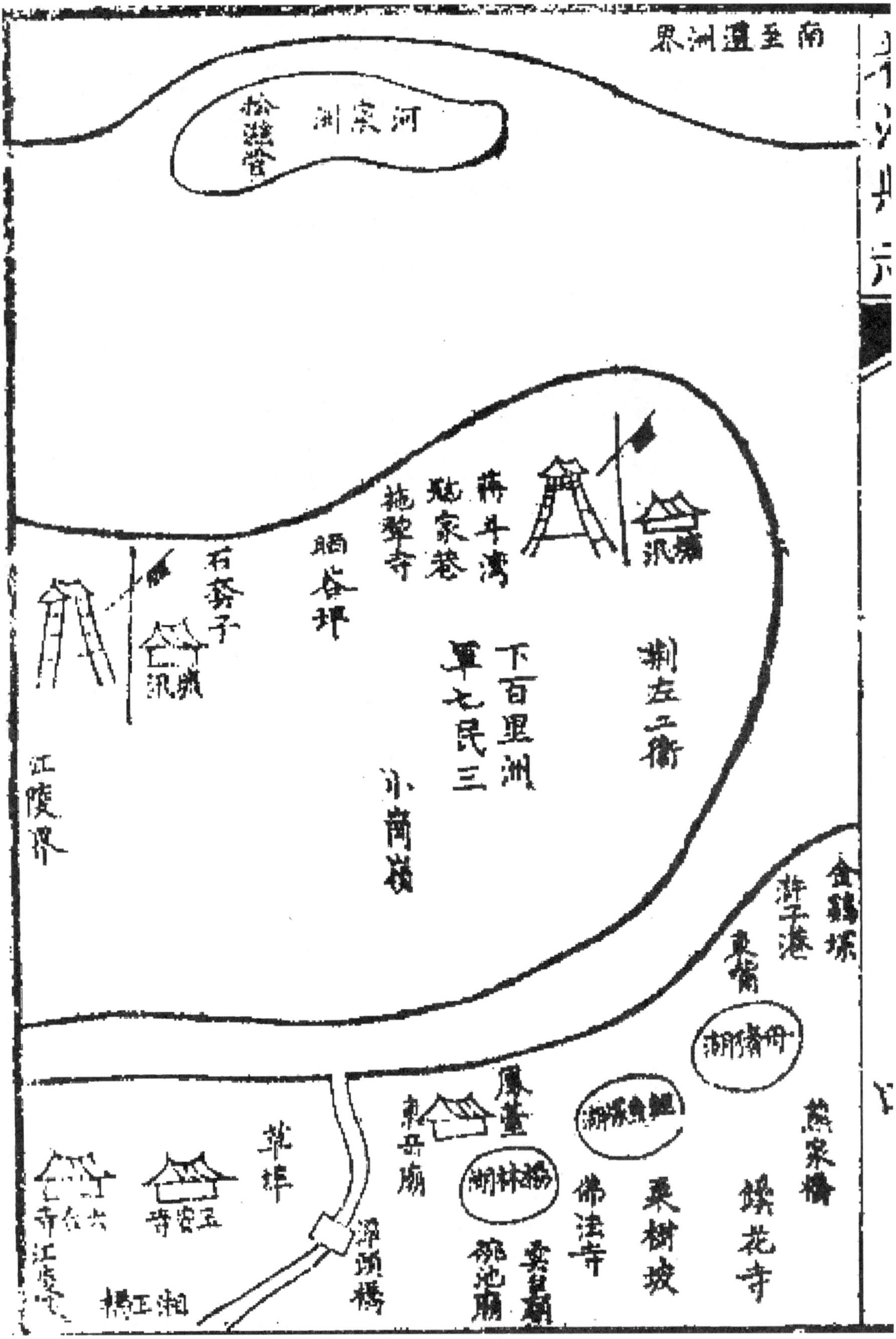
南至灃洲界
河家洲
松滋營
蔣斗灣
魏家巷
晒谷坪
汛塘
汛塘
荊左二衛
下百里洲
軍七民三
江陵界
金雞垸
東岳廟
佛法寺
桑樹坡
梨花寺
龍池廟
湘王橋

文廟圖

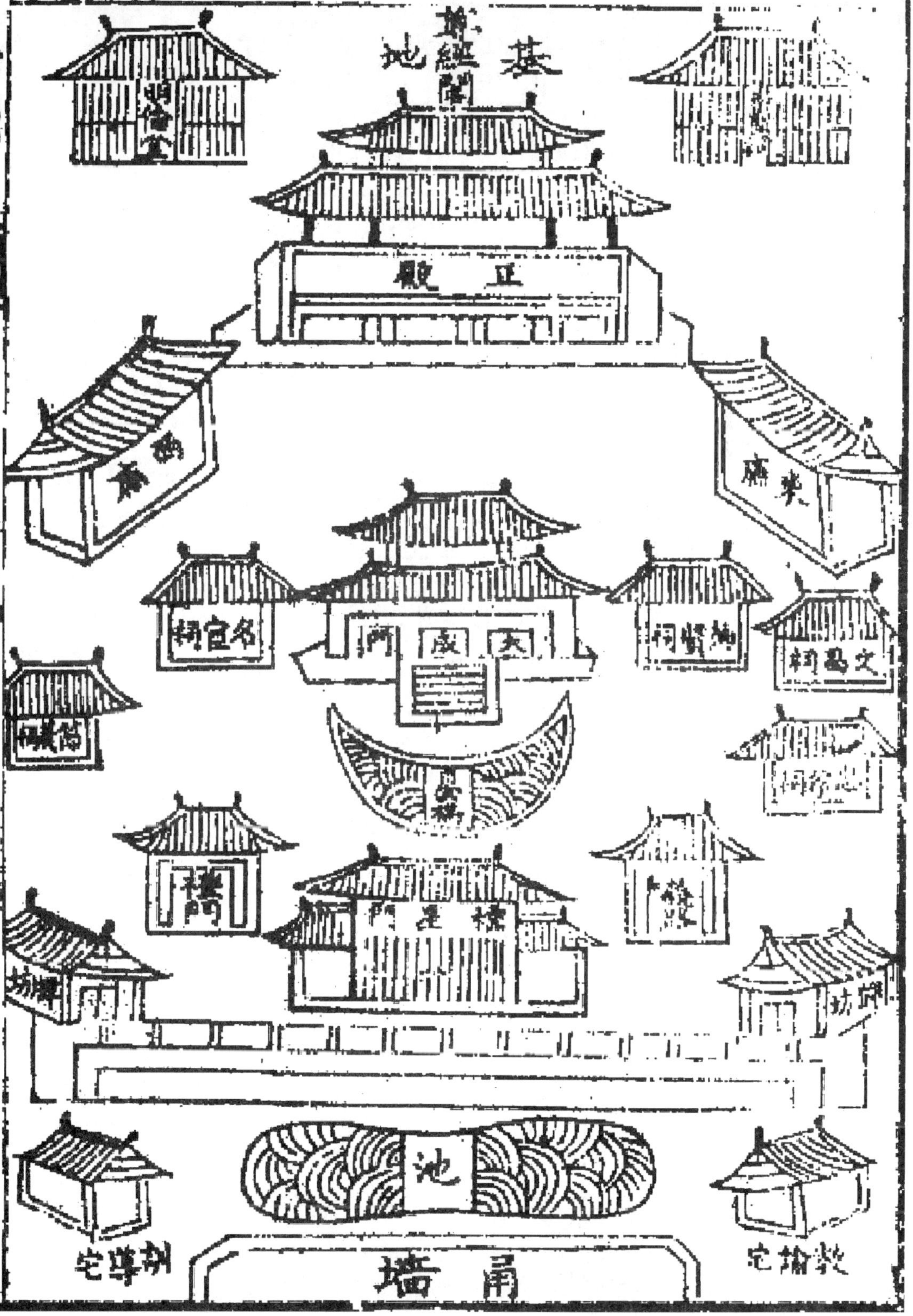

枝江縣圖

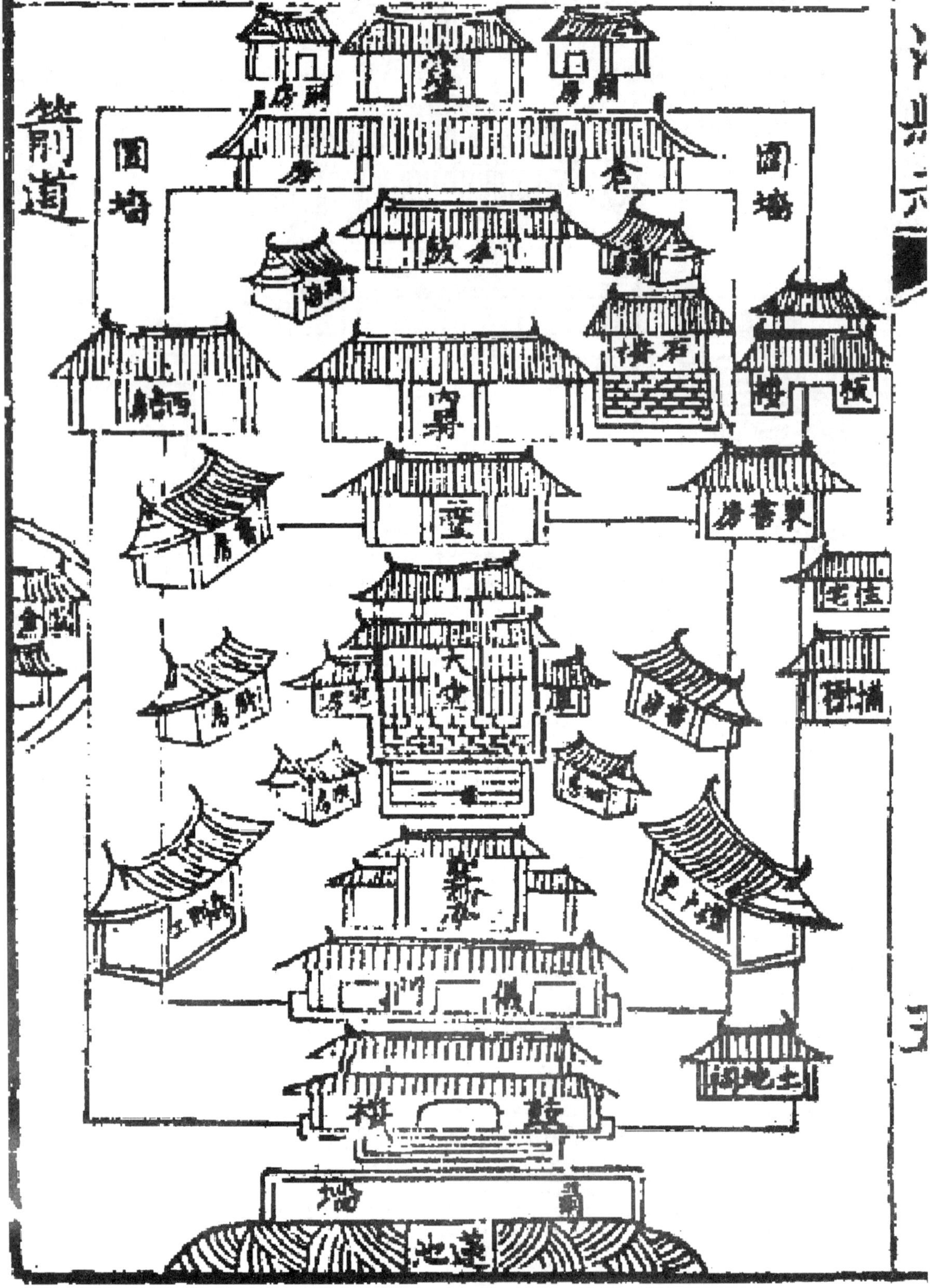

地理志第一

畫野分疆，肇自軒皇建置；奠川敷土，實維夏后平成周禮職方姬公手定漢書地理班氏心裁曹魏桓生乃有渾輿之記蕭齊江令爰成赤縣之經郭景純山海註疏瞭若鏡中眉目朱思本地圖考索燦如指上羅紋蓋御天下者既有方州則臨郡邑者必明經界忝居末學竊比前人作地理志

原始

史記楚世家曰楚之先祖出自帝顓頊高陽高陽者

黃帝之孫昌意之子也高陽生稱稱生卷章卷章生重黎重黎為帝嚳高辛火正甚有功能光融天下帝嚳命曰祝融共工氏作亂帝嚳使重黎誅之而不盡帝乃以庚寅日誅重黎而以其弟吳回為重黎後復居火正為祝融吳回生陸終陸終生子六人坼剖而生焉長曰昆吾二曰參胡三曰彭祖四曰會人五曰曹姓六曰季連芊姓楚其後也昆吾氏夏為侯伯桀之時湯滅之彭祖氏殷時為侯伯殷之末世滅彭祖氏季連生附沮附沮生穴熊其後中微或在中國或在蠻夷弗能紀其世周文王時季連之苗裔曰鬻熊鬻熊子事文王蚤卒其子曰熊麗熊麗生熊狂熊狂生熊繹熊繹當周成王時舉文武勤勞之後嗣而封熊繹於楚蠻胙以子男之田姓芊氏居丹陽徐廣注曰丹陽在南郡枝江縣孔穎達史記正義曰楚居丹陽今南郡枝江縣故城

舊志夏曰丹陽然不註明出自何書顯係無稽之言今不取斷自周成王封熊繹始

春秋時為羅國地　左傳桓公十二年羅人始見於

春秋杜預註曰羅楚旁小國熊姓則是與楚同姓之國也

史記楚懷王伐秦秦敗楚師於丹淅虜其將屈匄遂取丹陽丹陽屬秦自此始

沿革

秦曰枝江以蜀江至此分枝為諸洲故名枝江屬南郡

按秦本紀始皇初併天下廢封建分天下置三十六郡南郡之名始此

漢仍枝江之名屬南郡

前漢書地理志秦置南郡高帝元年更為臨江郡五
年復故號領縣十八枝江列第十

江陵 臨沮 夷陵 華容 宜城 郢 當陽 中廬 枝江 編 秭歸 夷道 邔 鄀 巫 州陵 高成 襄陽

後漢書郡國志南郡領十七城枝江為侯國謂分封列侯之國也列第十三

江陵 巫 秭歸 中廬 編 當陽 邔 華容 襄陽 宜城 臨沮 鄀 枝江 夷道 夷陵 很山 州陵

三國枝江隸南郡初屬蜀漢後屬東吳

晉書地理志南郡領縣十一枝江列第六

江陵 編 當陽 華容 鄀 枝江 旌陽 州陵 監利 松滋 石首

宋書州郡志宋初南郡領九縣後以州陵監利二縣
改屬巴陵郡文帝元嘉十八年以旌陽縣併枝江
故南郡只領六縣枝江列第六

江陵 華容 當陽 臨沮 編 枝江

南齊書州郡志南郡領縣六枝江列第三

江陵 華容 枝江 臨沮 編 當陽

梁陳時枝江屬江陵總管府

隋書地理志文帝開皇初廢總管府復南郡領縣十
枝江列第四

江陵 長陽 宜昌 枝江 當陽 松滋 長林 公安 安興 紫陵

唐書地理志天寶元年改南郡為江陵郡領縣八枝
江列第二肅宗上元元年析江陵置長寧縣二年
省枝江入長寧大曆六年復置枝江縣省長寧

江陵 枝江 當陽 長林 石首 松滋 公安 荊門

後五代時十國分據枝江屬荊南高氏歷四世五十

共五十七年而併於宋

宋史地理志江陵府領縣八枝江列第七

江陵 公安 潛江 監利 松滋 石首 枝江 建寧

宋初枝江治百里洲尋遷澌洋洲又徙治江南下
沱之白水鎮度宗咸淳元年賈似道使呂文煥僞
報元兵攻下沱即此十年江陵府諸縣俱屬荊湖
北路宣撫使

元史地理志元初設荊湖北路宣慰使天曆二年以
文宗潛藩改為中興路領縣七分上中下江陵為

上縣公安石首松滋潛江監利為中縣而以枝江為下縣　順帝至正二十年陳友諒僭號江州凡荆湖南北路俱為所據二十三年癸卯友諒敗死荆湖路悉歸於明

明初設荆州府領縣十一枝江列第六江陵　公安　石首　監利　松滋　枝江　長楊　宜都　遠安　興山　巴東

國朝初沿明制雍正末新設宜昌府割長陽興山巴東三縣屬之而枝江仍隸荆州府

疆界

東至江陵縣石套子交界一百二十五里

西至宜都縣洋津交界八里

南至松滋縣洋溪橋交界一十五里

北至當陽縣普通寺交界一百一十里

東南至公安縣毛家場交界一百四十里

東北至江當兩縣鳳臺河邊交界一百三十里

西南至宜都匡劉冲交界四十里

西北至宜昌府青草灘交界一百二十里

由縣東長江到府一百八十里由府內河到省七百二十里水路不達京師陸路至京三千四百七十里

東西廣一百九十五里南北長一百九十三里環境五百八十里

舊志曰枝邑東接荆吳西通巴蜀南走湖湘北達襄漢長江環帶群山圍繞上為入蜀門户泝流而進歷瞿唐過灩澦黄牛白馬至為艱險及其下水一航直抵荆州真所謂朝辭白帝暮宿江陵者也荆府處巴蜀之下流而枝江又扼全楚之吭按圖思

治豈可謂據雄關而瑣志彝土計乎

外史氏曰楚自篳路藍縷以啟山林人但知楚都在郢而不知發跡於枝也枝為故丹陽地熊繹初封成王胙以子男之田而處之丹陽其後熊通僭號浸以強大併國數十拓地數千里春秋勸三駕之師戰國居六雄之長維茲彈丸黑子乃其濫觴之源如后稷之邰呂望之營丘周公康叔之沫土曲阜也據三峽之口扼荆襄之吭無事則已有事則先受兵明季為獻賊入蜀之路

國朝以兩山用兵而吳逆踞邑隔江分治五六年間居民幾盡從斯土者當思何以慎固封守也

星野

周官保章氏以星土辨九州所封之域皆有分星以察災祥故二十八宿誌地理者之所宜考覈也

史記曰翼軫荆州乃晉書不言軫而專以翼之十度為南郡分野則枝江猶在翼十度之內也

通鑑綱目漢獻帝建安十二年冬十月有星孛於鶉尾注云鶉尾其次在巳楚之分野

左傳襄公二十八年鄭裨竈言歲棄其次以害於鳥帑知楚子之將死

註曰鳥尾曰帑蓋鶉無尾以翼為尾是知鶉尾即翼宿也

春秋元命苞云軫星散為荆州蔡邕月令章句云起張十二度至軫六度為荆州爾雅刑禺䟽云巳為鶉尾起張十八度終軫十一度為荆州諸說不同而要以翼十一度為是

府志星野說云箕張翼舒其度甚大荆郡諸州縣皆屬南郡則以晉書入翼十度者為宗而一郡不可以當全楚故兼言翼軫者以楚為鶉尾然象緯微渺在天成象在地成形影移響應考驗實難今存其概以備修省之一助

外史氏曰按周天三百六十五度每一度一千四百六里有奇荆州府屬徑六百餘里是一度中占三分之一有奇爾其兼翼軫者包全楚而言其主翼十度者專以荆郡所屬言也此愚之臆見存此以俟知天文者

附翼軫二圖於後

翼星圖

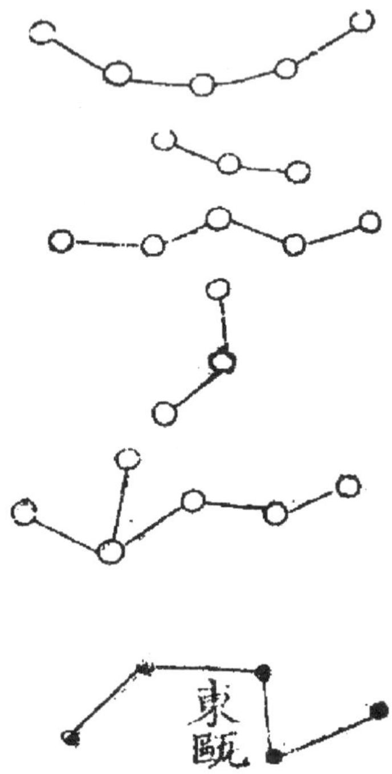

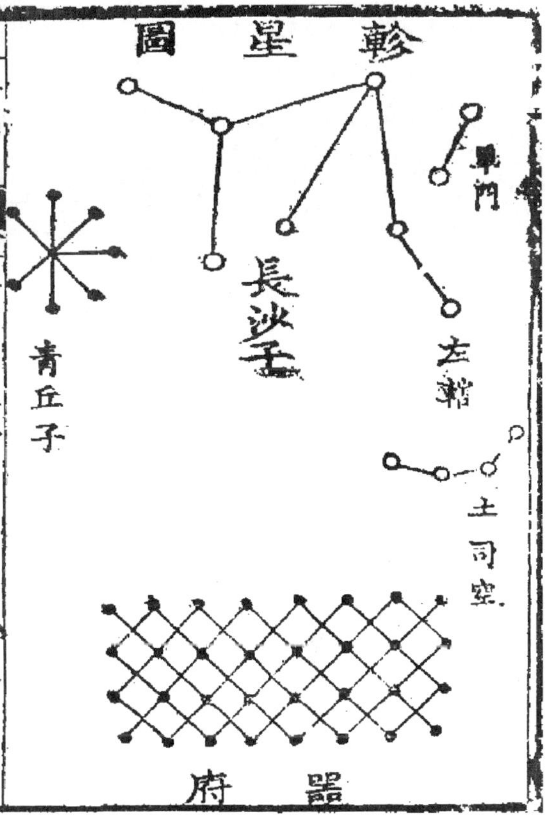

山川

福傳山　在縣西城内原因山若覆船故名後因覆船之名為俗忌諱更曰福傳

金雞山　在縣北城内大通寺後相傳昔有金雞攤彩雲晒翅於此山故名

紫山　在縣南三里前有神井人不敢褻歷年久遠今已堙杜甫詩雲隨白水落風振紫山悲即此

文筆峰　在紫山之前

陽和嶺　在紫山西南即宋元儒學舊基明萬歷閒耕者曾獲二銅篋於此一歸居民唐鑑一歸僧少誠

烏陽門　在城北二里演武亭之側

金紫山　在縣西北五里曉日光彩四射掩映山頂如金紫之色絢爛奪目故名

掛榜岩　在縣西北五里上有覃元帥墓

石鼓　在縣東南五里卓立江濱其形如鼓高八九尺

石簰　在縣東南三里江邊有石如簰冬時水涸浮

於水面

官壋坪　在縣西七里

龍山坪　在縣西二十五里

水井坪　在縣西北十五里

沙溪坪　在縣北對江

大溪坪　在縣西北四里

香爐山　在縣西南二十里上有雙泉

石馬山　在縣南二十里山以形名

穿孔崖　在對江十五里有水自穴中出通落溪

樓子崖　在縣南三十里相向如樓

五峯山　在縣南三十里上有五峯故名

官木山　在縣南三十里原名棺木其山高峻處望之隱隱有棺木橫於上議者謂為仙蹟然陡不可攀故莫審其實後人諱棺改名官其實非也

馬鞍山　在縣南三十里以形名

羅老洞　在縣西南二十五里昔有羅老隱此故名詳見古蹟

石龍洞　在縣南三十里水自洞中流出可溉田

響水洞　在縣西四十里

官莊坪　在縣北二十五里

九條嶺　在縣西三十里接宜都界

金盆山　在縣東南六十里董市之後明隆慶中有妖言神降於此民有請輒應遂累土成山

沱水　一源出岷山禹貢敘荊州之水曰沱潛既道蔡氏註曰南郡枝江縣有沱水爾雅水自江出為沱漢出為潛此江水枝流之在荊者也縣名枝江以此

湝溪　在縣對江東岸

花溪　在縣西南三里水通大江

三郎溪　在縣東一里石牌之左

老鴉湖　在縣西城外一里舊志半屬民田半屬官民牧地今則屬民者多屬官者約數十餘畝俱是積潦不能開墾亦不能牧放

洗腳溪　在縣南二里

港溪　在縣西南三里水通大江

洗心湖　在舊學前

兩汊河　在縣西北五里西南二水總會流出大江水可溉田

洋溪　在縣東南十五里枝松交界之地

滄茫溪　在縣東五十里江北岸

石笋泉　在縣東南六十里其石如笋而傍有甘泉故以為名

官柴湖　在江口後小湖邊離縣一百里界連江陵地勢窪下或值淫雨頓成汪洋只可留為分消四水之區斷不可墾種為業也近因保寧垸成江水

不入民亦漸墾然害多利少不如蓄草之便當年
以官柴命名必有謂也
王家湖　離縣一百四十里接公安界
滄灘湖　在縣北一百六十里
孫家湖　縣北九十里湖分東西中亘一脊曼延南
北地沃可耕自明季闖獻鴟張往來蹂躪繼以十
三家劇寇紛擾廿餘年居民星散田卒汚萊康熙
二十二年既平吳逆　制於荊郡設立滿兵控壓
全楚此湖為鑲藍旗禁軍圈為牧地近因承平日

久生齒繁衍湖民興築堤垸名曰長寧墾荒力穡
耕牧相錯時控時爭乾隆五年知縣王世爵詳請
各憲以西湖地丈實三千畝撥給旗軍牧放餘給
民間蒙　各憲允詳立界刊碑永為定制
青夾洲　在縣北岸五里係枝所地住民十八户
浰洲　在縣東五里大江之中周圍十二里係民地
漷洲　在浰洲下去縣九里周圍八里係民地
關洲　在漷洲下去縣十五里約寬二十里係民地
⿰氵扁洲　在關洲下去縣三十里左衛地

灞洲　在⿰氵扁洲下去縣五十里左衛地
南渚洲　與灞洲相對俗號羊角洲在縣東六十里
係左衛地
苦草洲　在大江南岸縣東六十里係民地
澕洲　大江南岸去縣八十里係民地
蘆洲　縣東南八十里係民地
漸洋洲　在蘆洲之下向分漸洋二洲今合為一約
長五十餘里縣東南九十里係民地
磨盤洲　去縣一百十里老場林家場屬枝所地餘

屬松滋
百里洲　在縣東北八十里南濱川江北帶沮水延
袤百餘里蕭梁時道人陸法和有異術隱於此講
經臺故址至今猶存明嘉靖時水衝為兩段今遂
名上百里洲下百里洲其地軍七民三
上百里洲　去縣一百里萬歷間知縣周仲士於洲
尾流店作閘洩水後令錢奏勳於大隄外築護浪
隄匚邊種柳危險處撒小石作洑法最善內分大[illegible]
一曰古畢二曰徐舊三曰庚基四曰揚輝五曰白

水六曰窰家七曰華流八曰香渡九曰蕭家
下百里洲　去縣一百二十里内包楊林滄港文章三湖中亘一涔曰小岡上下各建一閘上閘瀉楊林積水下閘瀉文章滄港積水分十一総其洪山垻林滄港三総屬荆州左右衛惟八総隸枝曰晒谷曰桑家曰蔣斗曰興山曰磚灘曰木隄曰楊林曰構林自明末兵燹繼以西山征役吴逆叛亂堤岸崩潰閘港堙淤春夏水泛一望洪流及秋冬水涸居民寥寥環洲而居者千室九廢康熙十八年

王師恢復招墾故業二十三年以後堤塍港閘次第修舉至今桑麻禾黍頓成沃野餘詳隄防條例
礶子灘　在百里洲南岸去縣六十里
堆鳥灘　縣之對江東岸響聲若雷為入蜀第一灘去縣五里川舟至若無熟識水手多至撞損客貨邑令王世爵捐設救生引泓舡以導之
神井　在紫山下今已涸
鐵索井　在城西隅昔有女汲見鐵索盤繞井欄女懼回家率衆視之不見

大通井　在縣治北金雞山下大通寺内
外史氏曰扶輿之氣結而為山融而為水山水者郡邑之名勝也枝邑當蜀川孔道據荆楚上游重山湍水覩記難周兼以九十九洲星羅碁布蠟展為難挂帆亦險雖有流峙偉觀而名人題詠不多概見若斯土者有能搜奇扶輿若謝康樂之在永嘉元次山之在道州柳子厚之在永蘇子瞻之在杭則山川當為之生色而人與地並垂不朽矣噫談何容易簿書期會日不暇給安能以方寸靈臺

包舉全境名勝姑就蕞編記載参諸野老傳聞錄而誌之以存一邑之梗概云爾
附邑中八景
邑中八景不論何州何縣作志者例以此為佳話溯其作俑自潘岳關中志始楊升菴作成都府志深惡此陋態欲一洗而空之阻之者曰蜀中山水奇秀甲天下不可無此一段標識升菴叱曰天下一千幾百州縣安得有萬許佳景以供此蜚筆端揮霍乎阻者喪氣而退余輯枝志雅知邑景之半

由裝點但以未經親歷不敢踵楊氏之過為矯激也姑存之

紫山冬翠

孤峯獨聳高揷雲端群芳衆卉春秋固見盛麗殘冬積雪凝霜松栢挺秀尤為邑中勝地

白水曉渡

縣北三里有白水渡殘雞三唱即聞沙中偶語柳林外一聲欸乃舟人揺曳撑出亦有野致

三洲煙浪

闊瀰淛三洲相望燈火遥連當其波平浪息煙雲籠罩湖光縹緲望之者疑為十洲三島云

山市夕陽

沱水鎮昔年殷盛近來頻遭兵火繁華銷歇而平原曠野斜曛晚照猶見街砌井廬痕迹焉

彌勒梵鍾

淨居寺在闗洲上俗稱彌勒菴憑虗殿閣近水樓臺僻處沙渚迥隔塵囂洪鐘送江上之音清籟徹山間之耳冷然聽之亦足豁煩襟而空世慮

蓬萊仙境

即城内之大通寺也舊誌云丹流峻壁輝映圓滿雲霧鎖百磴之梯烟霞浮半榻之洞雖落城市絶勝山林

石簰漁網

縣東南三里江邊有石如簰漁人晒網於此烹魚沽酒偷閑半日停橈一唱亦佳境也

花溪牧笛

花溪在縣西南三里一水瀠洄兩岸逶迤瀾邊花鳥開啼四時不絶牛羊下括牧童晚歸短笛横吹樵歌遥應即五月落梅之調亦不是過也

風俗

荆州府志云枝江地通大江士頗尚學俗能節儉但逼近土司軍民雜處昔有掠賣之患

國家化行日久近復改土歸流觀感興起惡風漸息

舊志云質直好義不事奢詐民勤耕業士頗知學敬重神務稼穡少商賈尚節儉去浮華冠婚喪祭因古禮服舍車騎遵徃制卓有淳風（俱見舊志）

元旦不拘貧富漏下三鼓即起盛張花燭果品闔門移香案於階前羅拜天地祖宗尊卑大小以次相序行拜跪禮日始出盛服往鄰里交賀名曰拜年至初十外鄉村携盒載酒餽諸親戚彼此往來不絕曰春酒近俗每月朔望之晨人戶必响爆竹數聲以取吉利

元夕一二日前各家試燈高結綵棚俳優謳戲雖風雨不避而火樹銀花爆竹之聲徹曉

立春日縣吏迎春於東郊儀甚簡畧無吳越扮演故事繁華之習猶是篳路藍縷之遺也

清明日拜掃墳墓掛紙錢於竹枝曰揷青陳列牲醴號泣而歸

端午日各家懸艾於門蒲觴角黍以雄黃硃砂雜酒中辟瘟氣也江中龍舟之戲五七日始停

中元節各祭家廟

中秋夜置月餅西瓜酒饌相聚歌吹於庭謂之賞月

重陽日造酒蒸餅好事者結伴登高謂之禳邪晉時桓景之遺也

臘月二十四日俗號小年節灑掃庭廚祭灶送神之家貼符於門其祭灶用飴糖俗云粘灶神之口不致上天訴人間隱事也

除夕祠祭先祖爆竹絃歌喧闐達旦謂之守歲

婚禮極簡納采問名只以紅紙書年庚簪環作聘儀而已無奠雁親迎諸儀即士大夫之豊厚者或以田地作奩或以僕婢作奩從未聞以金銀為聘者也惟喪禮多用僧道誦經鼓鐃聒耳惡氣難除

輶軒遣使雜採民風所以驗習俗之盛衰政教之

汚隆也以上諸條是處皆然不獨枝江而枝志載此明其雖係荒徼風尚與中原不異也惟是鄉野愚氓狃於陋習居父母喪每每招集姻族擊鼓歡呼謂之悅尸乃風俗之最惡者不哀而樂其為孝何

外史氏曰舊志稱枝俗質直好義不事奢詐今殊未然訟庭控訐半屬子虛牛鬼蛇神變幻百出令人不可究詰而且爭田爭地多在家門大則泥首公堂小則反脣私室戈矛起於衽席詐

胥争於豆觴骨肉仇讐風斯下矣或者習俗移人百年一變枝俗昔厚而今漓乎化民成俗者薄從忠是所望於轉移世道之君子

物産

稻之屬

大粘　小粘　香粘　早稻　晚稻　另有一種糯穀或紅或白或稱畫眉或稱柳條蓋隨其形色而轉名之也並宜釀酒

黍之屬

高梁　玉米即蜀黍也種出四川故名蜀黍今俗名玉米　二種俱有粳糯之別

稷之屬或稱小米或稱稷子各鄉多有

麥之屬有大麥有小麥

菽之屬

黃豆　黑豆　綠豆　赤豆　茶褐豆　豌豆　蔓豆　扁豆　蛾眉豆　龍爪豆各色俱有另有一種名藏豆者色白而圓形似芡實出西番藏中

蔬之屬

葱　蒜　莧　韭　白菜　萵苣　芫荽　茼蒿　苔蓮　波稜　芹　芥　蕈　蔓菁　蘿蔔黃紅白三種　芋　茄　茭菰　葧薺　百合　番芋

菓之屬

桃　梅　李　杏　梨　柿　棗　栗　柑　橘　枇杷　櫻桃　銀杏　石榴　山查　林檎　楮子　梧桐子　蓮子各菓俱有然其名則同而各物俱有大小甘苦早晚之不齊者

外史氏曰枝邑蔬菓之屬惟柑與百合爲佳寓枝過歲飽嘗二味各賦兩絕以寄興焉　十月霜紅摘樹梢寒漿一嚼勝葡萄儂家舊有雙柑癖不管旁人賦老饕　玉汁金苞勝我吳擘來皮相不嫌麤龍陽洲上千株橘只合人間號木奴　太湖百合久曾貪還有枝江味亦堪日日下牀消一盌此生無夢到江南　金鴉嘴斷小兒拳臘底春初滿市廛片片香酥上筯滑枯腸贏得幾桮棬

瓜之屬

匏瓜　菜瓜　絲瓜　王瓜　香瓜　筲瓜　西
瓜　苦瓜
藥之屬有柴胡通草白芷菖蒲益母香附丁公藤天
南星半夏麥門冬梔子粉葛甘菊桑白皮紫蘇薄
荷橘皮枳殼淡竹葉車前子土茯苓蒼耳子五倍
子香薷枸杞瓜蔞五加皮金銀花（金銀花取色之黄白也枝邑有紅色者）
草之屬
茅　莎　菰　萍　蓼（紅白二種）　萱　蒿　艾　蕙稗

馬鞭　狗尾　茜草種類甚多不可殫記
木之屬
桑　柘　松　柏　槐　檀　柞　栖　梧桐
椶櫚　楊柳　冬青　烏桕（邑人陸山居者多植之以榨油取利焉）
黄楊　白楊　楓　椿　株　榆　楨　樟　椑
楮（俗名穀樹）
竹之屬
篔簹　桃絲　鳳尾　雞脚　釣竿　叢竹　水
竹　紫竹　斑竹　冬竹

花之屬
牡丹　芍藥　薔薇　芙蓉　梔子　海棠　玉
蘭（有紫白二種）　雞冠　水仙　紫荆　玉簪（有紫白二種）　山
查　粉團　木犀　山丹　葵　菊　蓮　夜落
金錢　鳳仙洛陽　金盞　藍菊（有五色）
畜之屬
牛　馬　騾　驢　豕　犬　雞　羊　貓　鵝
鴨
禽之屬

鸛　鷹　隼　鳶　鶉　鴿　鴉　鳩　鳦　倉
庚　翡翠　鸕鷀　鸂鶒　啄木　竹雞　姑惡
錦雞　白鷴　百舌　畫眉　尾雀
獸之屬
虎　豹　獐　鹿　兎　獺　狐　狼　猴　麂
鱗之屬
魴　鱣　鯉　鰱　鯿　鑽沙　面鮀　魚鼠
烏　鯽　鮎　鱔　鰍　鰕
介之屬

龜 鼈 螺 蚌

蟲之屬

蠶 蛾 蝸 蚓 蛇 螉 蟈 蜂 螢 蠅

蚋 蟬 蝶 蝙蝠 蜈蚣 蜥蜴 蟾蜍 蝌

斗 蜣蜋 螳蜋 莎雞 蟋蟀 蜘蛛 水蛭

蠼螋 蜾蠃 蠛蠓

貨之屬

木棉 苧蔴 絲 葛 紅花 芝蔴 茜草

菜油 麻油 蓖麻子油 桕油

外史氏曰據荆州府志枝江出金而縣志不載者何也或因禹貢惟金三品之言而傅會之乎不然何不註明出自何山何水也抑或作縣志者恐啟後世開採之擾故諱言之亦未可知總之帝王不貴難得之物自桑麻絲粟果蓏而外其他珍異聽其若存若亡於宇宙間俱可置之不論

古蹟

丹陽聚

漢書地里志枝江本羅國地有丹陽聚（聚者村落之名史記秦昭王遷西周文公於憚狐聚是也）

陸通港

江口東北蕭家山之東離縣九十里相傳接輿之故鄉也

募旗山

縣南二十里相傳關公入蜀召募軍士於此今有遺蹟存

紫山

縣南三里劉先主初入蜀載景帝木主過枝（景帝爲中山靖王之父故載之）於此息馬著紫衣登山後人因以名之建祠致祭

射垜堰

縣東一百一十里相傳雲長鎮荆州時習射於此

飲馬池

縣南三里相傳漢昭烈至此同關張飲馬於此

洗碗池

在江北龔家灣離縣一百二十里相傳關公洗碗

處今有廟

蓮花池

在縣治前舊傳周茂叔觀蓮處不足據後附辨說

羅老洞

縣西南二十五里昔有羅老隐居洞中自號青城山人後不知所之今以此名其洞焉

向戍故壘

在百里洲晉避苻堅之鋭荆州刺史命向戍移沮上舊城於此今遺壘猶存

白虎王君廟

水經注云漢和帝時陳留王子香爲荆刺史有惠政天子徵之道卒於枝江亭中常有三白虎出入人間送喪踰境忽不見百姓追羨甘棠以永元十六年立廟刻石於亭號曰白虎王君之廟今其蹟已堙不可考　庚子山集有慕容寧神道碑云德陽青石之墓千年未平枝江白虎之碑百代無毁足徵水經注之不誣也

之故宅

在百里洲清修寺旁凝之劉宋時人輿圖備考云凝之枝江人隐居不仕值歲飢衡陽王劉義季餉錢十萬凝之將錢至市門見有飢色者悉分與之一日都盡

庚信臺

在百里洲之北去縣六十里蕭梁時庚子山讀書處也旁有清修寺

陸法和講經臺

在百里洲上梁僧陸法和說法處

南亭

唐人韋庇所建庇京兆人以殿中侍御史謫枝江令百廢具舉作南亭以自適皇甫湜有記

仰周亭

在縣治前蓮花池上爲周茂叔建也今廢

豊臺堡

一名鳳臺在兎窒湖相傳有鳳凰集此故名

道愛堂故址

元至大中縣令程德建今縣之後廳是其遺蹟

樂水菴

在縣西三里元時核都抹溫所建今圯（核都抹溫不知何官何許人）

王大人河

在縣東七十里江之北岸明初有王綱者江西南昌人以軍功起家入籍枝江後從傅友德征西有功封定西侯有弟七人俱受誥封王勝昭勇將軍王英驃騎將軍王正龍虎將軍王志王藩王臣俱昭勇將軍王元都指揮使因名其所居之里曰王大人河舊有石坊為江水衝塌止遺一碑字跡湮漫無能讀者今其子孫猶繁衍云

外史氏曰古人已往風流如在某水某邱何代之勝蹟也一木一石何賢之桑梓也外黄帝鄉不廢博學瑯琊鄖國尤尚推求若云事遠年湮置古蹟於不問奚以誌為哉破塚之硯以苔蘚而彌珍廢邱之壺以沉埋而益重宅里井疆關涉古人者亦當作如是觀

附辨訛五條

府志謂枝江在唐虞為羅國非也左傳桓公十一年羅人始見於春秋逆溯唐堯甲辰相去一千五百四十九年安得此時即有羅國杜預博極羣書號稱武庫其註楚人伐羅一段云羅熊姓之國則是與楚同姓當是熊繹開基之後分其支庶於羅如夔子之類非唐虞時已有羅也

舊志云枝江在夏曰丹陽夫丹陽之名見於史記及戰國策安得夏后之世即有丹陽之名此不考古而妄言之謬也

高士傳載陸通楚人避世為高而好事者以為楚狂接輿已屬無稽況孔子適楚未嘗到枝江是時楚都在郢與枝江馬牛無涉乃說者謂縣西北九十里有陸通港為接輿故鄉不幾夢中說夢乎　又陸通港定是六通港如三汊河之類後人誤六為陸耳

周子愛蓮說乃一時寄託之詞非必認真舊志以邑治前蓮花池為茂叔判夔過此觀蓮非也按宋史本傳周子宦跡始于分寧主簿歷南安司理參軍

遷桂陽令越二年徙知南昌歷合州判官未幾通判虔州熙寧初知郴州以趙抃呂公著薦為廣東轉運判官以疾求知南康軍因家廬山蓮花峰下及趙抃再鎮蜀將奏用之未及而卒年五十七據此則周子未嘗判夔也安得過此觀蓮後人不考而建仰周亭不亦謬乎又宋時枝江治沮中後遷下沱在度宗咸淳三年茂叔當北宋仁宗之世安得今治前之蓮花池便為周子觀蓮處耶是不可不辨

庾信之先本南陽新野人其祖易徙居江陵至信巳三世矣今江陵有庾信宅在城北三里杜子美詩荒林庾信宅為仗主人留即此也又江陵城東有庾信樓則其別墅也元稹詩庾公樓悵望巴子國生涯正指此據此則庾信讀書不應到枝江而百里洲有庾公讀書臺當亦好事者援名人為梓里增光非必果有此事也

陵墓

楚穆王墓在縣西二十里長樂鄉王名商臣成王之子

楚昭王墓在縣西北當陽接界處王名軫平王之子

楚懷王墓在舊縣內即向戍遺塋也王名槐威王之子今百里洲有巫回臺是其故址唐張說詩客死嶢關反葬枝

宋枝江令姚肩墓在上百里洲肩四川人宋南渡時為枝令甚有惠政民德之沒於任所葬此

宋朝散大夫史子翬墓在石龍口初土人耕於野得宋人史公墓誌併得墓於汚泥中縣尹周仲士移

公及其配楊宜人之柩於高阜建祠祀之且請入名宦祠俾世享血食語在申文及祠堂記中此明萬歷二十六年事也石龍口在縣南十里

定西侯墓侯姓王名綱原籍江西南昌人佐明開國有功宦於荊遂入枝江籍後從傅有德西征有功封定西侯後没于陣奉旨諭葬其塚在野貓壋尚有遺碣倚水濱

明覃元帥墓在縣西南十五里掛榜山覃諱遠字逆原元末從陳友諒後歸明太祖授荊州衛千户洪

武十一年征四川黃坪土司死於戢有司上聞謚葬於此土人呼為覃元帥云

外史氏曰過墓思哀過墟知敬非必水源木本方動雲礽之念即他人首邱亦當護惜本邑境內惟有芊氏三塚為昔王冠劍之所而名人馬鬣落落如晨星也茲為博捜廣採而登之不以子孫之富貴而表其祖宗之枯骨不以年代之久遠而沒其功績之豐碑讀是志者當知生前苟有樹立即千百年後尚有遐思九原列晉卿之幽宅北邙多漢代之榛關豈得以牧兒亡羊而有火入荒陵之禍哉

漏澤

本邑漏澤舊有二新設三

一在縣南三里白船廟右自港嘴起至三里橋止東抵江西抵路南抵橋北抵廟港計三十二畝七分七釐按舊志故明巡道周價買民地並鄉官史學魚所施雍正十年前令傅採清丈出有碑記

一在董灘口廟港上陸地一段係
國朝巡按聶價買民地舊有碑記

一在江口後木魚山下計陸地五畝東抵張聖哲田西抵覃公後田北抵木魚山南抵本田耆民吳天壁於康熙五十一年價買林仲士地捐施

一在縣南二里土橋傍東抵大路西抵山嶺南抵土石嘴北抵大石岩計丈一十四畝乾隆四年邑民薛罕和薛思忠薛文露薛碩彥薛雨田義捐已業荒坡

一在江口後孫家湖北岸計丈八十畝乾隆五年知縣王世爵因市近江濱路通楚蜀商旅絡繹每客死溺死者無地埋厝乃於湖後無主老荒地詳請設立令耆民經理之有碑記

外史氏曰人死而魂升於天魄降於地魄者血肉之謂血肉歸土乃反其真古人制為藁埋以令死者有所歸無貴賤一也不幸而無所歸則上之人為之歸之掩骼藏胔仁人君子之用心出自至情非以市德後世漏澤園之設本周文

枯骨之埋而師其義意廣茲仁愛州縣俱有之其名漏澤者何不毛之土賦稅不及俾茲無主枯骸依為邱首王恩滲漏點滴均沾故以爲名一切死於客死於兵死於水火死於凍餒俱收而瘞之而後烏鳶不得而飽狐狸不得而食蠅蚋不得而嘬夜螢有知當必無憾於九泉而淒風苦雨之悲號永息矣牧斯土者其以是爲當務之急焉不然者帷蓋之恩尚施犬馬而何況於人

附孫家湖義塚碑記

乾隆五年余莅枝之三載也縣北九十里地名孫家湖向為駐防旗軍牧放之地枝民時控時爭結訟彌年余乃躬親丈實計畝分區歸民若干給旗若干詳明　各憲此疆彼界阡陌分明復將北岸磽地不任桑麻且無管業者計丈八十畝置立義塚永為冥漠君反眞之所以無主之地宅無主之魄歸無主之魂於理則順於情則安雖無過墓思哀者而道塗觸目亦將有感於斯纍纍

第一卷地理志終

建置志第二

度原居陽城市之規模始定辨方正位官衙之建造旋興鑿斯築斯計在萬年不拔苞矣茂矣情豈一日苟安若夫禮樂詩書敦於學校布帛菽粟取諸市廛法令重於關津李將軍不免呵禁文書速於郵遞至節度尤善驅馳十月成梁道有徒輿之濟四時皆享禮崇壇廟之規國家既有典章州縣寧忘紀載作建置志

城池

蜀江東下出夔門歷灧澦過三峽但有小水灌入未有大江分枝者分枝自我邑始故以名其邑焉

城在江之南岸龍脉自金雞山突起結為公署形勝最高五門咸處其下北一門東二門俱傍大江城與江環附郭之戶與城環杜詩所謂柴門不正逐江開者東北三門似之

周封熊繹於楚居丹陽本在歸州後遷國枝江仍名丹陽不忘舊也秦置郡縣枝江之名始立初居沮中後遷上百里洲復徙澌洋洲宋度宗咸淳三年丁卯又遷於下沱白水鎮即今縣也按通鑑咸淳元年乙丑賈似道令呂文德詐報元兵入下沱註云下沱市名屬荊州枝江縣蓋元年未遷縣治於下沱故云市名也明洪武二十二年始築土城設枝江千戶所守禦以防洞蠻土司其城東臨大江西據峻嶺實為居守要地成化四年指揮李震許英始易以磚宏治三年知縣李智議欲開鑿城濠引江水繞郭以便行旅商賈工未舉而去論者惜之

城周五里五百步初設六門譙樓六座大東門曰迎暉小東門曰正東南門曰解阜北門曰拱辰西門

曰青雲復有小西門者青烏家言開之招洞蠻之變因塞之

城濠深廣城下大巷長路一條西自鐵索井城溝起至北門止

舊例自正東門起至大東門止係里民修砌餘盡屬十所修砌今例東南城並樓臺三座屬八里經修西北城並樓臺二座屬十所經修至於門關守候則守土者隨宜參酌乾隆四五兩年知縣王世爵於各城門捐修板樓安置營兵居其上以防夜

警至晨夕啟閉仍屬縣役雍正五年五月內九卿
會議陝西延綏總兵官孫繼宗條奏各處城垣若
有些小坍塌地方官設法捐修如遇工程浩大詳
請動項興修雍正七年知縣傅採任事前各官任
內倒塌城牆二百一十七丈二尺互相推諉因係
交代之項設法捐修
本朝定鼎之初楚中餘氛未靖縣治暫寓上百里洲
至康熙元年
王師進勦西山（即興山縣之羊蘆山也李賊死餘黨竄入劫掠四出至是始平）

田禹稼奉檄入城因民苦夫役所丁歸衛修城
之費八里不能全輸於康熙二年申詳院司道
府准以軍民各半施工遂披荊斬棘與民奠居
然規模雖已畧具而制度尚未畢舉康熙三年
甲辰知縣周廷桂復諭枝民聚衆鳩工凡城池
樓臺衙舍倉庫次第修舉至今七十餘年矣然
而時有傾圮司牧者宜隨時修葺以無失王公
設險之意哉

公署

縣治發脉於金鷄山而蓮花池仰周亭當其前故明
洪武元年縣丞詹尹始建公署二十三年知縣王
滿重修正德六年燬於火七年知縣陶繼重建正
德七年知縣成斐重修嘉靖三十二年知縣董燧
又修萬歷三十九年知縣錢奏勳又修明末遭兵
燹僅存捲棚三間儀門三間順治五年知縣李花
白建正衙五間十五年知縣田禹稼建耳房四間
書房三間然亦厓設蓋此時猶住百里洲未及遷
也康熙三年旣平西山餘孽知縣周廷桂始入城

建正堂三間內廳三間左右吏舍八間獄房二間
土地祠三間康熙二十九年知縣孟起鳳築甬牆
一道鼓樓三間俱用石砌臺堦三十三年知縣常
文質建左右科房十二間四十六年知縣孔毓基
建衙後官廳三間今圮四十九年知縣郭惺建三
堂左邊板樓一座乾隆三年知縣王世爵重修五
十年知縣張聯星重建儀門三間大堂三間東書
房三間涼亭一座五十一年知縣張聯星修建監
倉六間雍正元年知縣陳憩榮建

壁萠亭一座雍正七年知縣傅楙改建正堂三間衙後

倉廒一十四間

典史署在縣廨之左順治十八年典史宋宗文建正廳三間內廳三間內房三間康熙五十三年典史沈宗聖重修雍正三年典史沈濱增修

駐防營署在縣署倉後正廳三間兩傍廂房各二間乾隆三年知縣王世爵建

憲司公館久廢

外史氏曰凡邑不當孔道則一署足以備停驂

而供館轂枝邑為楚蜀往來孔道又有間路可通澧州故上官過賓多取捷於此令布政司分司公署無存府館亦廢惟按察司分司在正東門內典史署後宣德六年知縣高敏建今雖圮塌遺址尚存當事者宜為修復以待上司税駕廉使道節無譏招弓不畏而適館授粲賓主之禮不廢上下之體無愆不然每至臨時倉卒問舍於民其為褻越不已甚乎

陰陽學在沙沱市明洪武十七年訓術劉泰設後為民占泰孫劉珍呈縣追出今作官地仍着劉姓經管

醫學在縣南二里基失無考

僧會司舊在城北大通寺右今小廟即其基址也

道會司舊在廻龍觀內

滄灘河泊所今裁基亦無考

稅課司在大東門外久裁基亦無考

廣濟倉在縣治大門內西南官廳三間左右倉廒一十五間屋已久廢遺址尚存

養濟院在沙沱市去縣二里雍正十三年知縣慕泰生建屋三間原額孤貧五名

育嬰堂在縣前西街雍正十三年知縣慕泰生捐俸六十六兩買基地並造瓦房一十三間

附公廨各廢基

此係乾隆二年知縣李惕清丈入冊者

按察司行館基地在縣署東典史宅傍計丈四畝二分

福傳山舊學宮基地在縣署西計丈三畝三分四

厘
筆架山舊學宮基地在縣治西計丈八畝　又右
邊一形從大通寺後坎上計丈一畝五分三厘
五門兵馬司基地在五門傍共計丈一畝一分八
厘八毫
甬墻右官地在正街南計丈二分七厘五毫
甬牆後仰周亭基地在蓮花池北計丈二分
蓮花池前基地在後街北計丈三分二厘五毫
三清觀基地在按察司基右計丈二畝

以上諸廨基在城内
西門外屋基地靠城共計九分五厘
小東門外屋基地三半間靠城計丈五厘五毫
西門外城河靠火巷邊計丈六畝二分二厘二毫
接官亭基地在舖河口計丈五分八厘
演武廳基地連教場在北門外一里靠正街計丈
三十畝
起春池田地在沙沱市二里計丈五分九厘
陰陽學基地在沙沱市都土地廟後計丈一畝七

分二厘
魏武廟基地在梁巷口計丈一分二厘
以上諸廨基在城外

學校

設縣以來儒學遷徙不常宋元時有在斷洋洲者有在上百里洲者有在紫山下者蓋隨縣治爲遷徙也明洪武初年建於城東沙沱市成化十七年教諭孫盛遷於城内小西門舊治十六年知縣蔡文買民地遷移修建正德年間知縣成斐高公旻

嘉靖間知縣顔鑰董燧萬歷中知縣余能繼俱重修焉萬歷二十六年戊戌知縣周仲士復遷於治西崇禎庚辰知縣胡鳴岡復遷於福傳山
國初蒸予人才興起斯文
詔天下咸修學宮而枝邑江南一帶猶爲餘孽盤踞雖有苴措張公朝瑞鎔銀修葺曲田二令留心學校皆不及爲而去康熙三年甲辰西山平定縣令周廷柱始奉檄入城安民思樂泮水蝴爲茂草乃卜日剏建次第修葺朞月落成及四十二年癸未知

縣孔毓基聖裔也因廟貌北向與正衙相對後移
建於縣東南枝江所舊署廢基四十八年知縣任
直雍正二年知縣陳悳榮十一年知縣傅採接甃
塈塗而規模始闊敞焉乾隆四年知縣王世爵復
為加飾

諭訓二署俱在福傳山下久已傾圮只存荒基三畝
三分四厘

射圃在沙沱市久廢為民間報墾升科

社學　建於各鄉者曰社學舊志枝邑社學有四一

在大東門外一在洋溪一在草埠一在董灘口俱
明嘉靖中知縣董燧建古者鄉有塾黨有庠術有
序社學之設亦猶行古之道也今廢基亦無考

義學　建於邑中者曰義學乾隆二年知縣李愉買
田希聖等基地一畝五分建立義學在正街西首
有碑記

鄉約　講鄉約無定所或在寺院或在村塾每月朔
望宣講
聖諭十六條先一日鄉約長傳知甲長甲長傳知十甲
人户侵晨齊集會所設立香案振鐸宣講如儀一
月二次周禮所謂讀法者蓋如此

鄉約之設於民最切使上務倡率不為講誦之
虛文下務躬行不為口耳之故事其有不孝不
弟作奸犯科者約長諄諄誨諭之諭之不悛則
朔望宣講之後不時報聞庶使民有所懼而不
敢易紀律否則是約也不幾為塵飯土羹乎

附學田

漢制經學博士即有博士弟子員唐太宗復增廣

之明祖製儒學衣冠三更始定拔其弟子之尤者
餼於庠其餘貧乏不能自存者制立學田收其租
存官以給寒畯之饘粥此雖升斗之水也而涸轍
之枯魚受賜良多矣故附學制之後

學冊內開載學田舊有四處新捐一處其地名
及租課正賦數目列後

滿洲學田一區　計丈九十三畝七分三厘原額載
秋米四斗七升六合二撮夏麥六斗六升三合九
撮除納正賦九錢六分外餘銀六兩二錢四分充

租册載二都十甲全亮户名下
南崗坪學田一區　計丈八十三畝原額載秋米八斗三升五合四撮夏麥六升七合四勺除納正賦銀一兩一錢九分外餘銀三兩零一分充租册載四都二甲王婆兒户名下
洗脚溪學田壹分戍熟貳拾柒畝玖分載秋米壹斗貳升叁合二撮麥壹斗貳升叁合四撮實征收租銀玖錢貳分一釐六毫七絲内扣正賦銀貳錢三分三釐八毫七絲餘銀六錢八分七釐

八毫充租册載二都八甲董養賢名下
荒蕪洗脚溪學田伍拾陸畝壹分荒過秋米貳斗四升六合四撮麥三斗一升七合荒過租銀壹兩陸錢四分四釐四毫六絲内荒正賦銀伍錢零壹釐三毫三絲
灘嘴灘學田一區　計丈四十畝原泒秋米一斗七升六合夏麥二斗二升四合應扣正賦銀三錢五分一毫三絲餘銀一兩二錢四分九厘八毫七絲二忽充租其田坐落上百里洲湖邊册載二都八甲董養賢户名下
新增望城崗官坪側學田一分南北山四座離城八里係邑民沈君錫等互爭老荒康熙四十年控縣捐入學田有種無收未經陞科完賦給貧
以上學田五處係儒學招佃收租賑給貧生造册報銷

兵防

縣城　汛兵三十名

董市塘　汛兵五名
江口塘　汛兵五名
鷄子口塘　汛兵五名
羊角洲塘　汛兵五名
馮口塘　汛兵五名
流店尾塘　汛兵五名
以上六塘營房係枝江縣捐修
洋溪塘　汛兵五名
磨盤洲塘　汛兵七名

以上二塘營房係松枝二縣捐修其汛兵係施南鎮宜都營千總分汛

附前朝守禦所舊制

正千户二員　副千户七員

百户十員　鎮撫一員俱世襲

守禦所吏目一員部選

按枝邑地界逼近土司前朝設有守禦弁軍一千一百零二名統以千百户鎮撫等官其軍及官皆草昧時從龍舊旅迨四方平定散軍如射韜戈偃

武意若曰吾以馬上得之不欲以馬上守之也然兵可百年不用不可一日不備於是内設五府都督以統天下兵馬外設都指揮司以統一省軍衛皆以勳舊為之其湖廣都司則隷前軍都督府其都司所轄者曰衛曰所曰屯子子孫孫世隷尺籍無事則耕有事則戰猶是寓兵於農之意其曰所者念爾勤勞賜爾帷蓋之所也其在枝者撥給屯田四百五十九頃六十二畝四厘共糧五千一百

國朝定鼎裁革所弁其糧寄於荆衛[illegible]納至於本縣修築城垣仍舊僉差所軍應役輸支　康熙元年知縣田禹稼因所軍逃亡者多詳准軍民各半施工而闢門防守不與焉至顯衛莊田錢糧於康熙元年在枝者歸枝完納即今之更名是也更名一項在明代撥給藩府名雞鵝鴨食田今者王孫下殿等列齊民故爾莊糧歸縣若夫十所屯田乃明時撥給千户等軍者名為贍田原非顯莊可比其十所之人悉係明初罷兵歸田時跟隨守領過來者

雖非枝民而三百七十年來籍枝所即為土著於行伍亦無守禦之責故凡一切關津要害另設汛兵若干名星羅碁布斥堠謹嚴一遇萑葦竊發擊柝相聞網魚併獸無所逃命書云申畫郊圻慎固封守此萬世不易之長策也

市廛

東門市　在縣治小東門内

北門市　在縣治北

沙沱市　在縣東二里

洋溪市　在縣東南十五里
董市　在縣東南六十里
磨盤洲市　在縣東南一百一十里
以上六市每日一集
江口市　在縣南九十里
閘口市　在縣南一百二十里
鳳臺市　在縣東北一百一十里
下百里洲新場市在縣東一百一十里
周家場市　在縣北九十里

以上五市每逢雙日一集
劉巷市　在縣東八十里
楊旗臘市　在縣北九十里
張家場市　在縣東一百一十里
問安寺市　在縣北一百一十里
草埠市　在縣北一百二十五里
以上五市每逢單日一集

外史氏曰日中為市始自炎帝周禮設市司立約劑之法大市以質小市以劑所以平物價而聽爭訟也良法美意至今可師漢武元光六年始筭商車而市廛困弊唐德宗建中三年括僦櫃質錢而富商大困宋時市稅俱以朝官之遷謫者監之無公署類皆僦居市傍寺院中黄涪翁詩云市區收罷魚豚稅歸與那陀共一龕君子讀此而知宋政之不綱也枝邑唯董市江口二集為楚蜀咽喉懋遷者衆餘皆小市布帛菽粟而外絕少異品自晨至夕惟見鄉農牧豎繦葺筐籃而已風俗淳樸非若五都炫鬻近蒙

綸綍湛恩免其落地等稅而士大夫亦無過市之罰行見車來賄遷如川之方至以莫不增也

驛遞

流店驛舊志謂在上百里洲南岸明萬曆二十六年因應付不便合江陵松滋枝江三縣為一處改移驛舍於松滋之涴市鎮更名曰三縣驛尋仍改歸枝名流店驛康熙五年奉裁今額徵驛站項下各銀兩俱批解驛傳道庫

縣前鋪在正東門外

石鼓舖　在縣東十里

火鎮舖　在縣東三十里

按枝邑額設驛站載在前朝舊志可考而知也明萬曆二十六年改移滬市每歲徵銀觧赴驛道以協松滋不預江陵其銀兩則松吏持院道掛發號領至枝兑給彼此兩便誠為權宜之善策但縣治逼處水陸之衝原有排夫驛馬船隻等項以供上下之往來前以川廣未通尚未釐舉今則應付漸繁矣相時議復不無望於持籌者

關津

小東門渡　在城門外此官渡也額設水手三名工食開銷正賦以下皆屬民渡

北門古渡　在縣北一里

白水渡　在縣北三里即八景中之白水曉渡也

胡家渡　在縣西一里

董灘口渡　在縣東六十里即今董市

王大人河渡　在縣東七十里

滄濱溪渡　在縣東五十里

江口渡　在縣東九十里

陳家塲渡　在縣東南一百一十五里

趙王河渡　在縣東七十五里

鷂子口渡　在縣東一百一十里

新塲渡　在縣東一百一十里

按大江上接蜀川下通漢沔至此分枝故為南北咽喉重地自白龍渦而下其中危險之處不一最上者曰餓鬼腑曰堆鳥灘俱在瀏洲西北怪石嵯岈汎流湍激極為險惡下之則曰响龍潭在南渚

洲之南曰江岔口在南渚洲之北曰獨楊沙曰雀兒尾俱在上百里洲之南曰灌子灘在下百里洲之南曰秤鉤灘在上百里洲之北曰八畝灘曰石套子俱在上百里洲之尾又上百里洲至下百里洲一帶江中多黑沙湧起往往敗舟凡官船糧艘經過此者當豫令漁户綑船導引以防不測又王家堰在關洲之尾其水汪洋浩瀚一遇北風迅發巨浪崩天檣傾櫓摧常遭覆溺此關津之要害不可不知也

增補

革鞘夫

驛站之設原用以應付夫役有驛則應付無驛則不應付此定例也枝邑上百里洲流店驛萬曆[illegible]六年歸併江陵松滋改移沱市鎮更名曰三縣驛

國朝仍名流店驛康熙五年奉裁將驛站錢糧解赴驛道彈收支發有驛處所枝江界於松宜二縣之中並未應付夫馬其來已久康熙五十九年松邑因觧川餉拔及枝江前縣任輒起烟夫抬運不過

暫時通融康熙六十一年縣主陳諱遇榮於六月內蒞任越雍正元年陸續解鞘四次二年又解兩次共用過夫役一千七百名官民苦累難堪通詳各憲蒙恩轉飭如荊州府所議查得自松至宜路僅九十里嗣後運解餉鞘着松滋逕送宜都無庸波及枝江照

奏銷驛站册為準其枝邑仍令添差護送永為定例各出蓮依在案里民勒石署前此枝邑一大公案也

橋梁

東門橋　在城內正街上有武安坊田地

楊家巷橋　在城橫街上朔望學宮行香所由之路

輔國巷橋　在城內橫街此街有三土地小廟

福傳巷橋　在城內橫街之北有雙井

通池橋　在城內後街福傳山下

通濟橋　在小東門外今改萬民通濟橋乾隆四年知縣王世爵重修有記

天星橋　在縣南二里塔嶺下

土橋子　在縣南二里菲義塚

三里橋　在縣南三里義塚下

徐家溪橋　在縣南十里往洋溪大路

洋溪橋　在縣東十五里松滋交界萬歷初重修知縣余能繼有記

沈家橋　在縣東二十里陶家湖

磚橋　在縣東三十里上麻水

喬家橋　在縣東三十五里中麻水

以上八橋係枝松往來大道

三板橋　在紫山右縣南三里
五板橋　在紫山右縣南四里
洗脚溪橋　在縣南二里其地有學田
花溪橋　在縣西五里龍泉寺之右
新興橋　在縣西一里破隄口
阿彌陀佛橋　在縣西一里破隄口之南
楊橋子　縣西八里亂石岩下
魏家橋　縣西十里石門坎
汪家橋　縣西十里張家冲

以上各橋在江南

向家橋　縣東五十里董市
辛家橋　縣東八十里仙女廟前
謝張橋　縣東八十里呼風廟北
得濟橋　在縣東北九十里江口上乾隆四年耆民吳姓者倡建邑令王世爵有記
新橋　在淤家垸縣北一百里
龔家橋　在走馬隄縣北九十五里
禹橋　在七里廟縣北一百里
堨橋　在縣北一百里陶家湖上
董張橋　在縣北一百二十里龔家灣之南
潭頭橋　在縣北一百二十五里草埠下街
湘王橋　在縣北一百二十五里地名草埠明湘獻王所建王諱栢明太祖第十三子也

以上各橋在江北

閘口

下百里洲上閘康熙三十八年己卯里人蕭瀛公重建石閘以消楊林湖上四總之積水

下百里洲下閘萬厯八年庚辰知縣余能繼建斷碣猶存康熙五十八年己亥重修以消上下百里洲六總之水

流店閘在百里洲尾之流店驛明萬厯二十六年戊戌知縣周仲士建以消上下沮洳之水三十七年己酉知縣劉廷論重修明末復圮順治十五年戊戌知縣田禹稼復修有記載藝文志中自吳逆反叛之後閘久不修土石淤塞一遇淫雨連旬江水泛漲內水壅而不洩外流乘間而來田廬被災積

數十歲康熙五十七年洲人吳星修治至五十九
年而闕成

坊表

丹陽古邑坊在縣治前
承流宣化二坊在縣治左右左曰承流右曰宣化明
嘉靖中知縣董燧改爲甲第科貢坊萬厤三十八
年知縣錢奏勳移此二坊於儒學左右而另立親
民勤政二坊於治前
興賢育才二坊在舊學左右坊廢

崇教坊在縣五郎廟前
青雲坊在縣市
進士坊在城爲永樂乙未進士龔英立
登瀛坊在城爲永樂乙未進士田原慶立
解元坊在城爲洪武己酉湖廣解元徐琦立
騰蛟坊在城爲洪武乙卯舉人張宗立
雙鳳坊在沙沱市爲永樂戊子舉人李昂何貞立
桂林坊在城爲永樂甲午舉人朱俊立
折桂坊在城外爲永樂辛卯舉人潘末智立
及第坊在城外爲永樂甲午舉人龔諒立
文魁坊在儒學旁爲正德己酉舉人李文秀立
青雲接武坊在沙沱市爲隆慶庚午舉人宋子元立
鴻臚坊在北門外爲鴻臚寺鳴贊胡璿立

建坊表額蓋本尚書表厥宅里之意而明制取之以示崇尚科名禮部給銀州縣書額稽古之榮畧見一班枝邑科甲明初爲盛城內外所建立者洪永居多隆萬而後不多概見果後起之無人耶今雖毀盖無存而柱礎猶未盡泯取以

入志庶令黌宮士子觸目而知旅　耳

寺廟庵觀

大通寺　在縣署北金雞山下宋度宗咸淳二年建有碑記康熙十三年縣治爲吳逆所陷僞知縣鄭居廣住縣署僞知府馮承書以此寺爲府署十八年始遁去

龍泉寺　在縣西南五里明季爲流賊所焚康熙二十年重修其泉出殿前殿廢忽出殿基之後雍正

二年僧人際先募化重修泉仍從殿前出清漣不竭

清泉寺　在化溪離城二十里唐生李起龍曰吾習遊此見高廻之中蒼蒼環蔭幽鳥和鳴絕異塵境令人飄然欲仙乃一邑之勝地也康熙三十一年祖道基澤深建芙蓉閣於其側勒石禁砍古樹

淨居寺　在關洲離城十五里

茶園寺　在鄭家坂離城二十里

明月寺　在縣南三十里相傳梁武帝所建四十八

寺之一於邑中最為古刹

寶月寺　在羊角洲離城四十里

等界寺　在漸洋洲元延祐中建碑記云此山名為第五等東至天台西至峨眉南至普陀北至五臺此山為第五等門有二石笋稜角天成明天順二年一夕風雨雷電交作僧福德起視之止存一笋今亦漸入土中

定江寺　在漸洋洲離城六十里相傳其神為中山靖王之孫元仁宗延祐二年修有碑記

寶筏寺　在縣東王大人河離城七十里

慈化寺　在縣東杜家灣離城七十里

金龍寺　在董市後街離城六十里

金沙寺　在董市後鄉離市五里

廣積寺　在馮家灣去縣東七十里康熙十三年邑治陷賊知縣李毓昌暫居寺中徵收錢糧至十八年己未始入城

白水寺　在縣東上百里洲之下龍坑離城七十里

庚臺寺　在縣東上百里洲之庚臺總離城六十里

即蕭梁時庚子山讀書處也

二聖寺　在　百里洲縣東九十里

香積寺　在上百里洲香渡總地名下馮口

弥陀寺　在江口離城八十里

佛華寺　在縣東一百一十里界連鳳臺

黃龍寺　在縣東九十里地名證盟山

清溪寺　在縣北一百里地名余家冲

華嚴寺　在施家崗離城一百里

福清寺　在上百里洲流店尾離城八十里

問安寺　在江口後鄉離縣一百一十里相傳漢昭烈駐營於此關張問安故名俗訛萬安寺

江會寺　原名水府廟在下百里洲楊家灣離城一百二十里

曇華寺　在左家場離城一百二十里

六合寺　在草埠離城一百二十里

修文寺　在陳家場離縣一百二十里創自明初原名拖犁（必是闍黎之訛）明末督師大學士楊嗣昌入蜀討賊駐節於此奏章中易名修文寺今因之

高峯寺　在縣北一百三十里前殿屬枝江後殿屬當陽

以上共計三十寺

外史氏曰寺者官署之名史記百官表漢以太常光禄衛尉太僕鴻臚宗正司農少府廷尉為九卿其所莅之署謂之寺故名九寺東漢明帝時西僧攝摩騰來自天竺以白馬馱經至東都帝隆重之舘於鴻臚寺旋創白馬寺居之蓋以賓禮待之也後遂以寺為叢林稱號唐會昌五年定制西京佛寺四東京佛寺二天下節度觀察三十四處各留寺一其刺史所治之州則不得有寺矜枝江蕞爾居然有寺三十緇流之盛蘭若之修自明迄今日見其增信乎佛氏之大養濟院也

城隍廟　在大東門內建自明初俱重修

東嶽廟　境内共有三處一在大東門内一在董市離城五十里與水府廟相接一在江口集離城八十里

南嶽廟　在南關外離城二十餘步

關帝廟　境内共有七處一在沙沱即今春秋祭祀之所也以石為柱古之遺址今重修殿右有啓聖祠三間　一在涮洲離城八里　一在關洲離城十五里與淨居寺相近　一在董市離城五十里　一在王大人河離城六十里　一在上百里洲之曹家河離城七十里　一在垜子堰離城一百一十里

水府廟　即蕭公廟也境内有三一在北門外建自

明初前殿久圮雍正二年陞任陳公惪榮重建　一在董市港口與東嶽廟相近離城五十里　一在洋溪上街離城十五里

按龍起餘聞云癸卯秋七月（元順帝至正二十三年也）太祖與陳友諒大戰於鄱陽湖舟膠於淺不得動夜夢神告曰余蕭老人也願助風水一帆明日僞漢太尉張定邊奮勇直犯帝舟正危急間風水大發帝舟順流而退整師再戰遂獲全勝及戊申正位感蕭老人之默佑册封爲天下都水之

神命沿江州縣各立廟祀之或稱水府或稱蕭公廟云

火神廟　火神者上古高辛氏之火正祝融也其德光昭天下故歷代祀之廟在上百里洲之劉家港離城五十里

高山廟　在灞洲離城四十里

白馬廟　在上百里洲胡家河離城五十里

石廟　在縣東十里廟中石像石柱故名

天王廟　在縣東一百二十里

五通廟　在沙沱今改靈官廟　祝允明九朝記曰太祖既定天下大封功臣夜夢兵卒千萬羅拜前曰臣等從討四方雖殁行陣夫豈無功請加恩卹太祖曰爾等多人無從稽考姓氏但五人爲伍處處血食足矣於是命天下城市各立小廟祀之其名曰五通曰五顯曰五聖其類不一康熙二十四年乙丑睢陽湯公斌巡撫江南因蘇州上方山五通神作祟民間奏於朝而毁之奉有

俞旨各省皆如江南例而五通廟遂絶其有不撤者咸

改靈官廟或稱他廟云

七里廟　在高橋離城一百二十里

神農廟　在羊角洲尾

師祖廟　境内有二一在浙洋洲後河黄家村一在上百里洲樊家場離城五十里即西來第一祖師達摩也

泰山廟　在王大人河與關帝廟相接

金盆山廟　在董市後河四面平坦中起一峯其形如盆故名上有廟宇三層

仙女廟　在縣東青塚子離城八十里

碗池廟　在縣北龔家灣離城一百二十里相傳關公過此見池水清漣令從者洗碗於此故名

雲臺廟　在縣東北一百一十里地名雙塚

江渚廟　在縣東一百二十里地名唐家塿

興隆山廟　在下百里洲峙雞總離城一百二十里康熙四十三年甲申水勢衝突里民建廟鎮壓至今恃為砥柱

岑彭廟　在百里洲見荊州府志愚按後漢書本傳建武二年南郡人秦豐自稱楚黎王略十二縣岑彭討平之（東觀記十二縣臨沮郡枝江也故宜廟食於此）

右廟二十有三廟與寺不同奉佛曰寺棲神曰廟茲列廟於寺後所以示別也

白衣菴　境內有二　一在縣西三里坐落李家灣　一在縣東裘家頭

觀音菴　境內有二　一在堰洲　一在下百里洲新塲

海會寺　在下百里洲新塲明時建乾隆三年重修

準提菴　在上百里洲相近庚莹準提者七俱胝音薩也

三佛菴　在王大人河寶筏寺旁離縣七十里三佛者釋迦文佛阿彌陀佛藥師琉璃光佛也

右菴七大曰寺小曰菴亦名圜瓢言其不成廟也故次於廟後

三清觀　在小東門內原有神像銅身乂被人盜毀其觀亦圮乾隆元年知縣李栒以故址佃與邑生員吳起鳳此亦佚儒觀一節之法也三清謂太清玉清上清

回龍觀　在化溪離縣二十里

雙泉觀　在縣東南六十里地名龍山坪上有雙泉故名

來寧觀　在堰洲離縣三十里

仁威觀　在上百里洲楊輝總去縣六十里

青龍觀　在孫家湖去縣七十里

神龍觀　在羊角洲去縣四十里

右觀七史記封禪書上以仙人好樓居乃作蜚

廣桂觀後世遂以觀為道宮之名

漢景帝祠　在紫山义地相傳昭烈入蜀載景帝木主於此（以景帝為中山靖王之父故祖之）

三義祠　在大東門外對河江邊本曹操祠也後人言操不宜有祠故改三義祠今已久圯　西江裘君宏妙貫堂餘譚云許州有曹操廟在受禪臺側每夜輒聞金戈鐵馬之聲土人奉之甚謹明時邵國賢知許州改之操靈如故乃祀漢獻帝於上旁立孔融禰衡楊修陳琳為四配操靈遂滅在邵公

處置曹瞞可云妙想今枝邑人士撤曹瞞之祠以祠三義尤為得宜也

第二卷建置志終

田賦志第三

禹服五千底土有征箕疇三八食貨匪輕惟王建國家守經營高原下隰阡陌分明圖屢漆林規畫餘竊經界既正豪強不併九賦九式上下均平枝雖蕞爾提封屬荊山澤之腴菽粟所生輅輦絡繹灌輸神京任土作貢金石章程藏諸故府永無變更作田賦志

户口（額征載下）

明萬曆壬子縣志載額丁二千九百五十一丁

除逃亡外實在人丁一千八百四丁每丁派銀三錢九分二厘二毫二絲三忽八微六塵六纖七渺

額征丁銀一千一百五十七兩四錢五分二厘四毫六絲二忽五微九塵四纖九渺除逃亡外實征銀七百五十八兩七錢一分一厘七毫七絲四忽二微八塵四纖四渺

今額除康熙十一年二十一年二十五年三十年三十五年四十年四十五年五十年審增外逃亡人

丁七百三十丁無征丁銀二百三十五兩五錢七
分四厘五毫七絲八忽七微二塵三纖又於康熙
四年楚民之元氣盡費等事案内豁免運米夫一
百丁開除丁銀三十九兩二錢二分二厘三毫八
絲六忽六微七塵
康熙五十五年遵例編審增益人丁四十一丁
欽奉
恩詔永不加賦遵於
盛世滋生户口册内造報

康熙六十年遵例編審增益四十五丁
雍正四年遵例編審增益四十一丁
雍正七年奉文丁隨糧派每糧銀一兩派丁銀
一錢二分九厘六毫四絲九忽七微二塵三
纖一渺三漠三茫六沙四灰六漂七銖四湞
九燼隨糧攤派均攤一十六兩二錢四分二
厘五毫三絲一微一塵於更名項下枝邑應
減丁銀四百一十五兩六錢二分二厘四毫
二忽六微八塵六纖三渺九漠四茫七沙二灰

雍正九年遵例編審增益四十三丁
乾隆元年遵例編審增益四十五丁
乾隆二年奉文於雍正七年報墾項下新攤丁
銀九兩一錢二分一厘三毫三絲一忽三微
七塵五纖九渺三漠七茫
今實在人丁二千一百二十丁實征丁銀四百五十
九兩一分一厘八毫八絲五忽七微八塵一纖一
渺二漠四茫二沙八灰
田土 額征載下

明萬厯壬子歳志載原額民田二千一百三十
頃八畝三分
上田八百五十二頃三畝七分每畝科秋糧米
一升一合該米九百三十七石二斗四升七
勺
中田七百二頃九十三畝每畝科秋糧米一升
該米七百二石九斗三升
下田五百頃二十六畝六分每畝科秋糧米九
合一勺該米四百五十五石二斗四升二合

六抄
山鄉田七十四頃八十五畝每畝科秋糧米六
合四勺八抄一撮一圭八粒該米五十一石
二斗七升一勺四抄
舊志載地共二千八百四十一頃八十六畝二
分六厘
上秋地三百九頃三十九畝一分八厘每畝科
秋糧米一升一合該米三百四十石三斗三
升九勺八抄

一三四六八都麥地二百三十四頃三十五畝
八分六厘每畝科夏稅小麥八合五勺九抄
一撮八圭八粒該麥二百一石三斗五升八
合六勺
二五七鄉麥地二百六十六頃七十七畝五分
一厘每畝科小麥一升一合一勺三抄六撮
九圭五粒二粟該麥二百九石七十七升四
合一勺
街基地四頃三十畝九分三厘每畝科小麥二
升五合該麥一十石七斗七升五合三勺抄五
淤地一百三十八頃四十畝三分八厘每畝科
小麥九合一勺該麥一百二十五石九斗四
升七合三勺五抄
山鄉地四百七十一頃九十二畝五分一厘每
畝科大麥五合四勺該麥二百五十四石八
斗三升九合八勺五抄
鄉基地一百七十一頃一十二畝二分七厘每
畝科大麥八合四抄七撮八圭二粒三粟該

麥一百三十七石七斗一升六合五勺二抄
洲基地一十五頃九十三畝一厘每畝科大麥
八合四抄七撮六圭九粒八粟該麥一十二
石八斗三升六合一勺六抄
下地一千一百五十頃四十八畝二分四厘每
畝科大麥八合四抄七撮七圭八粟該麥九
百二十五石八斗七升四合七勺四抄
水鄉地七十九頃一十四畝三分七厘每畝科
大麥六合八勺五抄該麥五十四石二斗一

升三合四勺五抄
以上名都地大麥每石帶科夏稅絲二錢
五分九厘八毫三絲七忽六微該絲二十
二斤八兩小麥每石帶科桑絲一錢一分
一厘三毫六絲四忽四微三塵一纖該絲
四斤七兩三分三厘三毫三絲
塘二百六十八頃一十二畝三分六厘每畝科
秋糧米八合四勺該米二百二十五石二斗
二升三合八勺

湖五百七十五頃五十八畝二分五厘每畝科
秋糧米九勺該米五十一石八斗二合三勺
以上共秋糧米二千七百六十四石四升
七勺 大麥一千三百八十五石四斗八
升七勺 小麥六百三十七石 二麥共
二千二十三石三斗三升四合
起運
秋糧項下
原編折色正損銀六百四十七兩五錢九分

五厘今新加解費二兩五分實徵銀六百
四十九兩六錢有零例不優免
京庫米七百六十二石四斗六升八合五勺每
石折銀二錢五分該銀一百九十兩六錢一
分有零每兩新議京損銀滴珠銀一分該銀
七兩六錢二分零解官費每兩九厘
夏稅項下
原編絹價正損銀一十八兩六錢八分六厘
三毫七絲七忽秋糧內派二麥抵米折銀

四百五兩五錢四分一厘二毫九絲於麥
糧內派俱無增減例不優免
北京絹一十八疋每疋正銀七錢損銀二錢共
銀一十六兩二錢新議征銀解司
南京農桑絹三疋一丈六尺五寸每疋正銀五
錢五分損銀一錢五分共銀二兩四錢八分
六厘二毫七絲七忽
萬歷四十六七八三年加增九厘地畝正損遼
餉共額銀一千二百四十八兩一錢四分一

厘四毫二絲一微五纖零 無徵銀三百二
兩六錢六分一厘八毫四絲七忽九微二塵
三纖五渺七漠七茫八沙 每徵米麥一石
派銀三錢二厘七毫
實征共銀九百四十五兩四錢七分九厘五毫
七絲二忽一微八塵一纖四渺二漠二茫二沙

國朝賦額

民田二千一百三十頃八畝三分 與舊額同
上田八百五十二頃三畝七分每畝科秋糧米

一升一合 與舊額同
中田七百二頃九十三畝每畝科米一升 與舊額同
下田五百頃二十六畝六分每畝科米九合一
勺 與舊額同
山鄉田七十四頃八十五畝每畝科米六合四
勺八抄 撮一圭八粒 與舊額同
以上四則共該米二千一百四十六石六斗八
升三合
民地二千八百七十六頃四十四畝九分六厘

舊額二千八百四十一頃八十六畝二分六厘與今不仝
上洲地三百九頃三十九畝一分八厘 與舊額同 每
畝科米一升一合 與舊額同
中洲地 即舊志二五七都地也 二百六十六頃七十七畝
五分一厘每畝科小麥一升一合二勺三抄
六撮九圭五粒二粟 與舊額同
中山地 即舊志一三四六八都地也 二百三十四頃三十五
畝八分六厘每畝科小麥八合五勺九抄一
撮八圭八粒 與舊額同

衛基地四頃三十畝九分三厘每畝科小麥二
升五合 與舊額同
下洲地一百三十八頃四十畝三分八厘每畝
科小麥九合一勺 與舊額同
山鄉地四百七十一頃九十二畝五分一厘每
畝科大麥五合四勺 與舊額仝
鄉基地一百七十一頃一十二畝三分七厘每
畝科大麥八合四抄七撮八圭二粒三粟 與舊額仝

洲地一百五頃九十五畝一釐舊志一十五頃九十三畝
每畝科大麥八合四抄七撮六合九粒八粟
下山地一千一百五十頃四十八畝二分四釐
每畝科大麥八合四抄七撮七圭八粟與舊額仝
水鄉地七十九頃一十四畝三分七釐每畝科
大麥六合八勺五抄與舊額仝
新淤洲地三十四頃五十八畝七分共科米
七斗五升 小麥二十六石 大麥三石六
斗二升此在舊額外者

以上各則地共科
米三百四十一石八升九勺八抄
小麥六百六十四石一升四勺
大麥一千二百八十九石三斗七勺
每大麥一石科夏稅絲二錢五分九釐八毫
三絲七忽六微該絲二十二斤八兩
每小麥一石科桑絲一錢一分一釐三毫六
絲四忽四微三塵一纖該絲四斤七兩三
分二釐二毫三絲於秋糧內派

每大麥二石折小麥一石折實小麥六百九
十四石五斗五升三勺五抄
塘二百六十八頃一十二畝三分六釐每畝科
秋米八合四勺舊額仝
湖五百七十五頃五十八畝二分五釐每畝科
秋米九勺舊額仝 塘湖共八百四十三頃七十
畝六分一釐共科秋米二百七十七石二升
六合一勺
以上田地山洲湖塘淤基共五千八百五十頃

二十三畝八分七釐
共科秋糧米二千七百六十四石七斗九升八抄
每米一石照全書則例徵銀一兩二錢九釐
三毫三絲五忽八微九塵四纖六渺六漠九茫
八毫八絲四忽九微六塵九纖
共額徵銀三千三百四十三兩五錢五分九釐
二麥折實一千三百五十八石五斗七升七勺
五抄
每麥一石徵銀四錢九分四釐八絲五忽二

微四塵一纖三渺五漠
共額徵銀六百七十一兩二錢四分九厘七毫
七忽四微九塵八渺
以上米麥二項共四千一百二十三石三斗六
升八合三抄共額銀四千一十四兩八錢九
厘五毫九絲二忽四微五塵九纖八渺
内有免米一百五十八石
每石派免銀六錢六分一毫九絲七忽三塵
七纖四渺共免銀一百四兩三錢一分一毫

枝江縣志　卷之三　田賦　十二

三絲六忽奉文充餉每石徵正賦銀六錢九
分一厘四毫三絲六忽四微五塵一纖八渺
三漠該銀一百九兩二錢六分四厘三毫五
絲一忽五微五纖二渺八漠六茫
無免米一千三百六十二石八斗三升六合四
勺三抄二撮八圭八粒每米一石照新訂易
知由單則例徵銀一兩三錢五分一厘六毫
三絲三忽四微八塵九纖二渺三漠該徵銀
一千八百四十二兩五分五厘三毫六絲三
忽二塵三纖四渺
雍正二年奉文勿論有免無免士民一體行差
九厘遼餉共銀一千二百四十八兩一錢四分
一厘四毫二絲一微五纖除無徵銀三百二
兩六錢六分一厘八毫四絲七忽九微二塵
三纖五渺七漠七茫八沙外實征銀九百四
十五兩四錢七分九厘五毫七絲二忽一微
八塵一纖四渺二漠二茫二沙
康熙三十二年開墾田地九頃四十畝

枝江縣志　卷之三　田賦　十三

科米麥八石九斗九升四合九勺一抄六撮
六圭
派銀九兩六錢七分九厘五毫三絲二忽六
微九塵六纖二渺二茫
康熙四十四年開墾田地一百一十六頃四十
七畝五分七厘
科米麥六十四石五斗二升七合五勺二抄
四撮二圭九粒八粟
派銀七十兩七錢四分四厘九毫三絲五忽

一微一塵三纖一渺二漠五茫
康熙五十一年開墾田地三頃二畝九分
科米麥二石二升九合
派銀三兩二分七厘二毫二絲五微九塵四
纖七漠八茫
康熙五十二年開墾田地四百頃一畝四分八厘
科米麥一百一十四石九斗二合三勺四抄
九撮八圭二粒七粟
派銀九十四兩九錢六分六厘八毫三絲四

忽六微八塵三纖八渺一漠三茫
康熙五十六年開墾田地四十頃
科米麥二十石六斗一升六合七勺三撮九圭
派銀二十八兩六錢九分六厘二毫二絲三
忽九微六塵六纖四渺五漠五茫
雍正六年續首田地五百頃四十畝
科米麥二百二石二斗六升八合四勺五抄
二圭九粒二粟
派銀二百七十一兩三錢九分三厘六毫七

絲九微二塵五渺一漠一茫八沙
雍正七年開墾田地四十九畝五分四厘四毫
三絲
科米四斗九升五合四勺四抄三撮
派銀六錢六分九厘六毫五絲七忽三微五
塵八渺二茫
雍正七年首墾田地三十九頃六十一畝六分
七厘
科米三十九石六斗一合四勺三撮五圭
派銀五十三兩五錢二分六厘五毫八絲三

忽三微九塵一纖一渺一漠一茫
雍正十年首墾田地二十二頃七十二畝
科米二十七石七斗三升一合六勺
派銀二十七兩四錢九分六毫二絲三忽五
微五塵七纖六渺一漠五茫七沙
雍正十一年首墾田地七頃五十八畝五分
科米七石四斗五升九合五勺
派銀九兩三分一厘四絲一忽一微六纖二

渺八漠三茫
雍正十一年開墾田地三百五頃一畝六分九釐
科米一百二十一石五斗六升一合一勺
派銀一百六十四兩三錢六厘五絲三忽七
微四塵七纖六渺三漠六茫
雍正十二年開墾田地二百一十頃九十三畝
六分
科米一百二十三石五斗七升四抄
派銀一百六十七兩二分一厘四毫四忽三

微二塵九纖四渺九漠其銀現在征解尚
未分款
雍正十三年開墾田地一百一十九頃七十七
畝七分二厘
科米七十二石五斗三升三勺
派銀九十八兩三分四厘三毫八絲二忽四
微六纖三渺八漠九茫　遵例於乾隆六
平陞料
實荒田地山塘基湖共一千二百三十頃一十

一畝五分四厘八毫七絲
荒糧五百六十四石七斗五升二合八勺三撮
五圭二粒三粟
無徵銀四百一兩六錢六分一厘五毫五絲六
忽四微七塵五纖八渺三茫二沙
實在開墾至雍正十三年止共成熟田地山塘
基湖淤四千六百四十七頃一十二畝三分
二厘一毫三絲
成熟糧麥三千五百九十八石八斗八合二抄

六撮四圭七粒八粟
實徵銀三千六百一十三兩一錢四分八厘三
絲五忽九微八塵三纖九渺九漠六茫八沙
雜徵項下
一丁糧外派
另派麂皮京摃銀一兩四錢四厘　實征
銀八錢三分八厘四微八塵
一班匠匠户自辦
江南人匠一十八名該班納銀一兩八錢

遇閏加銀六錢

除逃亡故絕外現在納班九名每年征銀

五兩四錢解司充餉

一柴洲湖課銀三十八兩 全荒

一漁課銀四兩四錢 人江水居人户輪辦

以上丁糧正雜共額銀六千四百八十一兩四

分八毫五忽一微五塵九纖七渺除荒外

實征銀共五千四百四十四兩二錢一分八毫二絲

四忽四微二塵六纖五渺六漠一茈二沙八灰

更名項下

原額田地一百六頃 十九畝三分 厘六

毫六絲

額派租銀三百三十九兩四分四厘九毫一忽

額征餉撫銀三十二兩一錢四分四厘六毫

七絲一忽六微五塵九纖 內有原額福

田地三十四頃一十畝九分每畝科租銀

三分耗銀六厘共額租耗銀一百二十二

兩七錢九分二厘四毫每畝餉銀三厘每

餉一兩撫銀九厘餉撫共銀一十兩三錢

二分四厘七毫九絲四忽三微

雍正七年十年十一年十三年開墾福田九

頃二十五畝一分五厘三毫九絲五忽派

銀三十六兩一錢四厘五毫四絲八忽九微

成熟併新墾田地一十九頃六十五畝三分

八厘八毫九絲五忽

實征銀七十五兩一錢七分八厘六毫七絲

七忽二微五塵

原額惠田地一十二頃五十九畝四分每畝派

租銀三分共額租銀三十七兩七錢八分二

厘每畝餉銀三厘每餉銀一兩派撫銀九厘

共額餉撫銀三兩八錢一分二厘二毫三忽

八微

康熙五十二年雍正七年十年十一年開墾

惠田四頃七十四畝五分派銀一十五兩

六錢六分六厘四毫六忽一微四塵

成熟併新墾田地一十二頃五十八畝三分

五厘

實征銀四十一兩五錢六分八厘七毫七絲

四忽三塵四纖一渺

外史氏曰福惠二田其初明神宗四子長即光宗次則桂王福王惠王分茅各省緣神宗溺愛諸王聽擇各處膏壤規入王府由是奸民投獻幾徧天下名曰王莊例不起科鼎革以來王孫下殿等列齊民一切王莊盡歸天府照民間一例征輸是曰更

名今枝邑猶有福田惠田者實去名存餼羊之意也

一撥松滋縣租田地二十二頃四十九畝一厘六毫七絲每畝科租銀三分共額銀六十七兩四錢七分五毫一忽每畝餉銀三厘每餉銀一兩派攤銀九厘共額餉攤銀六兩八錢七厘七毫七絲三忽五微五塵九渺

成熟田地一十一頃七十畝五分七厘

實征銀三十八兩七錢五分四厘六毫一絲二忽四微四塵九渺

一柴湖三十七頃每畝派租銀三分共額租銀一百一十一兩每畝餉銀三厘每餉一兩派攤銀九厘共餉攤銀一十一兩一錢九分九厘九毫

成熟湖五十四畝五分

實征銀一兩八錢四毫七絲一忽五微

雍正七年奉文丁隨糧派更名項下均攤丁銀一十六兩二錢四分二厘五毫三絲一

微一塵

以上原額租餉耗攤銀共三百七十一兩一錢八分九厘五毫七絲二忽六微五塵九纖除荒外

實征銀一百七十三兩五錢四分五厘六絲五忽三微三塵五纖

存留

明制

夏稅項下存留本縣倉大麥三百石每二石折

米一石該米一百五十石小麥抵米五百石九斗六升三合二麥共折米六百五十石九斗六升三合除奉文減免外實征米三百石每石折銀四錢該銀一百二十兩　本縣倉小麥抵米一百三十六石八斗九升三勺每石折銀五錢該銀六十八兩四錢四分五厘一毫五絲

秋糧項下存留本縣倉米一千四百九十五石有零除免征併撥補學倉米五十一石六斗

有零外實征米二百六十八石九斗六升每石折銀五錢該銀一百三十四兩四錢八分并前夏稅二麥抵米折銀一百二十四兩內知縣歲支俸米二十七石每石折銀七錢典史倉大使各米二十四石驛丞米一十四石俱每石折銀五錢司吏三名各米三石六斗每石折銀三錢五分豊臺堡官一員堡軍二十名共米一百一十三石四斗每石折銀三錢孤老五名各米三石六斗每石折銀五錢

剩銀一百二十五兩一錢八分聽遇閏補給枝江所官軍月糧支用外松滋縣撥運秋糧米折色銀四百八十二兩有零除扣銀一百一十七兩有零代枝江所抵解鄖鎮軍餉外實存銀三百六十四兩有零并枝江所本色屯糧米五千一百四十五石內支本所官軍以萬厤二十二年支數爲率共計七百五十九名各米不等共米六千六百七十石有零將本色屯糧盡支外尚少米一千五百二十

五石每石折銀三錢除支松滋縣銀尚不敷銀九十三兩

本縣學倉米一百八十二石三斗有零又於縣倉撥米五十一石六斗有零每米折銀六錢并前夏稅小麥折銀六十八兩有零內教官二員每員支俸米各三十六石廩生二十名各支米十二石俱每石折銀六錢吏一名并香燭米共折銀二兩五錢

應役五十一名每名支工食銀七兩二錢帶閏

加銀一錢二分
本縣柴薪夫役五名每名支銀一十二兩
馬夫二十名每名工食銀四兩
門子三名每名工食銀五兩
皂隷一十四名共支工食銀八十二兩
民壯六十二名共該工食銀四百六十一兩一
錢六分
庫子銀一十四兩內有應役一名該銀七兩二錢
預備倉斗級銀一十五兩內有應役一名銀七

兩二錢
廣積倉斗級銀十兩內有應役一名銀七兩二錢
孤老五名每名布花銀三錢
大江修船銀每歲一兩
儒學齋夫四名每名銀一十二兩
儒學膳夫四名共銀十四兩
儒學門子五名每名銀五兩
文廟啓聖鄉賢名宦山川社稷邑厲壇共祭祀銀八
十八兩

鄉飲酒禮二次共銀八兩
歲貢二年一貢　正貢花紅旗匾酒席銀八兩
正陪二名赴院考脚力銀各二兩五錢共銀
一十三兩每年該存銀六兩五錢
歲貢進京廷試路費銀一十五兩
科舉生員以十二名爲率每名盤費銀三兩花
紅銀九錢酒席銀一錢共銀四十八兩三年
一次每年該存銀一十六兩
新舉會試舉人以一名爲率給長夫銀二十四

兩三年一次每年該存銀八兩
看守司邑壇門子三名共銀六兩六錢
遞送皂隷六名每名銀三兩六錢
各巡司弓兵銀共六十三兩六錢
各舖司兵共銀三十一兩零
大江渡夫三名每名銀二兩近撥二兩移滄溟溪官渡
排夫一百名每名銀七兩二錢加閏銀一錢一分
脚馬二十三匹每匹銀二十兩加閏銀三錢二分
本縣應役轎夫六名該銀四十三兩九錢二分

本縣走差九十四名該銀六百八十兩七錢六分
朝賀習儀朔望行香一年紙燭銀六錢
修理龍亭儀仗銀二兩
本縣應朝盤費銀首領官二十五兩該吏一十
二兩造册紙劄工食銀四兩共銀三十九兩
三年一次每年該存銀一十三兩
門神桃符春牛芒神花鞭酒席開印封印牲醴
香燭等項共銀四兩
知縣緞紗圍裙各二副青絹傘雨傘各二把油

絹雨裙棕雨裙各一件硃盒筆架各二副共
銀五兩一年一換
縣堂燈籠夫四名每名銀一兩八錢共銀七兩
二錢
典史青絹傘雨傘各一把土絹圍裙硃盒筆架
各一副共銀一兩三錢一年一換
教官二員各馬傘銀三兩共銀六兩
巡江哨船水手一十名每名工食銀四兩
撥運厤日銀二兩七錢七分有零

國朝額制
知縣原額俸銀六十三兩四錢九分順治十四
年裁銀一十八兩四錢九分存銀四十五兩
除荒外實徵銀二十八兩八錢七分一毫零
乾隆元年奉文扣七兩九錢二分二厘九毫
攤補佐雜荒缺實徵銀二十一兩三分四厘
一毫
原額油燭銀一十兩順治十四年全裁
迎送上司傘扇銀一十兩順治十四年全裁

心紅紙張銀二十兩全裁
修宅家伙銀二十兩順治九年全裁
吏書十二名原額工食銀一百二十九兩六錢
順治九年裁銀五十七兩六錢康熙元年全裁
門子二名原額工食銀一十四兩四錢順治九
年裁銀二兩四錢存一十二兩除荒故外實
徵銀七兩六錢九分八厘七毫乾隆元年奉
文以乾隆三年爲始照額補足一十二兩在
司庫領支

皂隸一十六名原額工食銀一百一十五兩二錢順治九年裁銀一十九兩二錢存銀九十六兩除荒故丁外實徵銀六十一兩五錢八分九厘五毫乾隆三年奉文補足九十六兩

馬快八名原額工食銀五十七兩六錢順治九年裁銀九兩六錢存銀四十八兩除荒故丁外實征銀三十兩七錢九分四厘八毫乾隆三年奉文補足四十八兩其銀在司庫領支

民壯五十名原額工食銀三百六十兩順治九

年裁銀六十兩存銀三百兩除荒故丁外實徵銀一百九十二兩四錢六分七厘六毫乾隆元年奉文補足三百兩又於遵

旨議奏案內每名加增器械銀一兩同補荒銀在司庫領支又奉部文裁汰十二名工食解司

庫書一名原額工食銀一十二兩順治九年裁銀六兩康熙元年全裁

庫子四名原額工食銀二十八兩八錢順治九年裁銀四兩八錢存銀二十四兩除荒故丁外實征銀一十五兩三錢九分七厘四毫乾隆三年奉文補足二十四兩其銀在司庫支領

倉書一名原額工食銀一十二兩順治九年裁銀六兩康熙元年全裁

斗級四名原額工食銀二十八兩八錢順治九年裁銀四兩八錢存銀二十四兩除荒故丁外實征銀一十五兩三錢九分七厘四毫乾隆三年奉文補足二十四兩補銀在司庫支領

燈夫四名原額工食銀二十八兩八錢順治九

年裁銀四兩八錢存銀二十四兩除荒故外實征銀一十五兩三錢九分七厘四毫奉文裁華解司

轎傘扇夫七名原額工食銀五十兩四錢順治九年裁銀八兩四錢存銀四十二兩除荒故丁外實徵銀二十六兩九錢四分五厘四毫乾隆三年奉文補足四十二兩補銀在司庫領支

禁卒八名原額工食銀五十七兩六錢順治九

年裁銀九兩六錢存銀四十八兩除荒故丁外實征銀三十兩七錢九分四厘八毫乾隆三年奉文補足四十八兩補銀在司庫領支

仵作雍正六年奉部文大縣立仵作四名中縣三名下縣二名在皂隸十六名內撥出三名仵作工食按名分支

典史俸銀原額三十一兩五錢二分除荒外實征銀二十兩二錢二分一厘九毫乾隆三年奉文補足三十一兩五錢二分補銀在司庫

領支

書辦一名工食銀七兩二錢順治九年裁銀一兩二錢存銀六兩康熙元年全裁

門子一名原額工食銀七兩二錢順治九年裁銀一兩二錢存銀六兩除荒故丁外實征銀三兩八錢四分九厘三毫乾隆三年奉文補足六兩補銀在司庫領支

皂隸四名原額工食銀二十八兩八錢順治九年裁銀四兩八錢存銀二十四兩除荒故丁外實征銀一十五兩三錢九分七厘四毫乾隆三年奉文補足二十四兩補銀在司領支

馬夫一名原額工食銀七兩二錢順治九年裁銀一兩二錢存銀六兩除荒故丁外實征銀三兩八錢四分九厘三毫乾隆三年奉文補足六兩補銀在司領支

教諭訓導共俸額銀三十一兩五錢二分除荒外實征銀二十兩二錢二分一厘九毫乾隆三年奉文補足三十一兩五錢二分又於乾

隆三年欽奉

上諭加給品俸案內加銀四十八兩四錢八分同補荒銀在司庫領給

齋夫三名共銀三十六兩除荒外實征銀二十三兩九分六厘一毫乾隆三年奉文補足三十六兩補銀在司領支

門斗三名原額工食銀二十一兩六錢康熙四年裁銀七兩二錢存銀一十四兩四錢除荒故丁外實征銀九兩二錢三分八厘四毫乾

隆三年奉文補足一十四兩四錢補銀在司
領支
膳夫二名原額銀四十兩廩生支領順治十四
年裁銀二十六兩六錢六分六厘二毫存銀
一十三兩三錢三分三厘八毫除荒故丁外
實征銀八兩一錢八分八厘一毫乾隆元年
奉文足額在地丁内動支奏銷
廩生二十名廩糧額銀四十八兩除荒故丁外
實征銀二十九兩四錢五分二厘四毫雍正

四年奉文扣抵本户錢糧乾隆元年奉文補
足四十八兩在起運地丁内動支奏銷
普通關巡司弓兵工食額銀二十一兩八錢三
分七厘九毫除荒故丁外實征銀一十四兩
一分三毫内除解缺漁洋關役食銀二兩八
錢一分二厘餘銀支給巡司弓兵
縣前石鼓二鋪共徭編司兵四名永充司兵十
名原額工食銀三十一兩三錢一分三厘三
毫除荒故丁外實征銀二十兩八分九厘三

毫雍正十一年於呈請咨部示覆事案内足
額補銀在司支領
巡江哨船水手十名原額工食銀四十兩除荒
故丁外實征銀二十五兩六錢六分二厘三
毫乾隆三年奉文足額補銀在司支領
大江修船銀二兩二年一次每年該銀一兩
大江渡夫三名原額工食銀六兩一錢
以上二項共銀七兩一錢順治十四年半
裁銀三兩五錢五分存銀三兩五錢五分
内除荒故丁外實征銀一兩九錢五分六

厘七毫乾隆三年奉文補足在司領支
時憲書原額銀二兩七錢七分二厘八毫
領時憲書盤費銀五分五厘四毫五絲六忽
二項共銀二兩八錢二分八厘二毫五絲
六忽内除荒故丁外實征銀一兩八錢一
分四厘四毫零解司
表夫原額銀一兩四錢順治十四年奉文半裁
銀七錢存銀七錢除荒故丁外實征銀四錢

四分九毫解司
科舉原額銀七兩七錢四分四厘
科舉路費銀一錢五分四厘八毫八絲
以上二項共銀七兩八錢九分八厘八毫
八絲内裁銀三兩九錢四分九厘四毫四
絲半留銀三兩九錢四分九厘四毫四絲
除荒故丁外實征銀二兩五錢三分三厘
七毫解司
文廟二祭共額銀四十兩

啟聖祠二祭共額銀七兩
山川壇二祭共額銀一十二兩
社稷壇二祭共額銀一十兩
邑厲壇二祭共額銀一十二兩
名宦鄉賢祠二祭共額銀七兩
以上六項共額銀八十八兩除荒外實征
銀五十六兩四錢五分七厘一毫乾隆元
年於欽奉
上諭案内足額補銀在司領支

修理龍亭儀仗額銀二兩
鄉飲二次原額銀共八兩順治十四年奉文半
裁銀四兩尚存銀四兩除荒外實征銀二兩
五錢六分六厘六毫
歲貢二年一貢花紅額銀六兩五錢除荒故丁
外實征銀四兩一錢七分一毫
新舊舉人會試長夫額銀八兩除荒故丁外實
征銀五兩一錢三分二厘四毫解司
學倉香燭米折銀一兩五錢六分除荒外實征

銀八錢八厘三毫陰陽生領
孤貧五名口糧銀九兩布花銀一兩五錢二項
共銀十兩五錢除荒故丁外實征銀六兩七
錢三分六厘三毫乾隆三年奉文足額補銀
在司領給
各部寺解費額銀一十四兩三錢二厘五毫六
絲五忽一微六塵除荒故丁外實征銀九兩
二錢一分五厘九毫解司
關帝三祭春秋二仲及五月誕日牛豕羊菓銀

三十五兩七錢四分六厘
撥運荆同知燈夫一名原額工食銀七兩二錢
順治九年裁銀一兩二錢存銀六兩除荒故
丁外實征銀三兩八錢四分九厘三毫按年
批解藩司
荆照磨門子一名原額工食銀七兩二錢順治
九年裁銀一兩二錢存銀六兩除荒故丁外
實征銀三兩八錢四分九厘三毫按年批解
藩司

荆通判皂隸四名原額工食銀二十八兩八錢
順治九年裁銀四兩八錢存銀二十四兩除
荒故丁外實征銀一十三兩三錢五分七厘
四毫乾隆三年奉文補足二十四兩解府

外史氏曰作志書難作志書而志田賦更難以其科額多而名色冗雜也宋天聖中程琳為三司使時朝臣有患民稅多目吏得為姦議欲除諸欵項名色歸於畫一者衆咸稱便琳獨不肯曰合而没其名雖便一時若後有興利之臣必復增之是重困民也議者乃止是諸欵項名色增固不可减亦不可遵先王之法而斟酌用之上不病國下不病民中不病官吏胥役斯為經久無弊之道矣今
國家田賦蓋本勝朝而從俗從宜盡美盡善經
四帝之神謨睿籌釐定成書雖有懸金不能損益一字余志田賦欽遵
國朝額制而亦不没有明舊典備列簡端使

覽者瞭然於昔如是今乃如是陟泰山者先循阿麓觀滄海者不廢川流慎無謂其重見迭出而以芻狗視之

水利

周禮地官之職命遂人掌邦之野凡治野之法一井為夫夫間有遂遂上有徑十夫有溝溝上有畛百夫有洫洫上有涂千夫有澮澮上有道後世井田既廢溝洫川澮之制不講而水利之政荒矣然猶有所恃以資灌溉者曰塘以注水也曰堰以障

水也曰陂以蓄水也三者民間之大利而旱乾水溢得以有備無患司牧者甚無以膜外視之枝邑外江內湖高原下隰計畝五十萬有奇而洲渚之地什居四五故陂豬塘堰之在枝者視他邑為亟若能時其瀦淪固其隄防以與民謀蓄洩之利則緩急有備而天道之恒暘恒雨俱不足為斯民病而粒食之源庶有賴乎昔史起之治鄴杜預之治荊何易于之治建昌皆以善謀水利流譽古今茲故備列塘堰堤垸諸名色以誌我邑之水利焉

一都

大溪壋 李家壋 胡家壋 寗家壋

宋家壋 鍾家壋 郭家壋 張家溪壋

蔡家壋 石龍壋 笋子壋 花溪官壋

黃土壋 劉家泉頭壋 按六書無壋字疑是澢字之訛澢音當田間圩岸故字從當水

二都

五蠡壋 張家壋 闗洲圩岸

磚灘圩岸 毛家圩岸 枸林灘圩岸

蔣斗灣圩岸 紅山廟圩岸

沱泥灣圩岸 符家口圩岸

金沙灘圩岸

三都

鶴巢壋 黃土壋 李榮壋 映月壋

江四壋 何家壋 萬友壋 尾壚壋

李官壋 草塗壋 楊五壋 孫家壋

沙洲壋 楊家壋

四都

牛渡壋 石獅壋 大湖壋 侯家壋

新興壋 蕭家壋 漁洋壋

五都

百里洲石閘 百里洲圩岸 漸洋洲石閘

漸洋洲圩岸

六都

黃陂壋 李陂壋 長沙壋 張家壋

王家壋 鱔魚壋 杜陂壋 褚陂壋

尾口壋 陳家壋 佛善壋 何馬壋

白馬墻　野貓墻

七都

土臺堤　麻黃堤　魏家堤　丁家坑

破堤口　楊家狀堤　毋豬湖堤　流店口堤

向家口堤　滑泥口堤

八都

陳老墻　土陂墻　楊五墻　蕭家墻

大湖墻　牛渡墻　下盤墻　上盤墻

白陂墻　長陂墻　新陂墻　蓮荷墻

符殘墻　于王墻　土官墻　董馬墻

石堰墻　唐沙墻　大河墻

天生堰在縣南三十里官木山之下每雲霧起天必雨故諺曰雲掩天生堰有雨霎時見

千弓堰在先農壇前舊有土堤堤下有水流入老鴉湖經福傳山下半入城濠半入城中過蓮花池三清觀流出水關入於大江

王家堰在關洲之尾凡在兩涯者曰堤横亘兩涯中間以壅水者則謂之堰

東嘴垸在縣東一百里明隆慶二年知縣冷文煜築

黄塚湖垸在縣東六十里上百里洲腦康熙四十五年知縣孔毓基修築

塚子湖垸在縣東一百里康熙五十二年知縣張聯星築

尾窑湖垸在縣東北一百二十五里康熙五十年士民沈宜培周雲恒等公呈知縣張聯星詳請修築

四收湖垸在縣東八十里舊名四安湖雍正元年知縣陳惠榮築更名四收

長寧垸在縣東八十里雍正十年士民李友梅趙煥

玉等呈請知縣傅埰修築

新垸子在縣東八十里澌洋洲腦雍正十一年知縣傅埰修築

保寧垸在縣東一百里乾隆二年居民龔益三費聯登周旭陽等公呈知縣李恂詳築

福星垸在縣東六十里乾隆三年士民張金印李崙山等呈請知縣王世爵詳築

南河壩垸在縣東八十里澌洋洲南岸乾隆四年士民胡一正黄西周等公呈知縣王世爵修築

太平垸在縣東一百一十里鳳臺市乾隆五年士民吳岱吳宜垣劉夔霖宋之驂等公呈知縣王世爵修築垸音完字書完補也枝江人所謂垸者蓋舊有堤而補葺之謂

百里洲堤

按百里洲其初只一洲也有明中葉被水衝開遂分為二今故有上百里下百里之名俱作隄岸防障外水乃是受利人户修補萬厯間知縣周仲士教民於洲尾流店作閘門洩水四十年壬子知縣錢奏勳教民於大隄之外築拒浪小隄隄邊栽植

楊柳其危險處令民搬砌小石作狀其法最善自明季兵火之後居民鮮少每見楊柳枯朽斫取為薪貪一時小利而忘百年之大害且歲久石落不復搬砌而隄防大弛順治四年丁亥水决香積寺總七年庚寅决徐舊總知縣李花白為之修築九年壬辰流店閘圮十年癸巳水大發衝决徐舊總新隄知縣曲允斌捐俸助修月堤二百餘丈十二年乙未又築香積寺口十三年丙申塞閘口隄十五年戊戌徐店流店香積三總大隄同日潰决十六年己亥知縣田禹稼督修流店閘口工力倍前康熙二年癸卯九月江水暴漲各隄勝一時俱壞淹溺人畜漂蕩民居村落一空知洗知縣周廷桂於康熙四年莅任之後歲歲修築民稍安居二十一年壬戌大水堤壞知縣葉淑衍修築三十五年丙子七月初十日大水十五日方退南北大小隄同時潰决知縣常文質率民興築三十六年丁丑復大水潰東嘴隄時常公以大計填叅明年知縣孔毓基修築五十三年甲午大水决下百里洲隄

知縣張聯星修築五十四年乙未復大水張公重築雍正五年丁未霪雨三月二麥浥爛秋禾莫獲隄有壞者知縣許慶遠全流相繼修補乾隆三年知縣王世爵令民於沿堤補栽楊柳以固堤脚以拒狂瀾砍者有罰此亦未雨綢繆之一法也猶是勝朝錢令之遺意云爾

隄防考畧云江水過三峽口勢若建瓴夏秋一漲纔刻千里頓高十餘丈枝江堤之最要害者莫過於古城腦蔣家灣二處係通縣上流一決則泛濫莫

可捍禦矣
又云江水之患全在荆郡夾岸南北凡六縣北岸則江陵監利官堤凡四萬九千餘丈南岸則枝江松滋公安石首官堤凡五萬四千餘丈明嘉靖庚申江堤大壞其最衝者則枝江之百里洲松滋之朝英口江陵之黃潭虎渡公安之窰頭舖艾家堰石首之藕池諸隄每年修築迄無成功至嘉靖四十五年丙寅十月荆州知府趙賢估工請築歷三冬至戊辰六縣諸隄始就乃立隄甲法每計千丈設

堤老一人五百丈設堤長一人每百丈設堤甲一人每十丈設一夫令其夏秋守禦冬春修補歲以為常
邑貢生曹廷鑣之言曰上百里洲隄防肇自有明四圍臨江國初地荒民少隄塍傾圮雖時有修補而東築西潰年年被水康熙二年癸卯八月初二日大水平隄潰決四出洲地衝塌殆盡人民流散墟里蕭條後雖修築潰決時聞康熙七年戊申七月決古城腦實洲之上流也水渟洲中十月不消一麥無從播種洲人共議下決安家口以洩水勢時有土豪搆衅不曰決隄放水反揑違旨掘堤大情謊控上臺獄訟連年被累者甚衆夫築堤原以禦水而水不能禦反受堤工之累由是洲人共具下情以五利三害告為廢洲情愿納糧當差而隄工不講詳載碑記康熙十四年乙卯洲地南陷水患頻仍重以吳逆反叛兵馬蹂躪十室九空桑田成海至十八年己未正月賊退洲民復治
王化二十年辛酉七月大水下央江陵黃潭洲民受害

酷三十五年丙子七月十三日水大如前二十年時四十二年癸未洲民情愿自行修築向縣具情邑令孔毓基申詳各憲將百里洲隄附沿江大隄之後歲歲修築是年起工至四十三年冬工程始竣初置木閘為權宜計四十九年庚寅再易石閘以圖永久五十三年甲午大水下百里洲隄潰而上百里洲無恙由是年年幇築洲民自出夫役定為常例
按闔邑隄防惟上百里洲最為險要周遭八十

五里其形中坳若釜勝國時洲民龔春夔始築隄防順治七年庚寅江水潰決總圩龔顯生楊芳生等補築之康熙五年丙午西山冦平縣令始入城重整公廨修理城垣洲民苦於估土取冊差擾之累於康熙八年己酉籲懇督院蔡公毓榮停工不修歷二十餘年坍塌四千四百餘丈四十二年癸未欽奉

恩詔諮詢地方利弊於是洲人楊際會姚溶路飛霄詳載卷末胡瓔士等以地瘠民流等情呈請邑令孔

毓基通詳各憲蒙制府喻公成龍批准復行補修於四十三年甲申十一月起工用土方一十五萬有奇至四十六年丁亥而隄復完固嗣因戎府胥役滋擾遵制府滿公丕頒禁隄例有自修自衛毋煩官估造冊報部之諭是以士民楊浩路飛霄曾明吉等以仰遵堤例等事呈請單民照畝派工自行修築勒石永禁估冊取結其地原分九總軍七民三當時洲人公議每年設總圩四名推田多而老成歷練者當之圩老圩甲各按總分大小設立逐年更換如提之某處宜幫補某處宜改築某處宜石砌一切上令下行下情上達惟當年總圩是問每歲秋杪則次年新報總圩同舊總圩各處驗明交代如本年夫工已完來年新報土工若干於九月造冊分給新推圩老圩甲於本年十月起工次年二月告竣但據工完報縣不用結報戎府若遇水發時即委本縣典史沿堤查勘此長久之計無弊之道也

初上百里洲堤塍屢潰陷溺居民廬舍田禾自明以來洲民患之康熙四十五年奉憲令修築衆情踴躍里民路飛霄者老於農事頗為首領不憚寒暑經營謀畫盡瘁三十餘年始終如一隄障賴以永固九總士民德之立碑洲畔尸而祝焉此亦鄉黨之好義者也例得附於水利之末

第三卷田賦志終

祭祀志第四

治明格幽秩宗典禮崇效畢法壇墠拜稽重道尊儒文明以啟武廟攸隆春秋一體城隍土主舉行次第絜爾牛羊蹌蹌濟濟籩豆有嘉清酌維醴千秋萬歲曷其有底作祭祀志

文廟典制始末

禮記文王世子篇云凡始立學者必釋奠於先聖先師是先聖之名尊於先師也周立四代之學虞庠以舜爲先聖夏學以禹爲先聖殷學以湯爲先

聖東膠以文武爲先聖其左右四聖之臣輔成其君之德業者謂之先師蓋三代之世治教不分其道固然自天下通祀孔子而舜禹湯文之祀廢以夫子統備百王之德也然則孔子之祀何昉乎自魯哀公十七年立廟孔子舊宅漢高帝十二年過魯以太牢祀孔子文帝始元年追謚孔子爲褒成宣尼公此後世尊崇之始亦廟制祀典謚宣之始也東漢明帝永平二年以周公孔子並祀於郡縣學魏晉六朝以來或於闕里或祭於辟雍或封公或封侯廟有定制唐太宗貞觀初停周公祀專祀孔子定孔子爲先聖顏子爲先師令天下郡縣立廟四時致祭然武成王廟與文廟東西並峙猶未盡尊崇之義也元宗開元二十七年追謚孔子爲文宣王宋眞宗大中祥符五年加稱至聖文宣王元武宗至大元年加號曰大成至聖文宣王明嘉靖九年從大學士張璁議改稱曰至聖先師孔子

國朝定鼎相沿不改也

璁之議曰孔子祀典自唐宋以來未有得其正

者臣今採今昔儒臣論議恭呈聖明垂覽以爲萬世永遵之典查漢平帝初追謚孔子褒成宣聖公唐元宗追謚文宣王元武宗加謚大成至聖文宣王宋姚燧有言曰孔子卒哀公誄之子貢以爲非禮平帝始封謚蓋新莽以文其奸也國初大學士吳沉孔子封王辨曰春秋列國僭王則黜之夫子人臣也生非王爵死而謚之可乎師也者君之所不得而臣也故曰詔於天子無北面所以尊師也彼以王爵之貴而隆於稱

師者習俗之見也布政夏寅曰唐元宗尊老子為元元皇帝太公為武成王尊孔子爲文宣王此其不學無術之謬烏可為萬世程哉祭酒邱清曰自漢平帝追謚孔子為宣聖公至開元加以文文者經天緯地之謂也若夫宣之為言謚法之美不過聖善周聞而已何足為聖人輕重哉又自古謚號未聞有喻言者大成之言出自孟子成者樂之一終也一音之終始為小成合衆音之終始為大成加此於至聖文宣王之上甚無謂也宜去從來陋習可稱曰至聖先師孔子上從之

其廟庭規制則宋太祖建隆三年立戟十六於廟門徽宗政和元年加至二十四崇寧四年以大成名其殿焉

其塑像則歷代皆然據皮日休孔子廟碑有冕旒被袞之語則唐時即如此宋真宗祥符初加冕旒執桓圭徽宗加十二旒服九章執鎮圭金世宗又加十二章明洪武十五年始命國子監撤塑像易木主然猶未通行郡縣也嘉靖九年改大成殿為先師廟戟門為文廟之門令天下學宫通撤像易木主如首善制焉

其丁祭之樂則漢章帝元和元年始薦六代之樂劉宋時文帝命舞六佾設軒懸趙宋太祖用永安之樂仁宗用登歌至明洪武二十六年頒大成樂器於天下府樂令州縣學如府式舞用六佾樂用登歌　本朝因之每月朔望命有司官詣學行禮春秋二仲上丁致祭樂舞用八佾

其配享從祀諸賢則漢章帝元和二年始祀七十二子魏主曹芳正始二年以顏淵配享唐高宗總章元年以曾参配享神宗元豐元年以孟子配享宋徽宗大觀二年以子思從祀若夫以顏曾思孟並享者則自宋度宗咸淳二年始也元文宗至順二年加顏子為復聖公曾子為宗聖公子思為述聖公孟子為亞聖公明嘉靖九年從張璁議去公稱子以十哲從祀始於唐元宗開元八年以子張補十哲之闕始於宋度宗咸

淳三年弟子之得追贈始於唐總章元年其封公侯伯爵一在唐開元二十七年一在宋大中祥符二年一在咸淳三年以先儒左丘明卜子夏公羊高穀梁赤伏勝高堂生戴聖毛萇孔安國劉向鄭衆杜子春馬融盧植鄭元服虔賈逵何休王肅王弼杜預范甯二十二賢從祀者始於唐太宗貞觀二十一年以荀況楊雄韓愈從祀者始於宋神宗元豐元年以周敦頤張載程灝程頤朱熹從祀者始於宋理宗淳祐元年以

張栻呂祖謙從祀者始於理宗景定二年以邵雍司馬光從祀者始於度宗咸淳三年以許衡從祀者始於元仁宗皇慶二年若夫洪武廿九年以董仲舒宣德十年以吳澄正統二年以胡安國蔡沈真德秀八年以楊時嘉靖九年增后蒼王通歐陽修胡瑗陸九淵隆慶元年以薛瑄萬曆十年以王守仁陳獻章胡居仁四十一年以羅從彥李侗從祀者蓋皆從言官之請也升朱熹於十哲之次者則自

本朝康熙四十六年始升有若於十哲之次亦自是始

明張璁論從祀先賢先儒之紕繆疏曰按先朝禮臣程敏政建言唐貞觀中始以左邱明等二十七人從祀孔子廟廷而併及馬融等考馬融為南郡太守以貪濁免髡徙朔方又為梁冀草奏殺杜喬李固又作西第頌以美冀劉向喜誦神仙方術上言黃金可成鑄作不驗下吏當死賈逵傳會圖讖致身通顯不修小節蓋皆左道亂政之人也王弼何晏倡為清談所著易義專祖

老莊故范甯追究晉室之禍以為王何之罪深於桀紂何休則止有春秋解詁一書黜周王魯又註風角等書班之於孝經論語蓋異端邪說之流也戴聖為九江守多不法為何武劾免及為博士毀武於朝聖子為盜繫獄武平心決之得不死則又造武謝王肅仕魏封蘭陵侯乃以女適司馬昭又為司馬師畫策與討文欽毋邱儉以濟其惡杜預守襄陽數餽遺洛中貴要及其伐吳因斫瘿之譏盡殺江陵人以報怨以吏

則不廉以將則不義凡此諸人皆當罷黜而議
者謂守其遺經轉相授受夫守其遺經若左邱
明公羊高穀梁赤之於春秋伏勝孔安國之於
書毛萇之於詩高堂生之於儀禮后蒼之於禮
記杜子春之於周禮可以當之融等不過訓詁
章句而已至於鄭衆盧植鄭元服虔范甯五人
雖若無可議然所行未能窺聖門所著未能窺
聖學也臣愚乞罷戴聖等八人祀而以鄭衆等
五人祀於鄉里至孔子弟子見於家語者顔回

而下六十六人而史記多公伯寮秦冉顔何三
人文翁成都所畫多蘧瑗林放申棖二人考宋
邢昺注疏申棖即申續又名申黨今祀申棖於
東廡祀申黨於西廡甚無謂也公伯寮乃聖門
之蟊賊而孔子稱蘧瑗為夫子家語史記林放
俱不在弟子之列秦冉顔何鍵亦字蹟相近之
誤臣以為申棖申黨宜存一人公伯寮五人宜
罷其祀而瑗放者各祀於其鄉又洪武時行人
楊砥請黜揚雄進董仲舒然荀況揚雄實相伯

仲況以性為惡以禮爲僞以子思孟子為亂天
下宜併況黜之其尚可議者則隋之王通宋之
胡瑗也王通為隐德君子而朱子稱師道之立
未有過瑗者亦宜使從祀學宮又謝鐸請祀楊
時罷吳澄桂蕚亦請祀蔡元定以為律呂大衍
諸書俱有功於性理又歐陽修所著本論有翊
道之功韓愈既以神祀歐陽修豈可缺哉疏入
上允其請罷從祀公伯寮秦冉顔何荀況揚雄
戴聖劉向賈逵馬融何休王肅王弼杜預吳澄

而進后蒼王通胡瑗歐陽修陸九淵從祀其林
放蘧瑗鄭元盧植鄭衆服虔范甯等七人各祀
於其鄉

考世代按次排定位號繪圖繕册進呈
旨事禮部咨開祠祭清吏司案呈本部啟奏内開謹
稱
文廟及崇聖祠舊時從祀及後祀增祀先賢先儒詳
雍正三年六月初七日爲請
御覽恭候

命下之日刊刻頒行等因於雍正三年六月初七日

奏

聞奉

旨依議欽此欽遵

今將

部頒繪圖式樣開列於左

四配位次

東第一位復聖顏子

西第一位宗聖曾子

東第二位述聖子思

西第二位亞聖孟子

十哲位次

東第一位先賢閔子騫

東第二位先賢仲弓

東第三位先賢子貢

東第四位先賢子路

東第五位先賢子夏

東第六位先賢有若 乾隆三年陞祀

西第一位先賢冉伯牛

西第二位先賢宰我

西第三位先賢冉有

西第四位先賢子游

西第五位先賢子張

西第六位先賢朱熹

按朱仲晦舊祀兩廡康熙四十六年以先生

闡明絕學有功聖門陞祀廟庭位子張之次

蓋持典也

兩廡從祀位次

東廡先賢三十八人

蘧瑗字伯玉衛大夫 後祀

澹臺滅明字子羽武城人

原　憲字子思家語云宋人鄭康成以為魯

人

南宮适字子容家語作南宮縚孟僖子之子

仲孫閱也

商　瞿字子木魯人傳孔子易漢初言易者

皆祖瞿焉

漆雕開字子開家語云蔡人鄭康成以為魯人

司馬耕字子牛宋人

巫馬施字子期魯人

顔幸字子柳魯人

曹卹字子循史記及家語俱不載何國人

公孫龍字子石家語云衛人鄭康成以為楚人

秦商字子丕家語云魯人字丕兹康成以為楚人　燮按左氏襄公十年晉人圍偪陽傳曰孟氏之臣秦堇父輦重如役郰人紇抉縣門以出門者師歸孟獻子以秦堇父為右生秦丕兹事仲尼杜預言二父以力相尚其子以德相高則秦商為魯人明矣不知鄭氏何據

顔高字子驕魯人　左傳定公八年公侵齊門于陽州士皆坐列曰顔高之弓六鈞取而傳觀之即其人也春秋正義曰孔子在衛南子招夫子次乘過市顔高為御

壤駟赤字子徒秦人

石作蜀字子明未詳何國人

公夏首字乘魯人

后處字子里齊人

奚容蒧音點字子皙衛人

顔祖字襄魯人

勾井疆衛人

秦祖字子南秦人

縣成字子祺魯人檀弓魯旱穆公召縣子而問焉即此人

公祖句兹字子之未詳何國人

燕伋字思未詳何國人

樂欬字子聲魯人

狄黑字皙未詳何國人

孔忠家語云字子蔑孔子兄之子

公西蒧字子上家語作子尚魯人

顔之僕字叔魯人師以我之不可學柳下惠之可者也

施之常字子恒未詳何處人

申　棖魯人史記仲尼弟子列傳有申黨無申棖邢昺注疏以為棖即黨也向來棖黨並祀今改正祀棖

左邱明魯人向在先儒之列今陞祀先賢

按程子朱子皆言作春秋傳之左邱明非論語所稱之丘明其說甚有所據而近日

孝感熊賜履所著學統一書以為卽是一人蓋主漢人劉子駿之說也

秦　冉字開正義曰家語無此人今從史記仲尼弟子列傳

牧　皮說見孟子

公都子孟子弟子未詳何國人

公孫丑孟子弟子齊人

張　載字子厚長安人著西銘正蒙世稱橫渠先生

程　頤字正叔河南人顥之弟也世稱伊川先生　以上二人向在先儒之列今陞祀先賢

西廡先賢三十六人

林　放魯人向從祀兩廡嘉靖中朱嘉張文忠公建議以林放蘧瑗鄭元等七人罷兩廡祀各祀於其鄉今復祀

宓不齊字子賤魯人宓史記作密

公冶長字子長魯人范甯云字子芝

公晳哀字季次齊人

高　柴字子羔家語云齊人康成以為衛人

樊　須字子遲家語云魯人康成以為齊人

按左傳哀公十一年踰溝之戰三刻入齊軍則為魯人無疑

南　澤家語云字子季

梁　鱣字叔魚家語亦魯人

冉　孺字子魯史記作曾注家語云魯人

伯　虔正義云字子晳一云字子循

冉季家語云字子産鄭云魯人
漆雕徒父未詳何國人
公西赤字子華魯人
任不齊字選鄭云魯人
公良孺字子正鄭云陳人賢而有勇正義云
孔子周流公良孺常以家車五乘從孔子
公堅定字子中鄭云魯人或曰晋人
鄡單字子家徐廣曰鄡一作鄔未詳何國
人

罕父黑字子索未詳何處人
榮旂字子祺未詳何國人
左人郢字行鄭云魯人
鄭國字子徒正義云家語薛邦史記作鄭
國鄭字誤邦字避漢高祖諱故以國易
廉絜字庸鄭云衛人
叔仲會字子期鄭曰晋人索隐以為魯人
公西輿如字子上未詳何處人
邽巽字子歛鄭云魯人史記索隐巽家語

作選
陳亢字子禽
琴張名牢字子張一字子開
步叔乘字子車鄭云齊人
秦非字子之鄭云魯人
顏噲字子聲鄭云魯人
顏何字冉索隐云字稱鄭云魯人
樂正克孟子弟子
萬章孟子弟子

周敦頤字茂叔道州營道人世稱濂溪先生
程灝字伯淳河南人世稱明道先生
邵雍字堯夫其先范陽人雍年三十游河
南葬其親伊水上遂為河南人世稱康節
先生　以上三人向在先儒之列今陞祀
先賢

東廡先儒二十三人

公羊高齊人受春秋經於子夏為經作傳故
曰公羊傳

孔安國魯人孔子九代孫得古文尚書於壁
傳於世
毛　萇趙人漢初魯國毛亨作詩訓詁傳以
授萇時人謂亨大毛公萇爲小毛公
高堂生魯人前漢書儒林傳漢興魯高堂生
傳士禮十七篇
鄭元字康成北海高密人注周易尚書毛詩
儀禮禮記論語孝經皆傳於後
諸葛亮從前不入文廟雍正三年增入

王　通字仲淹龍門人隋文帝仁壽三年詣
闕獻太平十二策帝不能用罷歸教授於
河汾之間大業末卒於家門人謚曰文中
子
司馬光字君實陝州夏縣人作資治通鑑上
接春秋故從祀
歐陽修字永叔廬陵人以所著本論有功聖
學故從祀
胡安國字康侯建寧崇安人作春秋傳以發
明經旨故從祀
尹　焞字彥明一字德充河南洛陽人師事
程伊川以篤行稱宋靖康中賜號和靖處
士
呂祖謙字伯恭婺州人尚書右丞好問之孫
蔡　沈字仲默建州建陽人朱子門人注尚
書傳及洪範皇極內篇諸書
陸九淵字子靜撫州金谿人
陳　淳字安卿漳州龍溪人朱子門人朱子

嘗言吾道南來喜得陳淳
魏了翁字華父邛州蒲江人
王　栢字會之別號魯齋婺州金華人
許　衡字仲平懷州河內人
許　謙字益之金華東陽人世稱白雲先生
王守仁字伯安紹興府餘姚人
薛　瑄字德溫山西河津人
羅欽順
陸隴其字稼書浙江平湖人康熙庚戌進士

深明理學著四書大全行世
西廡先儒二十二人
穀梁赤一名俶字元始魯人受春秋經於子夏依經作傳號穀梁傳
伏勝濟南人故爲秦博士孝文時求能治尚書者天下無有聞伏生治之欲召時伏生年九十餘不能行於是詔太常使掌故鼂錯往受之秦時禁書伏生壁藏之後求其書亡數十篇獨得二十九篇以教於齊魯

之間由是學者頗能言尚書
后蒼字近君東海郯人通詩禮爲博士説禮數萬言號曰后氏曲臺記
董仲舒廣川人史稱仲舒遭漢承秦滅學之後六經離析下帷發憤潛心正業令後之學者有所統壹著天人三策爲漢羣儒首
杜子春後漢書不立傳今據賈公彦禮記疏云杜子春河南緱氏人適周禮明帝永平初以禮教授鄭衆賈逵俱往受業其後馬融鄭元之徒皆傳其學焉
范甯字武子南陽順陽人晉簡文帝時爲臨淮太守以春秋穀梁氏未有善釋遂沉思積年爲之集解其義精審爲世所重
韓愈字退之鄧州南陽人
范仲淹字希文蘇州吳縣人
胡瑗字翼之泰州海陵人
楊時字中立南劍將樂人從二程講孔孟絶學於熙豐之際河洛之士翕然從之世

稱龜山先生
羅從彦字仲素南劍人龜山門人著尊堯録以發明治道朱子嘗言龜山之門從遊甚衆然潛心力行任重詣極惟仲素一人而已世稱豫章先生
李侗字愿中南劍州劍浦人豫章門人與朱松爲同門友松雅重之遣子熹從學卒得其傳世稱延平先生
張栻字敬夫漢州綿竹人浚之子作希顔

録以發明聖道世稱南軒先生

黄　幹字直卿福州閩縣人朱子門人朱子稱其志堅思苦乃以女妻之曰吾道之託在此編禮著書日不暇給有經解文集行世

真德秀字景元後改景希建州浦城人

何　基字子恭婺州金華人

趙　復字仁甫江西德安人家江漢之上以江漢自號故世稱江漢先生

金履祥字吉甫婺州蘭溪人世稱仁山先生

陳　皓字可大南康都昌人註禮記明制頒於學宮今用之

吳　澄字幼清江西撫州府崇仁人生於宋季自幼以聖賢自期杜門著述闡明聖學宋亡不仕及元世祖徵之遂應詔赴闕仕至學士卒謚文正世稱草廬先生宣德十年詔從祀兩廡嘉靖中禮臣張璁以其忘宋仕元議黜之今乾隆二年復祀從言官請也

陳獻章廣東新會人世號白沙先生

胡居仁江西饒州府餘干人

蔡　清福建泉州府晉江人著四書蒙引世稱虛齋先生

啟聖祠孔氏五代

昌聖伯夏公左第四位

裕聖祈父公左第二位

肇聖木金父公中第一位

詒聖防叔公右第三位

啟聖叔梁公右第五位

啟聖祠四配

先賢顏氏諱無繇復聖父

先賢曾氏諱點宗聖父

先賢孔氏諱鯉述聖父

先賢孟孫氏諱激亞聖父（今神主題曰激公宜）

啟聖祠東廡

先儒周輔成濂溪父

先儒程珦二程父
先儒蔡元定仲默父
啓聖祠西廡
先儒張廸橫渠父
先儒朱松紫陽父

明嘉靖中張璁請定文廟典制疏引宋洪邁之言曰自唐以來以論語所記顏子至子夏為十哲坐祀廟堂上其後升顏子配享則進曾子於堂居子夏之次然顏路曾點乃在廡下從祀之

列子雖齊聖不先父食其何以安又引熊禾之言曰宜別設一室以叔梁紇居中顏無繇曾點孔鯉孟孫氏侑食西嚮又引宋治時祭酒謝鐸禮部程敏政請以程子父珦朱子父松從祀啓聖以珦不附王安石新法松不附秦檜和議故也啓聖祠之設自璁始至於周輔成蔡元定張廸乃
國朝所增而追封孔氏五代則雍正三年始也

武廟典制

關廟之祀由來已久至我朝而尤極尊崇然順
而朝未聞殊典雍正三年奉
旨追封關聖之曾祖為宣昭公祖為裕昌公父為成忠公敕各處關廟於大殿後設主供奉每歲春秋致祭又於雍正五年奉文祭
關帝廟春秋二祭照
文廟祭儀又於五月十三日
聖誕一祭每歲恭祭三次於本年額徵地丁項下動支銀三十五兩七錢四分六厘

枝邑關廟城內外多有而歲時朔望行香致祭之所則在北城內三祭則在大東門外

外史氏曰自炎精失焰漢祚潛移曹瞞以陰狡猾之姿割據中原孫權席父兄累世之業奄有江東昭烈以帝室之冑毅然欲伸大義於天下間關戎馬屢躓屢起譬之徒手而搏頁負嵎之虎誰不懼其難者公以萬人之敵負蓋世之氣感一時雲龍知遇奮不顧身所謂蜀漢長城者非公其誰而豈徒與矯矯虎臣輩爭一旦之

命乎當其破樊城而直下也曹仁喪膽許都震動駸駸乎有迎刃而觧之勢惜乎天不祐漢躓於呂蒙之計此忠臣義士負戟而長嘆者也記曰以死勤事則祀之噫此公之所以百世祀與而獨枝江之有廟乎哉

名宦祠在學宮門內

名宦祠胡為而設也重有功尊有德以是為報則死者不愧以是為勸則生者思法故祀於澤宮左右者必登諸志蓋其慎也先生之典法施於民則

祀之以死勤事則祀之以勞定國則祀之能禦大菑則祀之能捍大患則祀之仕宦而有一於此則可以俎豆勿替矣我邑自秦漢至今歷世久遠筮仕者更僕難數而何以有明前後並無其人豈明之前湮沒而不彰耶明之後盡為阿大夫而無一人為即墨大夫者耶吾是以讀芃苗膏雨之詩而悠然於下泉之懷郇伯也

史子矗宋人朝散大夫萬厤二十六年土人耕於野得史公墓誌知縣周仲士為之瘞于石龍口且詳請入名宦祠見藝中山水記

程　德元時人詳見秩官志

李　智詳見秩官志　以下俱明代人

蔡　文宏治間任詳見秩官志

顏　鑰嘉靖間任詳見秩官志

高公夏　舊志載有詳請崇祀名宦蘗係嘉靖三十二年知縣董燧申文

董　燧詳見秩官志

許文獻嘉靖間任詳見秩官志

余能繼萬歷間任詳見秩官志

李　桐宏治間人以教諭入祠詳見秩官志

蔡文清嘉靖間人以教諭入祠詳見秩官志

劉　傑嘉靖間人以訓導入祠詳見秩官志

陳試傑洪武間人以典史入祠見秩官志

沈嘉聞萬歷間人以教諭入祠見秩官志

秘延瑞國初順治三年任詳見秩官志

右名宦祠十五人

鄉賢祠在學宮門內

昌黎云古之鄉先生没而祭於社今之鄉賢祠亦猶祭社之義也砥礪名節束身修行一鄉之善士即一國之善士也故側於學宫之末而梓里生光士子矜式非其人者無從闌入也其斯為黍稷非馨明德惟馨者與

霍峻　三國時人詳見藝文志

董和　三國時人詳見藝文志

董允　董和之子詳見藝文志

劉凝之　劉宋時人詳見藝文志

龔英　明永樂乙未進士選庶吉士授工部主事

劉仕英　明初人詳人物志

田原慶　永樂時人詳人物志

潘永智　永樂時人詳人物志

何勗　正德時人詳人物志

卞懃　嘉靖時人詳人物志

裴相　正德時人詳人物志

田大本　嘉靖時人詳人物志

潘希召　萬歷時人詳人物志

右鄉賢祠十三人

忠義孝弟祠三間在學宫門内

雍正九年欽奉

上諭各府州縣衛所建立忠義孝弟祠及婦女節孝祠立石書名於上春秋祀之

節義祠三間在學宫門内雍正十一年知縣傅埰修

貞婦毛金氏　邑生毛瀚澄之繼室詳列女志雍正十一年奉文入祠

淡譚氏　邑民淡士儒之妻詳列女志乾隆元年奉

文入祠

楊雷氏　邑民楊受露之妻詳列女志乾隆四年奉文入祠

趙阮氏　邑民趙世璠之妻詳列女志乾隆二年奉文入祠

陳覃氏　邑民陳開賢之妻詳列女志乾隆二年奉文入祠

田周氏　邑民田蓋祿之妻詳列女志乾隆二年奉文入祠

施田氏　邑民施孔曰之妻乾隆四年奉文入祠
李譚氏　邑民李文洙之妻乾隆五年奉文入祠
雙節劉蕭氏　一為劉名世之妻一為名世子方藁之妻皆蕭氏詳列女志並於乾隆五年奉文入祠
烈女淡大姑　邑民淡公賴之女詳見列女志乾隆四年奉文入祠
右節義祠十一人

城隍廟　在縣治南　正殿三間嘉靖四十一年知縣楊邦俊重修　前門外石牌坊萬歷二十五年

知縣周仲士建　頭殿三間二殿三間戲樓一座康熙五十四年知縣張聯星建　雍正三年知縣陳惪榮改建戲樓併兩廡各七間　乾隆二年知縣李恂重修前殿内石橋一座　乾隆五年知縣王世爵重脩兩廡整塑神像

外史氏曰城隍之神經所未載惟周禮有司民之祭當是知今城隍而未嘗明言城隍也北齊書慕容儼鎮郢城城中有神廟號城隍之神儼率衆禱之城隍之名始此然未有常祀也及觀唐李陽冰當塗城隍廟記則知祀典應始唐時若夫府稱威靈公衛稱炳靈公州稱靈佑侯縣稱顯佑伯不知始自何代明初沿襲此號洪允明九朝野記載洪武冊封天下城隍勅書曰帝王受天明命行政教於天下必有生聖之瑞受命之符此天示不言之妙而人見聞所及者也神司淑慝為天降祥亦必受天之命所謂明有禮樂幽有鬼神天理人心其一致也朕君四方雖明智弗類代天理物之道實罄於衷思應天

命此神所鑒而簡在帝心者也君道之大唯典神天有其舉之承事惟謹維爾城隍神明正直聖不可知固有超乎高城深池之表者世之崇於神者則然神受於天者蓋不可知也茲以臨御之初與天下更始凡城隍之神皆新其命睠此郡城（州縣同）明祇所司宜封曰鑒察司民城隍威靈公（州縣各隨所称）威則照臨有赫靈則感通無方此固神之德而亦天之命也司于我民鑒於郡政享茲祀典悠久無疆主者施行及洪武三年

改稱某省某府某州縣城隍之神通行天下有
司朔望行香新任者先行謁見
本朝因之

土地祠 在縣署大門內

公廳內必有土地祠其來已久先儒以爲社祭五
土之神一曰山林二曰川澤三曰邱陵四曰墳衍
五曰原隰社者所在土地之名凡土之所産人皆
賴之故祭焉
或問祭方澤又何神答曰方丘天地之神社祭邦
國鄉村之神[illegible]

行古之道也

先農壇 在縣西門外一里坐落千弓壇上雍正六
年知縣喬湃奉文領帑修建
正宇三間　兩廂房各一間　門樓一間
土墻一圍　壇基二畝　耤田四畝九分
雍正四年奉
旨各府州縣衛所設立先農壇建於城外吉地耤田若
干畝祭品來帑辦半金備每歲仲春亥日遵照定
例本官率屬員耆老農夫恭祭先農之神祭畢行
耕耤禮本官扶犁庶人終畝歲終以耤田所收之
穀敬謹收貯神倉以供各祭祀粢盛之用蓋特典
也

社稷壇 在西門外半里有界址碑記俗稱西壇
神碑一通　石碑一通　大小臺二座
土墻門樓柵俱全　雍正十年知縣傳掾奉文修
禮有壇有廟壇以掃地而祭廟以設屋而享壇
而不屋升臭以達諸陽也屋而不壇灌鬯以達
諸陰也祀天神祭地祇享人鬼秩宗之掌如是

明斯義也序之以禮和之以樂施之於政發之
於事可以治天下國家而神降之嘏矣

山川風雲雷雨壇 在大東門外半里俗稱東壇
神碑一通　石碑一通　大小臺二座　土墻門
樓柵欄俱全　雍正十年知縣傳掾奉文捐修

厲壇 在縣北門外半里坐落烏陽岡
厲壇之設非功非德非神非仙而血食於茲土者
何先王理幽之義施恩於無主之鬼至深且渥也
子產有言匹夫匹婦强死其魂魄猶能憑依於人

以為淫厲又曰鬼有所歸乃不為厲誠哉是言夫無主之鬼不可無主司一郡者即一郡之主司一州一邑者即一州一邑之主飽餒於幽澤骨於朽非主者之職而誰職哉故一歲之中清明日祭中元日祭十月朔祭有司親往視牲此明制也明初京都祭太厲王國祭國厲府州祭郡厲縣祭邑厲民間祭鄉厲繫牲明制夫有所受之矣

朝因之今而後若敖氏之鬼可無餒而

第四卷祭祀志終

秩官志第五

虞廷命官周禮分職五緎五紽汝為汝翼大法小廉宣猷布德勿嫌地遠無畏勢偪各盡乃心以匡王國肇路開疆桃弧啟域丹陽舊封山明水湜雖在天南即同君側自漢迄今幾人可式此去彼來殊難記憶約畧如干聊濡翰墨作秩官志

官制

唐制枝邑有令有丞有尉明代無丞不置尉設典史一員今仍之　儒學教諭訓導明制全設

國朝因之後以三尊之變大縣全設中縣去訓留諭小去諭留訓事平旋復舊制　舊有流店驛設驛丞一員明萬歷二十六年改為三縣驛今裁　舊有廣積倉大使一員久已奉裁　陰醫僧道四司全設

知縣

唐

韋　庇京兆人以殿中侍御史謫枝江令有為得宜乃作南亭以自適

宋

高汝士鄉貫失記為枝江令鮮于侁唐介俱薦於朝乞移之按高汝士鮮于侁皆宋人舊志不考而妄云唐人今正之

姚 肩南宋時知枝江縣遭金虜入寇生民塗炭公力為保護邑民賴之見墓志并碑記

程 德元武宗至大二年任鄉貫出身未詳舊志稱其德禮化民政蹟昭著

明

易 真洪武七年任鄉貫出身無考

王 滿河南汝寧府人由賢良方正保舉洪武二十三年任舊志謂其復設縣治相度地形起造廨舍興學惜民厥功懋著

高 敏四川重慶府長壽縣人宣德年間任出身無考

陶 繼江南蘇州府吳縣人由文學授知縣正統六年任舊志稱其持身嚴謹門無私謁

劉 瑀江西贛州府瑞金縣監生正統十三年任

何 澄浙江嚴州府淳安縣監生天順二年任

周 鎬四川嘉定州威遠縣監生天順七年任

許 穆浙江台州府天台縣人監生天順八年任

闕 忠直隸大名府魏縣人監生天順八年任為政有聲編輯枝江縣志今失傳都御史楊有獎語云心懸報國質天日以無私政在養民藹陽春之有腳後陞府通判去

江 僎江南揚州府高郵州人監生成化十三年任

李 智陝西西安府三原縣人舉人宏治元年任

舒 珪江西南昌府進賢縣人舉人宏治八年任

蔡 文河南汝寧府信陽州人監生宏治十二年任舊志稱其遷建學校愛養黎民

吳 洪四川馬湖府人監生正德元年任

成 斐江南揚州府泰興縣人監生正德五年任舊志稱其持己廉潔不受私謁修廢舉墜建置功多完婚助葬賑貧恤孤士民感德重修枝江縣志

王應奎江南高郵州人監生正德十六年任

武太和四川重慶府安居縣人舉人嘉靖五年任
為仇民訐控罷官去

高公夏四川成都府内江縣人舉人嘉靖八年任
舊志曰存心公恕行已端平歷政六年民樂其治嘉靖三十二年知縣董燧詳請奉祀名宦其申文云卑職自莅任以來訪求前烈典型俱在盡稱小峰賢侯惠政恒存真吾枝江父母六年初志不變一邑百廢具興作宦有聲致政以禮

云云

盛懋江南揚州府儀真縣人監生嘉靖十五年任

沈元亨浙江衢州府西安縣人監生嘉靖十六年任

黄龍江西南昌府南昌縣人例貢嘉靖十八年任

梁國器廣西潯州府平南縣人監生嘉靖二十年任舊志稱其諳達治體期月著聲惜其在任不久

柳華江西九江府德化縣人例貢嘉靖二十年任重修枝江縣志

張友仁貴州人舉人嘉靖二十二年任

顏鑰江西吉安府永新縣舉人嘉靖二十四年任舊志稱其持身簡静立政公平歷任六年士民咸服繼任知縣董燧考語云三擢王官盡道伸中之屈六年令尹皆懷去後之思云云

董燧江西撫州府樂安縣人舉人嘉靖三十年

任舊志稱其智識蟻穴膽折蛟騰愛士民如離裏屬毛抑奸猾似發棠振落去任已過週甲感德猶同在時續脩枝江縣志

趙恂廣西柳州府馬平縣人舉人嘉靖三十四年任

楊邦俊雲南大理府太和縣人舉人嘉靖三十八年任

許文獻江南蘇州府長洲縣人選貢嘉靖四十二年任舊志稱其明同秋月操並寒潭陞東昌府

判去去之日橐無剩金路費不給其在任時憲
司及府議加油燭庫子之役公力争於當道民
甚德之
方　著四川成都府仁壽縣人監生嘉靖四十三
年任
高　第四川夔州府梁山縣人舉人隆慶元年任
冷文煜四川重慶府銅梁縣人舉人隆慶二年任
舊志稱其慈和豈弟民有冬日之愛旋即内陞
部郎轉某省僉憲赴任過楨枝民老幼道迎相

對泣下失聲遮留數日始行
崔大壯廣東廣州府番禺縣舉人隆慶四年任
耿師恭雲南府晋寧州人舉人隆慶五年任舊志
言其儘有明察偏任羣小
蔣　琅廣西桂林府全州人舉人萬歷元年任
余能繼四川重慶府長壽縣人舉人萬歷六年任
舊志稱其剛果不刻
李陽吉浙江處州府縉雲縣人舉人萬歷九年任
舊史稱其選士課文親為評隲不牽於簿書建

有龍坡書院
牟有年四川夔州府奉節縣人歲貢萬歷十三年
任
賴敷化河南汝寧府人恩貢萬歷十四年任舊志
稱其任法尚嚴而小民安之
邵象賢雲南永昌府人選貢萬歷十七年任
謝應賜江南廬州府無為州人選貢萬歷十九年
任
周仲士字鐵所四川成都府仁壽縣人萬歷壬辰

進士廿四年任舊志稱當枝士榛蕪之日文教
聿新及播酋戎馬之時民生不擾公之力也訂
正枝江縣志
羅　達四川眉州丹稜縣人選貢萬歷廿八年任
陳其誠廣東肇慶府封川縣人選貢萬歷二十九
年任舊志稱其聽訟惟明馭下有體
陳典學浙江温州府平陽縣人舉人萬歷三十四
年任卒於官
劉廷論河南開封府禹州籍浙江寧波府慈谿縣

人歲貢萬厯三十五年任舊志稱其心地慈祥
法網潤畧
錢奏勳浙江杭州府仁和縣人歲貢萬厯三十八
年任善於政教優於文學後修枝江縣志
朱貽燕四川人貢生萬厯四十二年任
趙善鳴江西吉安府廬陵縣人舉人萬厯四十五
年任
陳　鉉四川舉人天啟元年任
王朝禎江西建昌府人貢生天啟四年任

王宇燧雲南舉人天啟七年任
陳　祺四川成都府溫江縣人崇禎二年任
鍾其偉河南人貢生崇禎五年任
吳文程江西撫州府東鄉縣人舉人崇禎六年任
劉用良北直順德府人貢生崇禎九年任
胡鳴岡江南徽州府績谿縣舉人崇禎十年任著
有賢聲十五年冬李賊陷荊州使人說降公焚
其書囚使於獄後出城巡江水手刼之投賊公
卒不屈城陷後不知所終

國朝
秘延瑞北直河間府故城縣人崇禎己卯舉人順
治三年任時西山寇亂全楚震動而枝邑尤甚
公撫卹殘黎不為無功然嚴威太過奸民猾吏
多怨之者適署宜都吏民有骫法者懸捕嚴切
遭其反噬且訛傳連帥積憤於公陰與為難公
聞信閉户投繯後月餘卹報行取部屬而公已
歿
李花白河南汝州寶豐人貢生順治五年任興利

除害詳實政惟嚴　待士則積不可掩附離志
曲允斌漢軍貢生順治九年任補築百里洲提有
德于民後陞山東泰安州知州旋陞青州府知
府
田禹稼河南開封府禹州人貢生順治十五年任
時江水泛漲民苦墊溺乃除免其災户之徭又
詳請開倉發賑又巴歸遠人投誠安插枝土者
一併計口給糧或言彼非枝民不可給公曰彼
居枝土即枝民也能忍其飢耶由是全活甚衆

莅玆五年洊錄二次辛丑正月

世祖哀詔未至誤用硃印申文院司查勘豪猾乘機欲中傷百姓會叩臺訴冤事得白至康熙元年奉檄入城二年所丁歸衛八里修城不無苦役申詳各憲軍民各半施工民感悅工尚未竣而以疾卒

方象璜浙江嚴州遂安人進士荆州府理刑康熙三年前令疾卒内興工役外勸餘貲院司遂竣

周廷桂直隸河間府東光人吏員康熙三年任興廢舉墜勇於為善

李振纓福建人舉人康熙九年任

張其行河南人順治辛丑進士康熙十一年任十三年遭吳逆之亂望風迎降旋授偽職賊敗後遁歸道過枝江為居民攔住猶以舊令自居其無恥如此

李毓昌山西太原府文水人吏員係行都司經歷委署康熙十三年吳逆叛亂枝邑為賊所陷我朝大兵駐江北與賊隔岸分治偽知縣鄭居廣治江南李公治江北在池塘湖徵收錢糧以給軍餉假廣積寺為署十八年賊退始入枝城莅任九年士民愛戴二十一年壬戌遷武昌府經歷蓋仍以吏員陞轉故也至今邑治前有去思碑

葉淑衍浙江衢州府人進士康熙廿一年任振興學校以性情偏僻大計填叅

趙嘉星浙江寧波府人貢生由教諭陞縣令康熙二十五年任二十六年丁卯以亂法為里民李素生訐控罪擬上服明年戊辰夏逢龍作亂乘

間逸去賊平仍按荆州府獄後遇赦免

孟起鳳直隸延慶州人康熙壬子選拔貢生廿七年任以貪酷告發罷去

常文質直隸永平府盧龍縣人監生捐納康熙三十一年任三十六年以大計填叅罷去

孔毓基山東兗州府曲阜縣人聖裔康熙三十七年任在任十二年補修百里洲堤防民多賴焉康熙四十八年奉文行取以預支錢糧虧空被叅罷去

郭　惺河南歸德府夏邑人監生康熙四十八年任四十九年丁内艱去

張聯星江南揚州府儀真縣人監生康熙四十九年任五十六年六月内因迎接偽欽差孟光祖事發解任去

任　直四川重慶府綦江縣人舉人康熙五十七年任六十年大計填忝罷任

陳惪榮北直保定府安州人康熙壬辰進士六十一年任剛果有為政教俱善嘖嘖口碑民多去後之思雍正三年陞貴州黔西州知州今現任貴州布政司使

許慶遠順天府大興縣人歲貢雍正三年任五年因奉委督修江陵縣隄工告發被忝罷去

仝　流山東濟寧州鄆城縣人舉人雍正五年任六年正月丁憂謝事

喬　浉江南揚州府寶應縣人舉人雍正六年任七年調任江陵假聰慧以討能員罷官死於任所

傅　埰直隸真定府靈壽縣人舉人雍正七年任十二年因交結土司案内被忝去任

蔡泰生陝西西安府三原縣人進士雍正十二年任乾隆元年調補施南府咸豐縣復調漢陽府漢川縣

李　恂山西潞安府長子縣人拔貢乾隆元年任二年六月丁艱謝事歿於枝

王　珖山西平陽府芮城縣人拔貢乾隆二年六月任

王世爵鑲黄旗漢軍癸巳科舉人乾隆二年任二十年前西秦學製荏苒至今偃蹇如故昔人云縣不負令令常負縣晨夕念此不覺通身汗下愳魚瘵鹿黽勉簿書聊圖報稱懼速官謗也青谿自識

外史氏曰為縣難為枝江縣更難地當入蜀要衝風檣塵馬奉使承差以及蔡流過解絡繹繽紛而縣無驛置應付孔多又無舂宿開銷雖有召杜龔黄亦難咄嗟立辦也環境四百里地非

不廣烟火十萬家人非不多而田賦科規荊州三衛什收其七惟有地方防禦版籍稽察盜案民辭軍民政教悉於縣令考成自朝至于日中昃不遑暇食焉計荊郡諸邑中賦少而事繁莫有過於枝者是為二難洲地處大江中參半平原全倚堤防為命一經淫雨兼旬陽侯肆虐崩隄決岸漂没廬廛民泣其魚官吏疲于奔命賦税缺於額徵以故濱江諸縣未有如上下百里等洲之甚者安得親民之官盡如李崇王導者

而以身殉之此又一大難者也官不擇地地須擇官歷紀從前司土其也賢其也才其也平庸其也不肖燭照數計無所逃於後人之耳目可不懼哉可不慎哉

縣丞

唐

李暠新唐書宗室列傳云暠孝節曾孫太祖第八子鄭王亮亮生淮安王神通神通十一子得王者七人道彥孝詧孝同孝慈孝友孝節孝義少孤事母孝始為枝江丞荊州長史張柬之曰帝宗千里駒吾得其人有傳載藝文志舊志乃以帝宗為暠字非也

明

詹尹洪武元年任鄉貫出身無考

縣尉

唐

盧景亮字長晦幽州范陽人德宗時以進士為枝江尉入為右補闕唐書有傳詳藝文志

外史氏曰據唐書京縣尉從八品畿縣尉正九

品外縣尉從九品其職分判衆曹收率課調據此則尉乃品官非雜職也唐以進士為之內陞監察御史或拾遺或補闕或中書舍人如王鉷以鄠縣尉張嘉貞以平鄉尉柳渾以單父尉顔真卿以醴泉尉陸贄以渭南尉俱遷監察御史高適以封邱尉李揆以陳留尉李珏以渭南尉嚴挺之以義興尉俱遷拾遺裴佶以藍田尉韋處厚以咸陽尉俱遷補闕崔祐甫以壽安尉苗晉卿以修武尉俱遷中書舍人裴樞以藍田尉

遷直宏文館大歷中博陵崔損以進士調咸陽尉避親諱改大理評事尉之出身如是陞遷如是舊志不考書傳乃以盧景亮入典史之例而係之曰尉殊屬冒昧今據唐書改正

教諭

明

陳　特湖廣岳州府華容縣人儒士洪武十三年任

劉　冲江西吉安府廬陵縣人進士洪熙元年任

陳　序浙江湖州府烏程縣人舉人正統五年任

夏時敏浙江台州府黃岩縣人舉人景泰元年任

陳　裕四川重慶府涪州人舉人景泰元年任

孫　勝江西南昌府豐城縣人舉人成化二年任

項　潭福建福州府福清縣人舉人成化二十年任

虞　貴廣西柳州府馬平縣人舉人宏治三年任

李　相貴州前衛人舉人宏治十八年任

黎東直廣東瓊州府人監生正德九年任

時　來雲南楚雄府人監生正德十五年任

蕭崇禮福建延平府南平縣人監生嘉靖九年任

張　瑞貴州鎮遠府人歲貢嘉靖二十八年任

金　濟浙江處州府龍泉縣人選貢嘉靖十五年任

蔡文清福建福州府閩縣人選貢嘉靖二十三年任

張　時江西臨江府清江縣人歲貢嘉靖三十三年任

索　俊四川順慶府南充縣人舉人嘉靖三十八

年任

白　詔四川重慶府涪州人歲貢嘉靖四十一年任

王大化四川順慶府蓬州人歲貢隆慶二年任桀驁凌轢士多怨之

劉　朴四川成都府郫縣舉人隆慶五年任

張　璠本省澧州人歲貢萬歷元年任

曾　軒江西饒州府安仁縣人歲貢萬歷二年任

孫　傑四川成都府成都縣人舉人萬曆六年任
錢　袞長沙府湘潭縣人歲貢萬曆九年任
馬性和貴州烏撒人舉人萬曆十三年任
薛逢鳴福建福州府福清縣人歲貢萬曆十六年
任盛氣待人署本邑印頗有穢聞
沈嘉聞南直蘇州府吳江縣人舉人萬曆二十年
任崇禎十三年入名宦祠
歐陽泰本省鄖陽府竹山縣人歲貢萬曆二十二
年任

胡汝馴遼東金州人歲貢萬曆二十七年任
尹以譚本省武昌府嘉魚縣人歲貢萬曆二十九
年任
王世卿四川重慶府合州人歲貢萬曆三十四年
任
鄭國彥本省岳州府臨湘縣人歲貢萬曆三十六
年任
羅尚賓本省鄖陽府房縣人歲貢萬曆三十八年
任不事博辦雅飭廉隅而足挽士風

臧隆恩貴州畢節衛籍江南淮安府人恩貢萬曆
四十年任
張圖南履歷無考
周嗣隆江西人貢生崇禎五年任鄉貫失記
周啓元本省黃州府黃岡縣人天啓丁卯經魁崇
禎八年任
尹承宗襄陽府宜城縣人歲貢崇禎十一年任
尹湯濱漢陽府漢川縣人歲貢崇禎十三年任

國朝

王　彝安陸府景陵縣人貢生順治四年任
廖養毅安陸府當陽縣人貢生順治八年任
侯維烈本省武昌府興國州人歲貢順治十年任
蔡之芳本省岳州府華容人歲貢順治十二年任
劉治臣本省岳州府臨湘人歲貢順治十七年任
楊士升本省黃陂人歲貢
姜維周本省黃州府人捐貢康熙十八年任
陳國柱漢陽府漢川人康熙壬子選拔貢生二十
年任在官十七年陞江西崇仁縣知縣

歐陽壽安陸府潛江人貢監康熙三十七年任

郭志仁漢陽府漢陽人捐貢康熙五十年任雍正初調佐貳解任

曆用豫漢陽府孝感縣人舉人雍正三年任

程明濤漢陽府孝感縣人捐貢雍正五年任

晏景殊漢陽府孝感縣人增廣生雍正五年公舉引見奉

旨居家孝友行止端方才堪辦事文藝可觀着以教諭用七年到任

訓導

明

梁　敏廣東肇慶府高要縣人進士宣德二年由太子洗馬降官

周　璟四川重慶府永川縣人舉人宣德七年任

洪文璧四川成都府內江縣人舉人景泰七年任

傅　元江西臨江府新淦縣人舉人成化二年任

姚　朴浙江杭州府餘杭縣人舉人成化二年任

姚　謙四川成都府金堂縣人監生成化三年任

夏彥良四川重慶府涪州人監生成化六年任

費　倫浙江湖州府歸安縣人監生成化六年任

鄭　鏐福建福州府侯官縣人監生宏治十二年任

舒　華河南光州光山縣人監生宏治十八年任

杜　璇四川潼川州樂至縣人監生正德元年任

沈　綱南直安慶府望江縣人監生正德四年任

楊　滔四川潼川州蓬溪縣人監生正德八年任

周士元四川重慶府安居縣人監生正德十一年任

祝　南四川成都府內江縣人監生正德十六年任

奚　理江西廣信府弋陽縣人監生嘉靖元年任

鄒　智浙江衢州府西安縣人監生嘉靖三年任

葉　燦福建漳州府龍巖縣人監生嘉靖六年任

任守相四川成都府羅江縣人監生嘉靖九年任

劉　傑雲南永昌府人監生嘉靖十五年任

呂　恩四川重慶府忠州人監生嘉靖十八年任

吴明極四川順慶府隣水縣人監生嘉靖二十二年任
高　交四川夔州梁山人監生嘉靖二十四年任
彭羌軒四川嘉定州夾江縣人歲貢嘉靖二十八年任
劉　佐四川重慶府墊江縣人歲貢嘉靖二十九年任
王嘉表四川夔州府開縣人歲貢嘉靖三十三年任

李　延四川瀘州合江縣人歲貢嘉靖三十七年任
尹懷仁四川成都府新津縣人歲貢嘉靖四十年任
楊正和南直鎮江府丹徒縣人歲貢嘉靖四十三年任
常思良山西平陽府垣曲縣人歲貢隆慶二年任
李　幹四川龍安府江油縣人歲貢隆慶六年任
向文魁四川夔州府開縣人歲貢萬歷三年任
徐維屏四川松潘衛人歲貢萬歷六年任
李　旻本省安陸府荆門州人歲貢萬歷九年任
張宗聖本省常德府桃源縣人歲貢萬歷十四年任
古　梗本省武昌府嘉魚縣人歲貢萬歷十八年任
冷朝煦四川成都府資縣人歲貢萬歷二十二年任
駱自安貴州都匀府人歲貢萬歷二十七年任

戴若星本省襄陽府宜城縣人歲貢康熙十九年任陞貴州銅仁府經歷
王帝賓本省襄陽府宜城人歲貢康熙三十三年任
李奎芳襄陽府襄陽縣人歲貢康熙三十七年任
劉羲年本省武昌府大冶縣人歲貢康熙四十二年任五十一年壬辰大計罷官
楊天映安陸府鍾祥縣人歲貢康熙五十二年任殁於枝

周思恭　鄖陽府人歲貢康熙五十六年任

傅詷　衡漢陽府孝感縣人歲貢雍正四年任歿於

枝

我朝儒學博士專用本省人誠為立法盡善不然青氊之俸幾何而萬里遠宦仕途之苦無過是者即此一端具見體恤微員至意膺斯職者當何如樂育鼓舞興起斯文以報稱朝廷也

典史

明

陳試傑　交趾夏華人吏員洪武元年任

陳保通　福建福州府福清縣人吏員正統四年任

徐儀　南直常州府江陰縣人吏員景泰七年任

宋瑄　浙江紹興府會稽縣人吏員天順八年任

彭鉉　河南人吏員成化三年任

戚斌　山東人吏員宏治三年任

陳詳　江西南昌府新建縣人吏員宏治十二年任

翁鈇　浙江寧波府慈谿縣人吏員正德四年任

魏官山　四川邛州人吏員正德十六年任

佘永泰　四川叙州府長寧縣人吏員嘉靖二年任

張朝宮　陝西西安府洛南縣人吏員嘉靖五年任

李軌　陝西人吏員嘉靖十一年任

錢康　浙江寧波府鄞縣人吏員嘉靖十三年任

岑璣　廣西梧州府蒼梧縣人吏員嘉靖十七年任

胡堂　四川成都府金堂縣人吏員嘉靖二十年任

張光　福建漳州府龍溪縣人吏員嘉靖二十五年任

喻棟　江西南昌府新建縣人吏員嘉靖三十年任

徐堂　南直蘇州府吳縣人吏員嘉靖三十四年任

楊得時　南直鳳陽府亳州人吏員嘉靖四十年任

張絢　江西南昌府南昌縣人吏員萬歷元年任

朱鉅　江西南昌府新建縣人吏員萬歷二年任

吴文昭浙江紹興府餘姚縣人吏員萬曆五年任
余時造江西廣信府永豐縣人吏員萬曆五年任
方世輔南直太平府蕪湖縣人吏員萬曆八年任
羅允禎廣東廣州府南海縣人吏員萬曆十二年
任
龍光榮江西南安府大庾縣人吏員萬曆十六年
任
李大能廣東廣州府南海縣人吏員萬曆十八年
任

江汝濟四川叙州府隆昌縣人吏員萬曆二十年
任
朱兆亮江西建昌府南豐縣人吏員萬曆二十二
年任
虞世騰四川潼川州鹽亭縣人吏員萬曆二十五
年任
方有崙南直太平府蕪湖縣人吏員萬曆三十年
任
蔡長員福建汀州府長汀縣人吏員萬曆三十三
年任
謝明俊江西瑞州府高安縣人吏員萬曆三十六
年任毆堂官撚去其鬚趂剝小民及其骨
吳應龍南直鎮江府丹徒縣人吏員萬曆三十九
年任
劉　軔履歷無考
張九山履歷無考
溫肖從天啓元年任履歷無考
郭維翰崇禎十一年任履歷無考

平應昌崇禎十四年任履歷失考
國朝
金榜士浙江人順治四年任
[illegible]臣浙江人順治八年任
[illegible]浙江人順治十三年任
[illegible]江人順治十六年任
宋宗文浙江杭州府錢唐縣人順治十八年任康
熙十三年為吳逆隔住不曾入城在府爲總督
蔡巡捕（時總督蔡駐箚荊州）至十八年猶未卸事未知何

年去任
孫應蘭山西人吏員繼朱宗文為典史不知何年到任康熙廿四年以大計被參
李繼綱山東青州府益都縣人吏員康熙廿五年任與令齟齬假丁艱回籍
薛　琮順天人吏員康熙廿九年任
王　璥山西人吏員康熙三十年任
沈昭麟浙江人吏員康熙三十四年任三十七年以重囚越獄被叅殁瘞於枝

沈宗聖浙江紹興人吏員康熙三十九年任後陞廣東花縣巡檢將嫡庶二母及妻三柩置野地一空室而去乾隆元年七月後任典史沈濵憐其暴露卜瘞於北門之教塲填掩骼埋胔亦屬盛德事也
沈　濵浙江杭州人禮部儒士雍正二年任能詞古無典史有明設此代尉所以弊厲府史胥徒也尉以士流典史以吏員除尉設典𨒪叙流品最為良法然初時許貢監借故宣德八年癸丑科真定人曹鼐以典史觧京不赴求因亦會試大魁天下宣德以後停會試例居此官者亦以雜職埋頭杭人龔佳育亦以典史累官至安徽布政陞巡撫內陞光祿正卿百年之内僅此二人雍正三年朝議復設縣尉以疏通科甲之壅滯者而道謀不潰於成盖恐撓縣令之權而與不受民詞之例相左也尉與典史之别如此俗誤以典史為尉不亦過呼乎

流店驛驛丞　明代失考　國朝略記二人
高以寧浙江人
王　琰陝西人康熙三年任五年奉裁
廣積倉大使
缺久奉裁舊志無考歷官者亦不知其為某某也

附封爵

徐湛之宋高祖永初三年封枝江縣侯食邑五百户詳見藝文志
徐孝嗣宋武帝大明中襲爵枝江縣公嗣湛之孫年

八歲襲爵詳見藝文志

徐恒之湛之第三子也湛之三子聿之謙之恒之元凶之難二兄俱被害孝武帝即位恒之嗣枝江侯尚太祖第十五女南陽公主蚤卒無子聿之子孝嗣紹封

王瑩齊東昏侯永元初既殺徐孝嗣瑩總朝政封枝江縣侯詳見藝文志

杜崱梁武帝太清三年封枝江縣侯有傳載藝文志

蕭譽梁昭明太子之次子也字重孫武帝普通二年封枝江縣公藝文志有傳

元景仲北史宗室列傳景仲魏太祖子陽平王熙之元孫也父法僧祖鍾葵曾祖佗即陽平王之長子襲封王爵後法僧奔梁梁武帝封為始安郡王尋改封宋王卒於梁子三人景升景隆封升陽公景仲封枝江公侯景作亂誘召之許奉為主景仲將應之為陳霸先所攻乃縊而死

枝江莊惠王貴熠明太祖子遼簡王植之第十二子也宣德七年封於枝江謚莊惠子靖僖王豪墭孫渾㙻王恩錢曾孫悼懷王寵潤元孫致擑無子國除

第五卷秩官志終

選舉志第六

燕臺市駿先為買骨滄海求珠不辭探窟闢門籲俊英豪濟發漢策唐詩科場津筏明尚八股其興也浡至今因之步趨不蹶皓首窮經才殫力竭幸而入彀身依日月雖此枝江地靈蔚勃春秋杏桂詞場卓越鵬奮天池鴻騫帝闕昔固連茹今豈拆戟中遭兵燹科名未歇溯始迄終姓字昭揭作選舉志

進士

龔　英永樂乙未進士選庶吉士授工部主事

田原慶永樂乙未進士任御史

劉　悌枝江人由山東鄉試中式舉人登嘉靖癸未進士任工部郎中

余明彝順治壬辰進士初授陝西甘泉縣知縣後授北直正定府饒陽縣知縣

李冲霄順治戊戌進士授北直保定府清苑縣知縣秉心清儉制行高潔有五柳之遺風焉

楊引祚順治戊戌進士枝江人由沔陽籍中式授四

川蓬溪縣知縣累官至浙江提督僉事

楊毓貞順治己亥進士吏部觀政

舉人

徐　琦明洪武己酉科中式湖廣解元為楚開科第一

張　宗洪武乙卯舉人任工科給事中

李　昂永樂戊子舉人

何　真永樂戊子舉人詳見人物志

潘永智永樂辛卯舉人

謝廷貴永樂辛卯舉人

龔　英永樂甲午舉人乙未連捷

朱　俊永樂甲午舉人任雲南布政司理問

田原慶永樂甲午舉人乙未連捷

龔　讓正統辛酉舉人任山東東昌府博平縣知縣再任廣西桂林府臨桂縣知縣致仕

卞　森成化戊子舉人任廣西梧州府容縣知縣

宋　聰由貢生中式南京正德己酉科舉人

李文秀正德己酉舉人

何　昴由貢生中式南京正德丙子舉人歷任雲南
姚安府知府詳見人物志
裴　相正德丙子舉人任廣東南雄府同知
劉　悌嘉靖壬午中式山東鄉試登進士第
李　山嘉靖辛卯舉人任河南府永寧縣知縣陞陝
西岷州知州
裴東周嘉靖甲午舉人任四川順慶府西充縣知縣
即裴相子
劉　耀武嘉靖癸卯舉人任北直通州知州

李　顯由貢生中式應天府嘉靖甲子舉人
宋子元隆慶庚午舉人任河南彰德府武安縣教諭
黃　科萬歷壬午舉人任四川成都府簡州知州左
遷蜀王府長史
王之璋萬歷庚子舉人考選知縣歿於京邸
田見龍萬歷戊午鄉試經魁
裴晉卿萬歷乙卯舉人任江西九江府瑞昌縣知縣
蔣嘉善天啟辛酉舉人任江西南安府上猶縣知縣
全牲和天啟辛酉舉人任浙江嚴州府於潛縣知縣

趙廷杞萬歷癸酉舉人初任四川共縣知縣調江陵
儀封陞宛平縣知縣致仕舊志遺失今查補
佘明彝崇禎壬午鄉試中式　國朝順治壬辰進士
曾正學崇禎壬午舉人
楊毓貞順治甲午鄉舉登己亥進士
李冲霄順治甲午中式登戊戌進士
楊列祚順治丁酉舉人戊戌進士
胡慶祖康熙丙午舉人
王士任康熙乙酉科舉人歸州籍枝江人任常德府

武陵縣教諭
楊之駿康熙戊子科舉人任永州府祁陽縣教諭
曹廷鎬康熙乙酉科舉人
胡來同康熙甲午科舉人
黃鳳儀康熙辛卯科舉人
楊宗藴康熙丁酉科舉人
楊宗昊康熙庚子科舉人

武舉

杜希晦武學生有誣以他事者遠戍於衛遂發憤中

式嘉靖甲子武舉釋歸
楊世忠由武生中萬歷壬午武舉
李拱宸係武生中萬歷甲午武舉
張天宿係武生中萬歷己酉武舉
靳濟美康熙癸酉科武舉任常德府龍陽縣把總
甘宗武雍正丙午科武舉

貢生

胡　信永樂五年貢任廣東韶州府通判
丁　庸永樂八年貢

杜　茂永樂十年貢任山東兖州府嶧縣驛丞
周友善永樂十三年貢任廣東韶州府樂昌縣知縣
趙　弼永樂十七年貢
劉耀宗宣德元年貢任江西臨江府清江縣縣丞
向　明宣德三年貢任直隸豹韜衛經歷
錢紹適宣德五年貢任四川成都府新繁縣知縣
張　浩宣德七年貢任陝西布政司理問陞知縣
歐　旭宣德九年貢任江西饒州府德興縣縣丞
易啓蒙正統元年貢任王府教授

李　芳正統三年貢任雲南府經歷
蔡思謙正統五年貢任直隸義勇衛經歷陞雲南白
鹽井提舉
李　倫正統九年貢任江西吉安府廬陵縣縣丞
蔡　英景泰元年貢
高　鳳景泰二年貢任山東濟南府樂陵縣主簿
龔　凰景泰三年貢任浙江温州府樂清縣倉場大
使
周　冕景泰四年貢任四川潼川州射洪縣知縣

張　璦景泰五年貢任浙江湖州府織染局副大使
何　清景泰七年貢
左　鏞天順元年貢任江西袁州府分宜縣典史
田　英天順三年貢任四川成都府經歷
向文昇天順五年貢任貴州鎮遠府永豐倉大使
劉　進天順六年貢任四川瀘州永豐倉大使
鄧　珍天順六年貢任四川保寧府閬中縣訓導復
任四川雅州蘆山縣訓導
張　敏天順六年貢浙江嚴州府遂安縣縣丞

李　成天順八年貢任四川邛州吏目
劉　文成化三年貢任廣東肇慶府高要縣河泊所
河泊
杜　仁成化五年貢南直池州府貴池縣訓導
潘立祖成化七年貢
吳志榮成化九年貢
袁　亮成化十一年貢
李　榮成化十三年貢任南直松江府上海縣縣丞
趙　愷成化十五年貢

卞從政成化十七年貢任四川成都府檢校
鍾　昶成化十九年貢任貴州思州府推官
胡志明成化廿一年貢任福建延平府檢校
何　智宏治二年貢任廣東肇慶府知事
吳元宗宏治四年貢
李　麟宏治六年貢任南直鳳陽府知事
文　鏞宏治八年貢任四川嘉定州夾江縣訓導陞
夔州府大寧縣教諭
左　輔宏治十年貢任南直通州吏目

張　奎宏治十一年貢任河南布政司理問
陳　傑宏治十二年貢
龔　善宏治十五年貢
冉仲洪宏治十五年貢
向勝宗宏治十七年貢
楊　序正德元年貢任四川重慶府綦江縣訓導復
任南直安慶府望江縣訓導又補河南開封府杞
縣訓導
史　昱正德三年貢任四川嘉定州榮縣主簿

張世用正德五年貢任廣西桂林衛經歷
王　傑正德七年貢任四川重慶府酆都縣訓導
鄧　裕正德九年貢任四川成都府灌縣訓導陞本
府雙流縣教諭復陞貴州平壩衛教授
周　莊正德十一年貢任四川保寧府訓導
梁　潮正德十二年貢
田　潤正德十三年貢
胡必聰正德十四年貢任四川成都府彰明縣訓導
左　臣正德十六年貢

周文昌嘉靖元年貢任四川潼川州中江縣知縣
龔　鰲嘉靖二年貢
屈　儀嘉靖三年貢
高廷珍嘉靖五年貢任浙江台州府天台縣主簿
卞　勲嘉靖七年貢任江西瑞州府上高縣主簿陞
江南松江府上海縣縣丞
宋廷輔嘉靖九年貢
薛應春嘉靖十一年貢任四川潼川州鹽亭縣主簿
到任二十日即挂冠而歸

潘　輔嘉靖十一年恩貢任山西按察司檢校
鮮　昴嘉靖十三年貢任浙江杭州府錢塘縣主簿
何舜雲嘉靖十五年選貢任四川嘉定州判官陞四
川潼川州鹽亭縣知縣
鮮　昂嘉靖十七年貢任江西饒州府浮梁縣主簿
劉　湛嘉靖十九年恩貢任四川雅州知州舊志譌
湛為贊今訂正
裴　佐嘉靖十九年貢任四川潼川州樂至縣主簿
冉　慰嘉靖二十年貢

周　昊嘉靖廿一年貢任四川邛州蒲江縣主簿
何龍雲嘉靖廿三年貢任四川保寧府通江縣知縣
湯　昇嘉靖廿五年貢任四川嘉定州峨眉縣主簿
田大本嘉靖廿七年貢任河南汝州郟縣縣丞
劉　芹嘉靖廿九年貢
潘希周嘉靖三十一年貢任河南南陽府鎮平縣知
縣改調乞休致仕
王　弼嘉靖三十三年貢
陳　宣嘉靖三十五年貢任四川烏蒙府經歷

鄒　魯嘉靖三十七年貢
李　顕嘉靖三十九年貢中南京甲子鄉試
何奇雲嘉靖四十一年貢
裴東魯嘉靖四十三年貢任貴州黎平府永從縣訓
導
王　鍊嘉靖四十五年貢任浙江紹興府上虞縣縣
丞詳見人物志
周　厚隆慶二年貢任河南南陽府通判陞四川廣
安州知州

馴英芳隆慶二年貢任河南衛輝府輝縣主簿
卞堯封隆慶四年貢任四川成都府羅江縣教諭詳
見人物志
趙之淵隆慶六年貢任南直寧國府知事
湯應科萬歷二年貢任河南南陽府南召縣知縣
楊德高萬歷二年貢任四川成都府簡州訓導
張時中萬歷四年貢任南直和州含山縣知縣
潘希召萬歷六年貢任本省襄陽縣訓導
何楚望萬歷八年貢任南直常州府武進縣縣丞詳

見人物志
向栢萬歷十年貢任北直順德府沙河縣知縣
黄立道萬歷十二年貢任本省永定衛教授
潘鸞萬歷十四年貢任本省衡州府教授詳見人
物志
吳道南萬歷十六年貢任本省安陸府京山縣訓導
劉廷瑞萬歷十八年貢任江西九江府湖口縣訓導
裴若衮萬歷二十年貢任四川順慶府渠縣知縣
楊蔚萬歷二十二年拔貢任四川重慶府榮昌縣

知縣陞四川忠州守以羸疾致仕
王本方萬歷二十四年貢任浙江金華府武義縣訓
導
唐喬萬歷廿六年貢任江西撫州府訓導
向程萬歷廿八年貢任山西太原府嵐州判官
許希曾萬歷三十年正貢任本省黄州府蘄水縣訓
導
張儒萬歷三十年恩貢
鮮儒萬歷三十二年貢任江西九江府湖口縣訓

導
劉悌萬歷三十四年貢
王之瑞萬歷三十六年貢任浙江嚴州府遂安縣縣
丞
張嘉會萬歷三十八年貢
婁明斗萬歷四十年貢
楊守知萬歷四十五年貢任江西臨江府訓導陞四
川鎮雄軍民府教授致仕回籍
楊一變萬歷四十六年貢任浙江湖州府知事

鮮于昕 萬曆四十七年貢任廣東廣州府番禺縣縣
丞
鮮于巘 萬曆四十八年貢
鮮起雲 天啓元年選貢任南直松江府上海縣縣丞
劉一南 天啓年間歲貢
曹應知 天啓年間歲貢任北直順天府涿州判官陞
廣西桂林府理問
宋之范 天啓三年貢任本省衡州府衡山縣教諭
向　稷 天啓年間貢任浙江寧波府象山縣縣丞

楊載露 崇禎四年貢
張如渠 崇禎七年貢
劉宇戩 崇禎九年貢
李　爕 崇禎十一年貢
龔振驄 崇禎十二年拔貢
楊湛露 崇禎十三年貢
楊士傑 崇禎十五年貢
黃國登 崇禎十五年歲貢
楊道振 崇禎十七年歲貢

余明薦 順治四年歲貢
毛士鴻 順治六年歲貢有詩集
熊夢蜚 順治七年歲貢
黃閣曾 順治八年恩貢
董士哲 順治八年歲貢陝西西安府興安州判官
曹應乾 順治九年歲貢
覃景岱 順治十一年歲貢
曹譽學 順治十三年恩貢
羅人龍 順治十三年歲貢任本省寶慶府訓導陞武

昌府教授陞翰林院典簿
黃鳳羽 順治十六年歲貢康熙十年選郴州桂陽縣
訓導
陳起賡 順治十八年恩貢
張應星 康熙元年歲貢任常德府龍陽縣訓導
李　焻 康熙三年歲貢
施廣修 康熙八年歲貢
楊駿發 康熙十一年歲貢任德安府應城縣訓導
施素修 康熙十八年歲貢

曾待學康熙二十年歲貢四十四年乙酉任長沙府
醴陵縣訓導
胡一躍康熙廿二年歲貢
歐陽玫康熙廿四年歲貢
楊恪康熙廿五年歲貢任南漳縣訓導
楊琳康熙廿八年歲貢
田彭年康熙三十年歲貢任永州府零陵縣訓導
馬時英康熙三十年歲貢
李縉康熙三十六年拔貢

施孔成康熙三十六年恩貢
鄒裔孟康熙三十八年歲貢
羅國琬康熙四十年歲貢
劉燦康熙四十二年歲貢
魏紹徵康熙四十四年歲貢
李元康熙四十五年甲午科中式副榜
楊際會康熙四十六年歲貢
胡倚康熙四十八年歲貢
馮溥康熙五十二年歲貢

王光煒康熙五十四年歲貢
胡恕修康熙五十六年歲貢
曹廷鍼康熙五十八年歲貢
黃金繼康熙五十八年歲貢乾隆十一年任黃州府
蘄水縣訓導
孫居敬康熙六十年歲貢
張仲華康熙六十年歲貢任武昌府通山縣訓導
郊弟毅康熙六十一年歲貢雍正元年改作恩貢
楊仁雍正元年拔貢

胡燦雍正元年拔貢歸州籍枝江人
黃彥暉雍正三年歲貢
陳後雍正五年歲貢
朱佐雍正六年拔貢乾隆初授淮安中正場鹽課
大使
宋順雍正七年歲貢
王紘雍正九年歲貢
蘊堯辰雍正十一年歲貢
覃公卿雍正十三年恩貢

孫為俊雍正十三年歲貢
孫　泗乾隆二年歲貢
曾廷正乾隆四年貢

附貤封

蔡　瑞天順四年以子思謙請封贈徵仕郎
蔡思謙天順四年奉勅進階徵仕郎

何　晶澄部司務嘉靖十一年奉勅進階登仕佐郎
何存忠以子貴封南京户部福建司郎中奉政大夫
胡　璘嘉靖三十三年奉勅晉階登仕佐郎
楊　蔚学嘉靖九年奉勅晉階奉直大夫
朱聖應雍正十三年
覃恩以子朱佐任兩淮鹽場大使移封修職郎妻雷氏
封八品孺人

監生捐納得職人等附後

向　綸附生捐監任廣西鎮安府知事

胡　璿附生捐監任鴻臚寺序班陞四川潼川州蓬
溪縣知縣
周經緯附生捐監任四川夔州府巫山縣主簿
覃　銳附生捐監任北京兵馬司副指揮使
汪福桐附生捐監任四川蓬義府遂寧縣主簿
鮮廷相附生捐監任鴻臚寺序班
董本高附生捐監任四川眉州彭山縣主簿縣令徐
不以禮遂歸
何　珂附生捐監任南直鳳陽府盱眙縣主簿

史學魚附生捐監任鴻臚寺序班
劉仲元附生捐監任浙江杭州府照磨
覃汝成附生捐監任北直兵馬司副指揮使
王　葉附生捐監任四川嘉定州峩眉縣主簿
李　界附生捐監任浙江杭州府餘杭縣縣丞
楊道生附生捐監任京衛經歷
楊道宏附生捐監任北京兵馬司副指揮使
熊　逵附生捐監任雲南布政司經歷
覃文選增生捐監任山東萊州府平度州同知

薛文蔚廩生捐監任鴻臚寺序班
劉士懋附生捐監任浙江嘉興府平湖縣縣丞
劉用伋生員捐貢任河南府偃師縣縣丞
田世祿生員捐貢任山東膠州同知
曹　棐附生捐監任江西太和縣縣丞
汪宗壽附生捐監任四川榮昌縣主簿

以上二十三人俱係明朝人但無紀年可考

吏員得職人等附後

冉　容由吏員任雲南大理府稅課司大使
冉　進由吏員任浙江東陽縣縣丞陞金華府同知
馮　翊由吏員任四川成都府廣豐倉大使
閔世科由吏員任四川龍安府司獄陞王府典儀
向　探由吏員任陝西韓城縣典史
王東陽由吏員任四川　典史
徐雲程由吏員任浙江遂昌縣典史陞四川南部縣主簿
劉世聘由吏員任南直松江府青浦縣縣丞
胡　逯由吏員任保定府雄縣典史

楊世隆由吏員任四川　典史
詹　晃由吏員任四川遵義府仁懷縣典史
胡來賓由吏員任山東兖州府魚臺縣主簿
萬廷慧由吏員任四川永川縣典史
劉世泰由吏員任河南南陽府新野縣典史
徐日章由吏員任四川新寧縣典史
薛登賢由吏員任四川成都府什邡縣典史
楊　翠由吏員任四川成都府稅課大使陞南直霍丘典史

周宏璧由吏員任泗直臨淮縣巡
周之德由吏員任陝西白水縣典史
刘世道由吏員任四川遵義縣典史
以上二十人係明朝亦無紀年可考
董 善由吏員任北直滄州鹽倉大使
張文臣由吏員任山東肥城縣典史
人係本朝人亦無紀年可考
黃金綸由吏員康熙四十九年任廣西桂林府義寧
縣典史資才敏達為撫院陳罍重屢行調辦公務尋丁
父艱

冠帶榮身人等附後

李 誠在山西大同府納草一百一十束明成化三
年冠帶榮身
向 政納米三百石明成化四年冠帶榮身
胡應祥樂善好礼生年九十六歲明季恩例賜冠帶
李文榜係生員乾隆元年保舉孝廉准予六品頂帶
榮身
蕭任傑係生員乾隆元年保舉孝廉准予六品頂帶
榮身
雍正二年奉
旨揀擇老於農事而身無過犯者給以八品頂帶佐
理勸農事遞年公舉五人
路起雲七都六甲人事蹟詳堤防
魏有威六都四甲人
周卜世二都三甲人
胡楚元七都三甲人
毛翠文更名都人

乾隆元年欽奉
恩詔令地方官訪查身無過犯年八十以上者士庶
公舉申詳賜以八品頂帶榮身
婁 維現年八十六歲
外史氏曰龍門作史傳申韓與老子同班而
列三騶子於孟子傳中議者謂其不倫予竊
以為不然老子道德也申韓刑名也兩相比
而後知道德之可貴孟子正李也三騶横議
也互為舉而後知正李之可尊事固有異類

而達稱者予作選舉志而附外流雜職於後者此物此志也蓋四時式序而不有餘分閏氣無以成章節之規四瀆朝宗而不聚澗水溪流無以沛浩瀚之勢外流雜職者餘分閏氣也澗水溪流也掌天官衡地勢者未嘗罝之不論不議之列今必書天下之貴而悉出於科名則蕭何一刀筆吏曷以居十八元功之首而爲天下後世法吏之祖哉若華小草附喬木之十尋樊棘微蝠托驥尾而千里庶人在官者官之始基也何不滿於操觚者之心而削之

第六卷選舉志終

人物志第七

地靈人傑實茂名揚乾坤毓秀家國鍾祥增榮桑梓垂譽縹緗鄉稱通德里號高陽川有珠者澤媚石韞玉而生光是知何地無雋孰云有美弗彰文物聲明雖殊風於鄒魯忠孝節義亦抗志而頡頏作人物志

春秋

伯　嘉左傳桓公十二年楚伐絞分涉於彭羅人欲伐之使伯嘉諜之三巡數之[杜註伯嘉羅大夫諜間也謂潛視楚軍點數其師之多少至於三次也]十三年楚屈瑕伐羅亂次以濟且不設備羅與盧戎兩軍之大敗之莫敖縊於荒谷羣帥囚於冶父以聽刑

蜀漢

霍　峻字仲邈枝江人陳壽三國志有傳見藝文志

霍　篤峻之兄也篤先於鄉里合部曲數百人篤卒荊州牧劉表使峻攝其衆表卒峻率衆歸先主

霍　弋字紹先峻子陳壽蜀志有傳見藝文志晉春秋曰霍弋聞魏軍來欲赴成都後主以備

敵既定不聽及成都不守弋素服號哭大臨三日諸將咸勸宜速降弋曰今道路隔塞未詳主之安危大故去就不可苟也若主上與魏和見遇以禮則保境而降不晚也若萬一危辱吾將以死拒之何論遲速耶旋得後主東遷之問始率大郡將守上表曰臣聞人生於三事之如一惟難所在則致其命今臣國敗主辱守死無所是以委質不敢有貳晉文王善之此段陳壽志所無故錄之

董和字幼宰南郡枝江人事劉璋為益州太守先

枝江縣志　卷之七　人物　二

主定蜀和與諸葛亮並署左將軍大司馬府事陳壽有傳見藝文志

董允字休昭掌軍中郎將和之子也陳壽三國志有傳見藝文志

南北朝

劉凝之字志安隱居不仕値歲飢衡陽王劉義季餉錢十萬凝之受之將至市門見有飢色者悉以分之一日都盡沈約宋書有傳載藝文志

明朝

單達本岳州府石門縣人徙枝江元末為陳友諒萬户後歸明祖除荆州衛副千户洪武十四年調征四川黄坪冠陣亡以忠勇諭葬於大溪坪今其後裔猶繁焉府志作單達誤

胡崇顯明初洪武時人以卓行薦舉由儒士任成都府綿竹縣知縣

劉仕英洪武初以文學名世而圭爵之心不勝其邁軸之心潛德弗耀不干仕進其古之隱君子乎

何寘永樂戊子舉人三任州同一任州判為諸生

枝江縣志　卷之七　人物　三

時修學宫得銀戒指數升盡送入官判鳳陽時獲私鹽數十艘商人以重賄求免不受其厲行如此

潘求智永樂辛卯舉人幼貧嗜學博通經史任廣西梧州府推官以清約見稱

田原慶永樂乙未進士累官至御史賦性剛直激揚不避權貴後以軍務入蜀監臨凡所布置區畫皆有條理以勞瘁卒於官

龔讓正統辛酉舉人兩令劇邑廉謹一致未幾自陳解綬行堅而志高異乎世之鐘鳴漏盡夜行不

休耆矣

張　敏天順六年貢生未詳所任何官舊志稱其廉以處己惠以恤民在任而父母循良之譽滿於道路致仕而院道獎勵之禮至於家庭則為邑卒可知矣

何　驫正德丙子以貢中式南闈舉人歷任雲南姚安府知府獨清獨醒古貌古心當官綽有賢聲居鄉雅著時望

裴　相正德丙子舉人任廣東南雄府同知委抽太

平橋稅又督修黃冊併軍政冊俱愜輿情考滿時副使劉公來成贈以考滿賦云問公於橋兮橋不願公去水清有渾公徹底贏得清名與橋俱云云

楊　一新邑之太平鄉人正德間從王陽明先生講學於南贛之間多所發明為姚江門下高弟

田　逵正德間以吏員任浙江金華府東陽縣縣丞以勦賊有功陞金華府同知

卞　勳嘉靖七年貢生任江西上高縣主簿陞江南上海縣縣丞稟性直率揮灑不拘長於詩賦

田大本嘉靖二十七年貢生任河南郟縣縣丞操守清潔行誼醇篤長厚之貌雖兒童走卒亦知其名

陳　紀邑之五都人割股救母母病遂瘥斷指燒香祈延母壽嘉靖二十四年知縣顏鑰申詳覈實獎厲

方　釗邑之董灘口人嘉靖間父早亡事母鄭氏至孝家極貧念母饔飧不給乃傭工計直且學織藝得尺布斗粟歸以奉母每外出遇有酒肉果核輒懷歸進母母食被哽遂成咽喉疾臥牀三月巫醫

不效釗晨夕焚香祈命於天願以身代遂割股和藥以進母甘之而疾愈鄉里羣請於有司申詳得旌獎焉

王　鍊嘉靖四十五年貢生授浙江上虞縣縣丞恥於佐貳四年告休不張蓋不肩輿人問之則曰恐負朝廷名器耳居鄉年八十五而卒

卞　堯封隆慶四年貢生授四川羅江教諭振衣千仞橫覽八荒及歸囊無剩物而賑鄰睦族捐金建閘一時御史藩臬欲交章薦公公力辭不就

潘希召萬歷六年貢生任本省襄陽縣訓導翼翼小心溫溫雅度絕趨矩步為士林儀表

何楚望萬歷八年選貢授江南武進縣縣丞陞四川威遠縣知縣初恥為丞乃刻意苦節獲臺省四薦乃得陞令後以引年致仕

潘鸞萬歷十四年選貢任本省衡州府教授居鄉六十年無疾言厲色青袍敝服雖在紈綺中自視欿然三仕儒官及歸家徒四壁

楊琨初名舟字載之後改名別號嵩印生而天性

孝友弱冠應童子試督學董公思白得其卷大驚異以示守令曰非篤孝人能措半語否已而詢之果孝於其母者也萬歷甲寅遊北雍居上庠聞母疾遽告歸奉養終其天年未嘗少懈也嘗曰謹言慎行一生行之恐不能盡故其謙和溫厚出於至誠性好施予里中貧病死葬者輙捐助之雖日數輩不少厭里有見其退讓而故凌之者安忍受之其人慚而止使僕看庄縛得盜稼者亟令釋之曰吾使爾看庄未令爾捉彼也盜以此感愧改行邑人比之王彥方焉

李之喬邑庠廩生崇禎末年流寇至江北之喬同妻曹氏俱被執之喬不屈慷慨罵賊而死妻亦被殺

楊一登邑之白里洲人為團練長有勇力崇禎十七年甲申正月流賊連艦數百里至流店驛大肆焚掠居民逃竄無敢拒敵者一登率衆奮勇大破之斬獲甚衆洲民賴以保全後闖賊部下兵大至一登率衆禦之慷慨赴敵誓以死報國而衆寡懸殊遂父子俱歿於陣

王成美平生好善樂施屢蒙優獎崇禎十五年流賊攻陷枝城知縣胡鳴岡自投於江成美力救之得不死鄉里義之

劉秉正邑庠生慷慨有氣節崇禎十五年李自成陷荆州枝邑震動知縣胡鳴岡出城巡江水手刼之降賊人不敢救秉正獨奮勇直前以身蔽之言辭侃侃義形於色由是不敢加害

本朝

李冲霄字六翮邑之下沱人順治戊戌進士授北直

保定府清苑縣知縣持已清正政治不煩而教化大行道府交薦奉有即陞之命隨以他故謝病歸里河南道御史于公唁而規之曰以君才德如是甘為肥遯之士耶公瞿然曰非敢為肥遯高尚也君子不甘乎名之揚而慮乎幾之難不慕乎爵之盛而憂乎心之枉肥遯高尚非吾志也怡然就道内閣高陽李公賦詩餞之詩載藝文志

楊開泰字兆元邑之庠士也以德行文章重於鄉里順治庚寅辛卯閒西山流寇蜂起連營數十里所

過城邑焚掠殆徧聞楊君之賢縱還其所掠之鄉人枝民賴以全活者甚衆治平後移居涮洲教授生徒自亂離後俗喜談武勁不尚詩書公為倡學靡然向風士習亦丕變焉性耿介不事生産雖終日絶爨而無憂色

曹廷鎬字西伯康熙乙酉舉人一上公車即反田園絶意進取一以耕讀課鄉人教之身體力行以聖賢為法學者宗之著四書講義

馮嗣京邑庠生也母朱氏疾篤禱藥不效乃割股以奉母學博士申詳學道旌獎

史虬業邑生史縉英之子性至孝而家極貧年十四父病不能延醫具湯藥乃割股進之而愈

王紹吉性至孝家貧力耕奉養父病篤紹吉割股進之而愈後遇風覆死人皆惜之

冉超求割股救父父病即愈康熙四年知縣周廷桂申詳道府蒙批獎賞

焚廪浚井出入於萬死一生之地而卒全其軀者委曲權宜終於底豫此聖人中正之則非義

精仁熟者不能故尼山以大孝稱之後人不明此意而割股卧冰重見疊出擬之正誼恐非全受全歸之道然愚夫愚婦一念之精誠亦足以動天地而格鬼神是雖一偏之行不可謂非礪世磨鈍之具也與其過而去也毋寧過而存之

第七卷人物志終

列女志第八

夫婦為人倫之始男女居風化之先曹大家女誡七篇著明禮教劉更生列女十卷讃美芳踪盖必閑其有家方能終於從一豈特樊姬諫獵琅琅巾櫛之忠言萊婦同耕矯矯衡門之隐節乎不幸而遭罹禍難誓九死以靡他遭際艱辛隕重泉而不悔莒門一慟能傷世上之神韓墓雙魂長墮人間之淚不有青編記載誰知白屋堅貞故為倫述所聞表而出之

明朝

何門楊氏　邑太學生何清之妻也清死楊年二十四子存中方在襁褓楊撫孤礪節至九十卒嘉靖中旌表

汪門龔氏　邑人汪銘之妻也家貧守節至死不渝

胡門文氏　邑人胡盡忠之妻也年二十三夫亡遺腹七月生男仲禮始終一節

冉門伍氏　邑生冉世臣之妻也年二十一夫亡甘貧守節誓死不再適

向門李氏　邑生向繍之妻也年廿八夫亡絕嗣撫姪向坤亨為子孀居誓無二志

毛門周氏　邑生毛士鴻之妻也明末獻賊入蜀道經枝江士鴻被擄氏從姑匿深林中得脫賊去奉姑依其父家或謂氏之父母曰相傳毛氏子已死汝女年少胡不早為之所氏聞之厲聲曰狗彘之行吾不為也有死而已其人慚謝而去繼而毛從蜀歸夫婦相聚未幾復爲李闖所掠至死不辱爲賊所殺

龔門王氏　邑人龔朝相之妻也年廿四夫亡甘守清貧事舅姑撫孤子龔桂克紹父志

唐門田氏　邑人唐大有之妻也年廿一夫亡撫孤田禾成立孀居四十餘年無玷

鄧門周氏　邑人鄧世隆之妻也年廿五夫亡撫孤光楚成立至死不渝

楊門嵇氏　邑生楊一敘之妻也年二十夫故無嗣翦髮自誓建像祀夫有司三旌其門年七十終

全門聶氏　邑生全凛和之妻也善事舅姑夫歿守

節撫子析年著名賚序壽六十卒
薛門劉氏　邑生薛文煥之妻也年二十八夫亡撫
孤孤死始終不二年七十知縣劉廷論申文聚賓
旌表
童門劉氏　邑人童爵之妻也年二十五夫亡守節
以終有司有江皋貞節之旌
楊門曹氏　邑人楊道生之妻也二十二歲夫亡撫
孤現守節不二有司旌其閭
王門楊氏　衛百戶王三捷之妻也夫死無子守節

不二年八十四有司旌其門
汪門潘氏　邑人汪澗民之妻也婖不半載而夫亡
撫遺腹子補博士弟子員年七十而終
貞女王氏　邑人王弼之女也許字張維維罹危疾
卒氏聞之躃踊號呼勺水不入口者數日欲往弔
父母不許容請於叔毋曰兒即不往請兄為代奠
死瞑目矣父如其言毋翼有他變遣婢守之深夜
婢寢熟潛出投水死知縣周仲士申明有傳
李門曹氏　邑生李之喬之妻也崇禎末流寇至江

北李生夫婦俱被執夫罵賊而死曹氏見其遇害
索刄願就死賊並殺之
楊門雷氏　邑人楊受露之妻也廿一年夫故苦守
一子值流賊焚掠氏塗面裂膚竄匿山谷采茶度
命壽七十八乾隆元年奉文建坊

國朝
淡門譚氏　邑民淡士儒之妻也生於康熙二年癸
卯二十四年夫故氏遺腹生雙子苦節撫養教訓

成名子孫俱入縣庠年六十八歲終雍正十一年
奉文建坊乾隆元年奉文入祠
田門周氏　邑民田盡祿之妻也生於康熙六年丁
未二十九年夫故氏守節撫子成立雍正十三年
奉文建坊現年七十四歲
趙門阮氏　邑民趙世璠之妻也生於康熙十八年
已未三十八年夫故氏遺腹生子苦節撫養以耕
織為業雍正十三年奉文建坊現年六十二歲
陳門覃氏　邑民陳開賢之妻也生於康熙元年壬

寅二十一年夫故氏守節撫子親身鋤地紡織爲生雍正十三年奉文建坊現年七十九歲

施門田氏　邑民施孔曰之妻也生於順治十七年庚子康熙二十五年夫故氏守節撫子教訓成立其子孫皆以孝聞乾隆四年詳請建坊現年八十一歲

李門楊氏　邑生李綏眉之妻進士楊毓貞女也二十一歲夫亡無子矢志撫女五十八歲終合葬於冉家灣之望城岡

鄢門萬氏　邑民鄢士彥士翰之母也年二十五夫故苦守二子士彥方四歲士翰方三月茹荼食苦經吳逆之亂險阻備嘗不失其節而卒保其家壽終七十六歲

劉門雙節　一爲劉名世之妻蕭氏生於康熙九年庚戌三十年夫故氏守節撫子年六十九歲終一爲劉方藁之妻蕭氏方藁即名世子其妻蕭生於康熙廿八年己巳五十二年夫故氏事姑撫子孝慈兼盡宗族鄉黨稱之乾隆四年詳請建坊旌曰雙節

劉門楊氏　邑生劉芳蘭之妻也順治乙酉賊兵掠上百里洲芳蘭被害楊氏斷髮投棺殮瘞于斷山港賊復至楊懼受辱携二稚子投江自盡

曹門張氏　舉人曹正學之妻也夫早死張生一女數歲誓無二志知縣李花白旌其門

楊門裴氏　市民楊從先之妻生員楊恪之母也夫死家貧子稚甘守苦節始終克全閭里稱之

王門曹氏　千户王悦之之妻也夫死氏年十四守

節遺腹生子年六十二而卒

張門楊氏　羊角洲民張士捷之妻也夫故姑老子幼紡績奉養鄉里稱之迨長子娶媳後又早亡與媳共守苦節未邀旌獎

姚門薛氏　上百里洲潙口總人姚琢之妻也生於康熙丙辰年二十歸於姚四年生一子名蘇逾年夫故苦節守子辛勤撫訓雍正初氏已五十餘子入黌宮合邑公呈請旌學院吳嘉其孀居育孤志行可嘉親書冰操慈範四字以旌其門

胡門李氏　董市民胡一鴻之妻也年方二十夫故無子撫其夫姪明遠為嗣教養成立歷三十載而子媳俱亡僅遺三孫氏又撫養成立各撐門户壽終八十一歲守節六十一年知縣孔毓基申詳各憲旌表建坊

楊門鄢氏　邑生楊熹之妻也年二十六夫故苦節自守教子成立三子世道世城世寧俱補博士弟子員學院于公旌其門曰陶歐淑範

蕭門裴氏　邑民蕭翼勳之妻也嫁甫二年夫故遺

嗣氏年十八守志苦節孝養姑與祖姑紡績操家先業不墜現年五十八歲

趙門黃氏　邑民趙泉如之妻也年二十泉如病篤割股啖之不愈欲以身殉念姑年老代夫終養與其妯娌趙咸若之妻陳氏同守節終身至今未奉旌獎

楊毋李氏　邑人楊日光之毋也國初流寇南竄所過殺掠日光與其子維鍈共扶其毋李氏避難李泣曰賊勢如此勢難俱全爾父子各自為計毋以我為念其子不忍別毋怒曰汝不欲楊氏遺種耶詈之去負幼女立江邊賊至赴水死此順治二年九月十四日事也

楊門周氏　邑進士楊毓貞之妻也夫婦避兵江北被賊衝散周氏為賊所擄不屈自刎死其夫潛匿密林中遠遠望見俟賊去解衣裹屍瘞之

貞女金氏　邑生毛瀚澄之繼聘也康熙四十一年許嫁毛生未字毛故氏聞訃即往祭奠遂留事姑時姑年八十兩目俱盲氏未嘗傾刻離也撫其前

婦所生子如已子支撐門户惟勤克儉家道漸興閨門整肅非至親不敢入其室也年逾五十而終雍正十年奉　旨旌表載全省通志

李門譚氏　邑民李文洙之妻也乾隆五年奉文以貞節入祠

貞女淡大姑　邑民淡公穎之女也許聘張姓未字而父故與毋衰相依康熙十四年吳三桂反踩躪荆江偽官遣媒強娶女誓死不從閉門自縊康熙十八年知縣李毓昌禮葬於邑西門外併立墓碑

因年久碑殘乾隆元年教諭晏景殊采訪事實詳
請建坊入祠
貞女婁大姑　邑生婁世祚之長女也許聘庠生蕭
翼成之子士哲未嫁夫死欲往視殮其父不許既
殮又請往弔父許之奠訖誓不復還欲俟伊叔有
子為夫立嗣居六載有志未逮而殁邑人哀之
貞女劉又大　邑民劉君誠之女也康熙四十四年
因姦不從被殺奸夫獄具後奉文嘉獎
孝婦馮氏　邑民孫居仁之妻也克盡婦道奉事舅

姑盡孝康熙十四年九月姑病醫藥不效馮氏割
股煎湯進之沉痾頓愈縣令李繇昌旌其室曰思
媚激衷
楊施氏　楊道體之妻舉人楊宗昊之祖母也年未
三十孀居守節楊属有利其孤弱謀欲奪志者氏
截髮貞守卒能保全門户不墜家聲年八十餘終
何田氏　董市庠生何之晷之妻也年二十七撫孤
備歷艱辛子殀復撫二孫咸立邑人皆稱之
陳李氏　邑生陳璉之妻也年二十五夫故遺一子
甫襁褓紡績撫育成家其子亦能成立鄉党稱之
外史氏曰從一而終婦道之正也世有失其正
者不曰飢驅之則曰勢廹之然而餓死事小失
節事大聞程子言而飢驅者無從藉口矣登壟
殞命誓以屍還觀韓憑妻事而勢廹者無可委
懷矣經霜雪而改柯易葉者必非青筠之質沾
朱墨而朝紅暮緇者必非白璧之姿女道正始
婦道正終歷危急存亡之秋而苦節堅貞皭然
泥而不滓者匪曰好名欲以此垂青史而邀當

時後世之口芬也然而家乘紀之郡邑志登之
其尤卓然者則書之國史而與忠臣孝子爭等
列焉甚矣名節之重不可泯沒於天地之間者
也余志枝江列女而得舍生取義不辱其身者
六人曰毛周氏李曹氏劉楊氏楊周氏淡大姑
劉又大得抱守遺腹不墜宗祊者五人曰胡文
氏汪潘氏淡譚氏趙阮氏王曹氏得未成為婦
而懷清抱潔不二其心竟以處女終者三人余
氏女王氏女婁大姑得妙年守志而割股毀體

節孝兩全者二人曰趙黃氏孫馮氏其他或撫孤成立效孟母之三遷或矢死靡他叅杞姜之一慟露竹霜條老而彌勁是宜兼收博採均列彤編以樹閨閣中之赤幟彼娘子軍見之有不竪降旗而拜下風者哉

第八卷列女志終

藝文志第九

屈宋文章左觀記誤惟楚有材淹雅書卷千百年來流風未變枝雖蕞爾風工筆硯兵火燒餘僅存一綫采風問俗捜羅聞見既文體博亦雅亦諺潤芷溪毛並登俎膳何必青箱專收黃絹虎文炳而筠管窺斑鳳羽覩而吉光留片作藝文志

董和列傳　陳壽

蜀志董和字幼宰南郡枝江人也其先本巴郡江州人漢末和率宗族西遷益州牧劉璋以為牛鞞江原長成都令蜀土富實時俗奢侈貨殖之家侯服玉食婚姻葬送傾家竭産和躬率以儉惡衣蔬食防遏踰僭為之軌制所在皆移風變善畏而不犯然縣界豪彊憚和嚴法說璋轉和為巴東屬國都尉吏民老弱相攜乞留和者數千人璋聽留二年還遷益州太守其清約如前與蠻夷從事務推誠心南土愛而信之先主定蜀徵和為掌軍中郎將與軍師將軍諸葛亮並署左將軍大司馬府事獻可替否共為歡交自和居官食祿外牧殊域內幹機衡二十餘年死之日家

無儋石之財亮後為丞相教與羣下曰夫參署者集衆思廣忠益也若遠小嫌難相違覆曠闕損矣違覆而得中猶棄弊蹻而獲珠玉然人心苦不能盡惟徐元直處茲不惑又董幼宰參署七年事有不至至于十反來相啓告茍能慕元直之十一幼宰之殷勤有忠於國則亮可少過矣又曰昔初交州平屢聞得失後交元直勤見啓誨前參事於幼宰每言則盡後從事於偉度數有諫止雖姿性鄙暗不能悉納然與此四子終始好合亦足以明其不疑於直言也其追思

和如此

董允列傳　陳壽

蜀志董允字休昭掌軍中郎將和之子也先主立太子允以選為舍人徙洗馬後主襲位遷黃門侍郎丞相亮將北征住漢中慮後主富於春秋朱紫難別以允秉心公亮欲任以宫省之事上疏曰侍中郭攸之費禕侍郎董允等先帝簡拔以遺陛下至於斟酌規益進盡忠言則其任也愚以為宫中之事事無大小悉以咨之必能裨補闕漏有所廣益若無興德之言則戮允等以彰其慢亮尋請禕為參軍允遷為侍中領虎賁中郎將統宿衛親兵攸之性素和順備員而已獻納之任允皆專之矣允處事為防制甚盡匡救之理後主常欲采擇以充後宫允以為古者天子后妃之數不過十二今嬪嬙已具不宜增益終執不聽後主益嚴憚之尚書令蔣琬領益州刺史上疏以讓費禕及允又表允内侍歷年翼贊王室宜賜爵土以褒勳勞允固辭不受後主漸長大愛宦人黃皓皓便僻佞慧欲自容入允常上則正色匡主下則數責於

皓皓畏允不敢為非終允之世皓位黃門丞允嘗與尚書令費禕中典軍胡濟等共期游宴嚴駕已辦而郎中襄陽董恢詣允脩敬恢年少官微見允停出逡巡求去允不許曰本所以出者欲以同好游談也今君已自屈方展闊積舍此之談就彼之宴非所謂也乃命解驂禕等罷駕不行其守正下士凡此類也延熙六年加輔國將軍七年以侍中守尚書令為大將軍費禕副貳九年卒

裴松之註引華陽國志曰時蜀人以諸葛亮蔣琬

費禕及允為四相一號四英也

霍峻列傳　　陳壽

蜀志霍峻字仲邈南郡枝江人也兄篤於鄉里合郡曲數百人篤卒荆州牧劉表令峻攝其衆表卒峻率衆歸先主先主以峻為中郎將先主自葭萌南還襲劉璋留峻守葭萌城張魯遣將楊帛誘峻求共守城峻曰小人頭可得城不可得帛乃退去後璋將扶禁向存等帥萬餘人由閬水上攻圍峻且一年不能下峻城中兵纔數百人伺其怠隙選精鋭出擊大破之

即斬存首先主定蜀嘉峻之功乃分廣漢為梓潼郡以峻為梓潼太守裨將軍在官三年年四十卒還葬成都先主甚悼惜乃詔諸葛亮曰峻既佳士加有功於國欲行酹遂親率羣僚臨會弔祭因留宿墓上當時榮之

霍弋傳　　陳壽

蜀志峻子弋字紹先先主末年為太子舍人後主踐祚除謁者丞相諸葛亮北駐漢中請為記室使與子喬共周旋游處亮卒為黄門侍郎後主立太子璿以弋為中庶子璿好騎射出入無度弋援引古義盡言規諫甚得切磋之體後為參軍庲降屯副貳都督又轉護軍統事如前時永昌郡夷獠恃險不賓數為寇害乃以弋領永昌太守率偏軍討之遂斬其豪帥破壞邑落郡界寧靜遷監軍翊軍將軍領建寧太守還統南郡事景耀六年進號安南將軍是歳蜀幷于魏弋與巴東領軍襄陽羅憲各保全一方舉以内附咸因仍前任寵待有加

劉凝之傳　　沈約

宋書劉凝之字志安小名長年南郡枝江人也父期公衡陽太守兄盛公高尚不仕凝之慕老萊嚴子陵為人推家財與弟及兄子立屋於野外非其力不食州里重其德行州三禮辟西曹主簿舉秀才不就妻梁州刺史郭銓女也遣送豊麗凝之悉散之親屬妻亦能不慕榮華與凝共安儉苦夫妻共乘薄笨車出市買易周用之外輒以施人為村里所誣一年三輸公調求輒與之有人嘗認其所著屐笑曰僕著之已敗今家中覔新者備君也此人後田中得所失屐送

還之不肯復取元嘉初徵為祕書郎不就臨川王義慶衡陽王義季鎮江陵竝遣使存問凝之答書頓首稱僕不脩民禮人或譏焉凝之曰昔老萊向楚王稱僕嚴陵亦抗禮光武未聞巢許稱臣堯舜時戴顒與衡陽王義季書亦稱僕荆州年饑義季慮凝之餒斃餉錢十萬凝之大喜將錢至市門觀有饑色者悉分與之俄頃立盡性好山水一旦攜妻子泛江湖隱居衡山之陽登高嶺絕人迹為小屋居之采藥服食妻子皆從其志元嘉二十五年卒時年五十九

枝江侯徐湛之傳　沈約

宋書徐湛之字孝源東海郯人司徒羡之兄孫吳郡太守佩之弟子也祖欽之祕書監父逵之尚高祖長女會稽公主為振威將軍彭城沛二郡太守高祖諸子並幼以逵之姻戚將大任之欲先令立功及討司馬休之使統軍為前鋒配以精兵利器事尅當即授荆州休之遣魯宗之子軌擊破之於陣見害追贈中書侍郎湛之幼孤為高祖所愛常與江夏王義恭寢食不離於側永初三年詔曰永興公主一門嫡長早罹辛苦外孫湛之特所鍾愛且致節之胤情實兼常可封枝江縣侯食邑五百户

枝江公徐孝嗣傳　蕭子顯

南齊書徐孝嗣字始昌東海郯人祖湛之宋司空父聿之著作郎並為太子劭所殺孝嗣在孕得免幼而挺立風儀端簡八歲襲爵枝江縣公見宋孝武升階流涕帝甚愛之尚康樂公主泰始二年西討解嚴車駕還宮孝嗣登殿不著靺為侍書御史蔡淮所奏罰金二兩拜駙馬都尉除著作郎母喪去官為司空太

尉二府參軍孝嗣姑適東莞劉舍舍兄藏為尚書左丞孝嗣往詣之藏退語舍曰徐郎是令僕人三十餘可知矣汝宜善自結昇明中遷太祖驃騎從事中郎帶南彭城太守齊臺建為世子庶子建元初國除出為晉陵太守還為太子中庶子未幾為寧朔將軍聞喜公子良征虜長史遷尚書吏部郎善趨步閑容止與太宰褚淵相埒世祖深相待遇尚書令王儉謂人曰徐孝嗣將來必為宰相轉御史中丞世祖問儉曰誰可繼卿者儉曰臣東都之白其在徐孝嗣乎出為

呉興太守儉贈孝嗣四言詩曰方軌叔茂追清彦輔柔亦不茹剛亦不吐時人以比蔡子尼之行狀也在郡有能名會王儉亡上徵孝嗣為五兵尚書隆昌元年為丹陽尹高宗謀廢鬱林以告孝嗣孝嗣奉旨無所蹔替高宗入殿孝嗣戎服隨後鬱林既死高宗須太后令孝嗣於袖中出而奏之高宗大悦以廢立功封枝江縣公甲杖五十人入殿轉左僕射明帝即位進爵為公給班劍二十人加兵百人舊拜三公乃臨軒至是帝特詔與陳顯達王晏並臨軒拜授時王晏

為令人情物望不及孝嗣晏誅轉尚書令孝嗣愛好文學器量宏雅不以權勢自居故見容明帝之世初在率府晝卧齋北壁下夢兩童子遽云移公牀孝嗣驚起聞壁有聲行数步而壁崩壓牀建武四年即本號開府儀同三司讓不受時連年魏軍動國用虚乏孝嗣表立屯田帝已寢疾兵事未已竟不行及崩受遺託重申開府之命加中書監永元初輔政自尚書下省出住宮城南宅不得還家帝失德孝嗣不敢諫及江祏誅内懷憂恐然未嘗表色始安王遥光反衆

懐遑惑見孝嗣入宮乃安然羣小用事不能側也時孝嗣以帝終亂天常與沈文季俱在南掖門欲要文季以門為應四五目之文季輒亂以他語孝嗣乃止進位司空固讓求觧丹陽尹不許孝嗣文人不顯同異名位雖大故得未及禍虎賁中郎將許準有膽力陳説事機勸行廢立孝嗣遲疑謂必無用干戈理須少主出遊閉城門召百僚集議廢之雖有此懐終不能決羣小亦稍憎孝嗣勸帝除之其冬孝嗣入華林省遣茹法珍賜藥孝嗣容色不異謂沈昭略曰始安

事吾欲以門應之賢叔若同無今日之恨少能飲酒飲藥至斗餘方卒

李延壽南史云孝嗣之父聿之被害時孝嗣在孕母年少欲更行不願有子自牀投地者無筭又以擣衣杵舂其腹并服墮胎藥胎更堅及生故小字遺奴幼而挺立八歳襲爵枝江縣公

枝江侯王瑩傳　李延壽

南史王瑩字奉光南卿侯懋之子也選尚宋臨淮公主拜駙馬都尉累遷義興太守代謝超宗去郡與瑩

交惡還都就懋求書屬瑩求一吏曰丈人一旨如湯澆雪耳及至瑩答旨以公吏不可超宗往懋處對諸賓謂懋曰湯定不可澆雪懋面洞赤唯大恥愧懋後往超宗處設精白鮑美鮓麞肶懋問那得佳味超宗詭言義興始見餉陽驚曰丈人豈應不得邪懋大忿言於朝廷稱瑩供養不足坐失郡廢棄久之後歷侍中東陽太守以居郡有惠政遷吳興太守齊明帝勤憂庶政瑩頻處二郡皆有能名還為中領軍隨王長史意不平政為太子詹事中領軍永元初政由羣小

瑩守職而已不能有所是非及尚書令徐孝嗣誅瑩頗綜朝政啓取孝嗣所居宅及取孝嗣封名枝江縣侯以為巳封從弟亮謂曰此非盛德也瑩怒曰我昔從東度為吳興東身登岸徐時為宰相不能見知相用為領軍長史今佳其宅差無多慙時人咸謂失德亮既當朝於瑩素雖不善時欲引與同事遷尚書左僕射來拜會護軍崔慧景自京口奉江夏王內向瑩拒慧景於湖頭衆敗瑩赴水乘舫入樂游因得還臺城慧景敗瑩還居領軍府梁武兵至復假節都督宮城諸軍事建康平瑩乃以宅還徐氏初為武帝相國左長史及踐阼封建城縣公累遷尚書令瑩性清慎帝深善之時有猛獸入郭上意不悅以問羣臣羣臣莫對瑩在御筵乃斂板答曰昔擊石拊石百獸率舞陛下膺籙御圖虎象來格帝大悅衆咸服焉十五年位左光祿大夫開府儀同三司丹陽尹既為公須開黃閤宅前促欲買南鄰朱侃半宅侃懼見侵貨得錢百萬瑩乃回閤向東時人為之語曰欲向南錢可貪遂向東為黃銅及將拜印工鑄印六鑄而龜六毀及

成頸空不實補而用之居職六日暴疾薨謚曰靜恭

枝江縣侯杜崱傳　姚思廉

杜崱京兆杜陵人也其先自北歸南居於雍州之襄陽子孫因家焉崱幼有志氣居鄉里以膽勇稱後為新興太守太清三年隨岳陽王來襲荊州元帝與崱兄岸舊密書邀之崱乃與岸弟幼安兄子龕等夜歸元帝以為武州刺史封枝江縣侯令隨領軍王僧辯東討侯景至巴陵景遁加侍中景平加散騎常侍江州刺史是月齊將郭元建攻秦州刺史嚴超達於秦

郡王僧辯令則赴援陳武帝亦自歐陽來會元建衆却則因縱兵大破之元建遁時元帝執王琳於江陵琳長史陸納等於長沙反元帝徵則與王僧辯討之及納等戰于車輪大敗之後納等降則又與王僧辯西討平武陵王於硤石旋鎮遘疾卒謚曰武

枝江縣公蕭譽傳　李延壽

南史梁武諸子列傳枝江公譽昭明太子之次子也字重孫普通二年封枝江縣公中大通三年改封河東郡王累遷南中郎將湘州刺史未幾侯景寇建業

譽入援至青草湖臺城没有詔班師譽還湘鎮時元帝軍於武城新除雍州刺史張纘密報元帝曰河東起兵岳陽聚米將來襲江陵元帝甚懼沉米斷纜而歸因遣諮議周宄直至譽所督其糧衆譽曰各自軍府何忽隸人使三反譽並不從元帝大怒遣世子方等征之反爲譽敗死又令信州刺史鮑泉討譽並陳示禍福譽謂曰欲前即前無所多說泉軍于石槨寺譽逆擊不利而還泉進軍橘洲譽攻之又見敗於是遂圍之譽幼而有驍勇馬上用槊兼有膽氣能撫士卒甚得衆心元帝又遣領軍王僧辯代鮑泉攻譽譽將潰圍而出會其麾下將慕容華引僧辯入城遂被執謂守者曰勿殺我得一見七官申此讒賊死無恨主者曰奉令不許遂斬首送荆鎮元帝反其首以葬焉初譽之將敗引鏡照面不見其頭又見長人蓋屋兩手據地瞰其齋又見白狗大如驢從城出不知所在譽甚惡之俄而城陷

枝江丞李暠傳　宋祁

唐書宗室列傳孝節曾孫暠（李孝節者太祖第八子鄭王亮之孫）少孤

事母孝始爲枝江丞荆州長史張柬之曰帝宗千里駒吾得其人累擢衛尉少卿居母喪柴瘠訖除家人未嘗見言笑與兄昇弟暈相友開元初爲汝州刺史政嚴簡有治稱昆弟繇東都候之輒羸服往州人無知者其清慎舉如此四遷至黃門侍郎檢校太原以北諸軍節度使太原俗爲浮屠法者葬以尸棄郊飼鳥獸號其地曰黃阬有狗數百頭習食胔頗爲人患吏不敢禁暠至遣捕羣狗殺之申厲禁條約不再犯遂革其風二十一年以工部尚書持節使吐蕃既還金

城公主請明疆場表石赤嶺上盟遂堅定還以奉使稱指再遷吏部爲美風儀以莊重稱當時有宰相望累為太子少傅武都縣伯卒贈益州大都督

枝江尉盧景亮傳　　宋祁

唐書盧景亮字長晦幽州范陽人少孤學無不覽第進士宏辭授秘書郎張延賞節度荆南表為枝江尉掌書記入遷右補闕朱泚反景亮勸德宗曰陛下罪已不至則感人不深帝然之景亮志義挙然多激發與穆質同在諫爭地書數上鯁毅無所回宰相李泌

劾景亮等嘗衆會漏所上語言引善在已即有惡歸之君怒貶為朗州司馬質亦斥去廢抑二十年至憲宗時由和州別駕召還再遷中書舍人景亮善屬文根於忠仁有經國志嘗謂人君足食足兵而又得士天下足為也乃起軒頊以來至唐撥治道之要著書上下篇號三足記又作答問言較運大較及隴西戎利害切指當世公卿伏其達古今云元和初卒贈禮部侍郎

枝江縣南亭記　　皇甫湜

京兆韋庇為殿中侍御史遷河南府司録以裁聽公直忤當事意羣細搆之責掾南康移治枝江百為得宜一月政清刑簡乃新南亭以適曠懷亭俯湖水枕大驛路地形高低窮睇遠顧五里一村十里一聚柞榆緑岸菼芷夾芡溢菱圖葭延蔓朱華授翠裁紅觚秀繁葩决湖穿竹藻荷郁郁中有潛魚產鏡戲緑净鳥白赤洗翅窺喫纈霞縠烟旦夕新鮮蛤蟆喧啼怨柳情綿令君騁望逍遥湖上令君宴喜絃歌未已其察其民欣遊成羣讙嚶嘆戀停車止征實為官業而

廢家貲不妨適我而愉衆情嗚呼是乃仁術也豈直曰觀而已乎吾知韋君若是之多情以尺刀效小割異日賦征千里總戎疆場吾知其辦給也亦若是而已矣乃為作記刻於茲石以圖永久

按此記載府志錯落不全至於不可句讀今據趙明誠金名録改正

重修流店閘記　　劉治臣

江自岷峨發源滙納衆流汗漫千里出瞿塘過三峽由彞陵至丹陽水勢稍殺其中為洲渚者數十數而

百里洲最著縣名枝江義取諸此也洲四面濱江代有水患民倚隄防爲命先司治土者蜀江周公仲士于萬歷二十六年戊戌建閘于洲尾之流店驛通其蓄洩司其橐籥其制稱善己酉中州劉公廷諭後修之沮洳之區頓爲沃壤洎明末兵燹蹂躪氓庶彫瘵隄潰而閘亦隨圮民與魚鱉爲伍者有年矣順治十五年戊戌邑侯田公下車即廣延邑之紳士父老問民疾苦咸以隄潰閘圮江水爲害告公曰此墊溺者非吾民也乎哉吾爲朝廷宰茲土撫茲民忍聽其哀

鳴嗸嗸乎即單車循視水涯相其高下緩急而先後施工焉　次春築洲頂腦之徐舊總潰口數百丈堅厚廣大砥柱狂瀾居民賴之三年築西南之蕭畢二總北岸之甯家總工力稱是四年後築香積渡口隄亦數百丈斯時水利之員公躬親督率外復委予代勞奔走焉予不敏然感公之德意敢憚勤勞隄既成公謂余曰百里洲以隄閘爲命者也隄未修患在無隄隄既修患又在無閘故堤之不修猶無民也閘之不修猶無隄也譬如人之一身咽喉關竅欲其開通疏利而後始安今吾二人既修此隄尤欲成此閘由是躬勉從命自冬月受事早夜與首事諸義民鳩工聚材不數月而告成洲之父老莫不扶杖來觀歆歔嘆息曰是何工成之速也靈臺之詠得毋類是諸義民咸舉而推其勞于予予曰惡此公之德也予小子何與焉雖然隄閘成而公之德不朽矣予與諸人奔走共事之微勞或亦藉公之德以傳云

山水記　周仲士

周成王封熊繹於楚自秭歸移枝江號丹陽一名羅

國蜀江東下自岷歷荆數千百里但有小水從入未有大江分枝者分枝自枝江始因以名邑邑在南岸地脉自北城金鷄山突起結爲公署形勝最高環五門皆處其下金雞山麓爲大通寺宋咸淳閒岷岩禪師建今爲聖壽祝釐之所踰西爲預備倉倉之左爲新文廟先是邑科目久缺余卜青烏家言爲遷於此與三元峰相對詳見廟學記繞城而西覆船山以形相似也余易名曰福傳轉其義而不轉其名再踰南爲邑治前有蓮花池昔周濂溪過此觀蓮今仰周學

特起焉如治前小案肸傳有蓮数枝為濂溪手植亦
召人勿剪甘棠意乎迯今重來周子千載蓮花嘗作
一邑紅矣再南為城隍廟威靈顯應其報如響非僅
土木肖像者廟左為千户所署係國初首建以防笤
美等洞出没者城北一門東二門皆傍大江城與江
環則附郭之户與城環儻所謂柴門不正逐江開者
乎此城市之大較也邑以江名界在江南者多山界
在江北者多地界在江心者多洲南一枝從演武亭
起曰白水港自容美土司流出繞城北合流於大江

白水迤西曰老鴉湖湖側為金紫山每日湖光蕩映
若紆金拖紫可掬者再迤南五里為着紫山漢昭烈
初入蜀載景帝木主於此息馬更衣因名紫山上有
三郎祠拱宸亭下有神井行者不敢飲馬祠中題咏
甚多如杜工部之雲隨白水落風振紫山悲張岵崍
之異代君臣如在眼一時賓從且銜盃足稱
雙絶余每乘春鎖印登眺者再見脉從絶壁氣護千
龍雲隱孤城煙含萬竈若為邑治特樹此大屏　者
縣西而北十里為石龍谿土人耕于野得宋人史公

子璧墓志並得墓于污泥中余移公並配楊宜人柩
於高阜處建祠堂祀之且入公于名宦祠俾世享血
食語具墓文並祠堂記中再南二十里為天生堰在
官木山之巔每雲霧作即雨諺曰雲掩天生堰有雨
即日見指此又西南三十里為羅老洞約深二里許
昔有羅姓者居洞側號青城山人莫知所之嘗因旱
官民禱洞下雷雨倏作水溢洞口失去從者三人遠
近駭異再轉而東則為洋溪與松滋接壤回視邑城
咫尺間耳中一枝去城一里許有石如筏浮水面曰

石篺篺之左為三郎溪為關公之子立也李冰有功
於蜀而子為二郎神蜀祀之關公有功於荆而子為
三郎神枝祀之義非無放逾十里有石峙江側形如
皷舖曰石皷有灘曰堆塢此入蜀第一灘也自灘而
下有渕洲瀏洲關洲而關為大浄居寺在上有藏經
楼洑門罕有能解經旨者三洲相去不踰里自舟中
平視若相聯然再下五里分為三岔因名江岔口庾
臺係晋庾信讀書處分建清修寺於上昔有劉凝之
故宅凝之夙纂老萊子嚴子陵之為人非力不食者

又梁陸法和知人禍福隱居於此梁侯景之亂法和率蠻兵擒之後聞梁敗衰服終身亦忠義異流也

澌洋本二今

聯為一百里洲本一今分為二陵谷變遷即河東河西三十年倏易何必百年哉北一枝沿江五十里為董市市中居民叢集半于邑城四方商賈多有貿易者獨絃誦風微耳市後有回龍觀今改為金龍寺余時新葺莊嚴妙麗儼乎化人之宮巴歸夔宜之經洲

者每停驂駐節焉寺之左數十武為金盆山祀聖帝於頂上昔本平地土人以多故累土為山前有官亭亭前為社倉山後數百武新移安民堡每一登眺風景殊佳平坦一岍堪輿氏最奇之雖由人力若出天成沿江而東十里為王大人河再十里江口有彌陀寺自江口再進五十里為草埠與當陽接壤自草埠而還有瓦剅壋元時鮮太守請于朝合七邑之人力而後成功嘉靖中復沖一口堙塌至今俾利水者不得水之利懼水者返受水之害余特請于上發倉粟

數百石以砌之土人曰冰鑿難堆功並神禹今侯築瓦剅壋食侯之澤者不當與鮮太守共尸祝耶余聞愿肰詳瓦剅壋記中再十里仍還董市據邑志稱霍梓潼之忠義董司馬之清約尚書令之純實今子姓無考至謂界當陽兩境有楚穆王昭王懷王諸墓今并翁仲亦無跡矣蜀人任以海曾云千古此江山問漢社楚祠安在若為此長太息者竊謂寰海之大微獨四岳五湖十洲三島稱雄長但不得名人粧點其中湮寂無聞者不知何限蕞爾丹陽諸勝況將千有

餘載今一表識彼山靈地主不驚異余為知己耶夫大塊不自秘其奇珍顯以示人吾儕胸中邱壑到處皆吾固有必欲池沼在室島嶼迎門而後曰吾有臨矣況茲幅員曾臨蒞于此四載乎自慙生平傲骨最能結山水緣雖案牘紛紜中不減狂態異日得褰裳遨遊再來舊境竊恐天台採藥人武陵捕魚者迷失來時故路矣是烏可無記

枝江輿圖記

枝江古羅國地也江[illegible]入大江故[illegible]

稱禹貢東別爲沱是已又有白水自容美出縣境東
南北與沱水會沱水又與沮口水合流於江江中有
洲十二縣東五里曰洌字洲洌之下曰瀏洲瀏之下
曰關洲上多居民又縣東六十里曰漏洲曰灞洲曰
南渚洲皆單地又下曰滓洲曰蘆洲曰苦草洲俱無
隄防又其下曰澌洲洋洲而東南六十里曰百里洲
其地畢七民三是本邑第一大洲舊縣治在此桑田
甘蔗映江依洲有晋人劉凝之故宅凝之慕東漢嚴
子陵之爲人非力不食後梁陸法和有異術亦隱居

此洲灘凡三曰金沙灘在洲之北岸曰雒子灘在洲
之南岸冬水涸石出有傾罐聲而堆烏灘則在縣之
南岸爲入蜀第一灘也縣背江爲城城之西南皆山
也南五里曰着紫山漢昭烈初入蜀載景帝木主於
此息馬更衣而祀焉因名紫山下有神井行者不敢
飲馬西五里曰金紫山在鵶湖之側曰出湖光蕩漾
金紫可掬也南二十里曰石龍口山西一里曰覆船
山西五里曰掛榜山西南三十里曰官木山而大通
寺之後又有金雞山南二十里而爲天生堰在官木

山之巔每雲霧作必雨諺曰雲掩天生堰有雨即日
見又西南三十里爲羅老洞是雲霧之所出也龍潛
其中歲旱禱洞下即雷作水溢出漫洞口也東南三
里江涯有石如筏浮水面曰石簰逾七里有石峙江
側形如鼓曰石鼓湖凡三曰老鵶湖在縣西一里曰
滄灘湖在縣北一百六十里曰孫家湖在縣東七十
里溪凡五曰渃溪在縣東三十里曰花溪在縣西南
五里曰洋溪在縣南十五里曰三即溪在縣南三里
曰滄茫溪在縣東二十里口一曰董灘口在縣東六

十里四方商賈於此貿易焉池二曰蓮花池産白蓮
則兆豊年曰飲馬池昭烈飲馬處也泉一曰石笋泉
井四曰大通井可療疫病曰神井在着紫山下有乘
騎者至此汲水飲馬人止之不從馬立仆焉曰鐵鎖
井在縣西曾有女見鐵鍊拽之不盡尋不見曰儒井
在學内臺二曰庾臺庾信講經處也曰豐臺即鳳臺
也市凡四曰東門市曰北門市曰沙沱市曰洋溪市
鎮一曰白水鎮街一曰李公街知縣李智所築也渡
[illegible]

百九十五里南北袤九十三里而幅員視松滋僅三之一也

社倉條議　　王世爵

查得社倉之法後世必不可行昔賢論之詳矣在朱子當日亦止行之一鄉耳一鄉之烟户有限而主以朱子之大賢故行之有效使天下之主社倉者而盡如朱子則可天下之人而非盡如朱子也弊將有不勝言者宋孝宗不詳察其利害而下其法於諸路史但載此一語而利國利民禦荒救祲無一語及之後

世亦無得而稱焉今蒙憲臺下詢敢不罄竭愚衷仰體各憲勤民報國之意以聊抒一得職本庸愚不達治體然歷任秦楚荏苒二十餘年謬忝牧令六七州縣亦嘗辦理賑濟留意民瘼敬陳古人四倉之原委伏冀采擇焉稽古備荒之策有四家漢宣五鳳四年初置常平倉從大司農丞耿壽昌議也其法行於邊郡官設倉廒穀賤增價而糴穀貴減價而糶名曰常平民便之隋開皇五年度支尚書長孫平奏令民間每秋家出粟麥一石以下貧富為差儲之當社委社司檢校以備凶年名曰義倉宋嘉祐二年詔諸州縣置廣惠倉初天下沒入户絕田土官自鬻之至是韓琦請留勿鬻募民耕而收其租别為倉貯之以給州縣之老幼貧疾不能自存者謂之廣惠倉及王安石行新法乃盡鬻之以為青苗資本若夫社倉之法始自朱子其自言曰乾道四年民艱食熹請於府庫得常平米六百石賑貸一鄉令民夏受粟冬加息以償自後隨年斂散小歉則捐其息之半大饑則不收息凡十有四年以原數六百石還府見儲米三千一百

石以為社倉不復收息每石止收耗米三升以故一鄉四十五里雖遇歉年民不艱食其法以十家為甲甲推一人為首五十家則推一人通曉算術者為社首其逃軍及無行之士與衣食不缺者不得入甲其應入甲者又問其願與不願願者開具一家大小口若干置籍以貸之其以濕惡不實還者有罰淳熙八年詔下其法於諸路行之此四倉者廣惠倉以户絕田土入官收租賑給安得每州縣有如許户絕者而收之入官乎此法今不可行惟常平倉斂散增價而

糴則歲豊穀賤不至傷農減價而糶則歲凶穀貴不虞艱食易稱損上益下斯真為益也社倉即義倉之變名出納不關有司聽民自為收放為社長者豈皆一鄉善士如王彥方陳仲弓其人者漏卮中飽尚屬小疵濕爛代賠輾轉控訐一二年後未見數薄貧民之叨已令有力無辜者之受累矣及至年深日久社長屢換交代之際雖縣官奉憲飭查而其中弊難究詰非曰古樸今偷蓋朱子行於一鄉力專而易舉今欲行之天下利少而害多况朱子行社倉時張敬夫

力詆其弊矣敬夫與朱子書曰聞兄在鄉里因歲歉請於官得米儲之以貸諸民而償其所取之息或者妄有散青苗之議兄聞之作而言曰介甫獨有散青苗之一事是耳奮然作社倉記以述此意其以為過矣是乃意之所如不自知其偏者也不可作小病看與曰流弊恐不可言願兄詳之宋人弁陽周密曰社倉之法祖述青苗朱子此舉正與安石同然不可曉明揚慎曰社倉之法即青苗法也以其出于介甫則羣然訕之以其出于朱子則又羣然從之今日社倉之弊果如南軒之言觀此則南軒所言逆料其弊然將來周楊二君所言目睹其弊之流極今之言社倉者類皆膠柱鼓瑟之見也伏讀

今上御製日知薈說云常平社倉之設均貴得人然常平在官社倉在民在官者法立而事權畫一在民者情私而弊竇叢生天下州縣不過千數百而州縣中村社何止數萬求千數百賢能之人猶難而况數萬使州縣皆得賢能之員察民之有災而先為申報當民之饑饉而即行賑貸則常平之粟固足備而常平之

利亦無窮社倉何必行哉大哉王言洞悉下情雖繭絲牛毛罔不畢照矣明正統間令天下州縣各置預備倉軍民能出粟佐官者旌之由是急于好義者競起納粟有輸至一二千石者俱勅旌義民勞以羊酒蠲其雜徭其得勅者建勅楼以誇耀鄉里此備荒有道而從事可法者職以為現行事例各州縣軍民人等准其納粟入監若建倉堅固推陳出新通融辦理得法得人則立法既善積貯日多一有荒歉減價平糶民沾實惠官不煩擾此周禮荒政十二所未及者

也當今之急務莫過此而社倉奚以為

得濟橋碑記

王世爵

邑東北九十里地名江口有橋焉創之者鄉耆吳公天璧也橋成思顏其額以落之問名於余余曰昔鄭子産以乘輿濟人孟子以為焉得人人而濟之今此橋之所濟者溥矣宜名曰得濟夫仁人君子無在不以濟人利物為心故易於未濟而曰征凶慮之也於既濟而利貞幸之也聖人審慎於既濟未濟之間而以為舟之危不若橋之安也於是九月除道十月成

梁因農隙之時而斵槎架險利往通來濡首無虞衣袽不患濟之時義大矣哉我聞在昔趙充國經營西道治湟陿橋七十餘所漢書稱之五代時定州橋壞覆民租車刺史王周曰橋梁不修是吾過也償民粟而治其橋焉居官而膺民社責者無視此為緩圖為瑣事而置之隔膜闕略於省方問俗間也余治枝日浅便民之政欲次第修舉而有志未逮又不忍以大工大役重苦我父老子弟毋為躊躕四顧念此軍徒負載跣足科頭風蕭蕭兮水寒其堪聽此褰裳以涉或且望洋而嘆耶乃吳君慨然引為已任彙羣材會衆工傾箱倒篋以倡率士夫捐帶者若而人捐囷者若而人羣策羣力不謀而合西山之木精衛所不能啣者而其至如林東海之石秦神所不能叱者而其比如櫛亙歲之間長虹亘於兩涯昔也窘步今也坦途行役之大夫漸車不畏肇牽之商賈戴頂休占前者唱于後者唱喁雞聲茆店人跡馬蹄伊誰之力而頓使行李往來一至再至者罔不履險如夷耶余自愧有志未逮而樂吳君之能相與有成也故為之記

乾隆四年冬至後二日并書

詩

唐

人日過枝江

杜甫

元日至人日未有不陰時凍合驚雞至春寒花較遲雲隨白水落風振紫山悲蓬鬢稀疎久無勞比素絲

又

此日此時人共得一譚一笑俗相看樽前柏葉休隨酒勝裏金花巧耐寒佩劍衝星聊暫拔匣琴流水自

須彈早春重飲江湖興直道無憂行路難

芙蓉樓送辛漸　王昌齡

丹陽城南秋海陰丹陽城北楚雲深高樓送客不能醉寂歷寒江明月心

送枝江縣尉　張籍

家童促去愁行遠縣吏迎來怪到遲定訪玉泉幽院宿應過碧澗早茶時

元

枝江寄彥修兄　劉因

盜隔枝江遠人來蜀道稀亂離非復昔富貴不如歸我馬心何壯家山願莫違阿圜從小慧解嘆白雲飛

又

有客傳歸信愁懷得暫寬兒童占鵲喜鄰里借書看離蜀秋將半浮湘歲欲闌柴門頻灑掃夢想見征鞍

紫山懷古　劉因

江山俯碧流殿宇喜重修巳失吞吳恨空懷復漢憂數聲啼鳥過三徑落花幽誰料狂歌客還歸此地遊

明

紫山　龔英

着紫山高爽氣新相成文筆自精神祥雲潑墨江花潤清曉朱明野烘春天巧由來須待我地靈從此合鍾人挽回風水千年盛一念循良契化鈞

前題　鄧維曾

高塔嶙峋入望新巨靈天巧訝山神鋒芒直欲書眉漢形勝應知歷萬春山接巫黔初壯楚氣回清淑合生人循良政績斯文在多士從今屬化鈞

其二

赤甲清江天畔垂紫山黃葉正紛披高鴻自託長風翼下澤誰聽短笛吹地接山廻秦避路雲頽天迥漢畱祠周郎陸弟空相憶細雨荒臺獵罷時

前題　劉旦

尊酒匆匆別楚都登高題咏冠黃初山寒白鶴窺猿洞江冷青龍見馬圖赤甲卜居愁入峽丹楓迎棹興思吳寄聲迢遞匡廬主曲似陽春和轉孤

前題　張嘉育

四望煙光楚塞開丹陽春色正徘徊長江滾滾浮天

去芳草萋萋接地來異代君臣如在眼一時賓從且
啣杯揮毫各有登高興授簡慚予作賦才

又

漢漠陰雲四暗垂先朝遺蹟盡離披山前細雨千帆
亂江上邊風晚角吹鳥道斜通巴子國龜文空記漢
王祠聽來明月啼鵑夜不盡懷人感慨時

前題　馬晉明

炎祚沉淪霧四垂王孫慷慨嘆離披山餘紫氣凝衣
色松入長風作鼓吹漢賊兩分俱往事英雄雲合尚

同祠三洲曲抱巴江水鳴咽還如拜主時

前題　譚宗勉

岩岩山石水滔滔冬嶺青松鶴結巢此日何妨安石
屐而今重見漢君袍

又

靄靄祥雲護翠微騰騰紫霧襲龍衣回憐劉氏三分
定感慨明良八斗揮祠外風烟迷古道座間英氣對
斜暉遊人漫有登高興梁父吟成事已非

前題　裴若衮

荒臺青草俯江濱著紫名留萬古新遺廟風煙明歲
月忠魂天地漢君臣三分帝胄鴻圖兩百世丹陽麹
米春往事登臨興感慨東流不盡總沾巾

白水曉渡　李震

雲淡星踈月已西行人幾隊立沙堤孤舟渡罷重回
首纔聽隣鷄隔水啼

蓬萊仙境　項潭

三郎溪畔紫山隈水遶峯環翠作堆云是神仙曾此
會至今猶是小蓬萊

石簰魚網　沈綱

雪消江水自天來江上桃花映石簰取得活魚須換
酒白頭浪裏棹船回

花溪牧笛　沈綱

花滿漫堤水滿溪牛羊聚散草萋萋牧人懶散無拘
東一笛横吹日未西

江口移舟　董燧

侵曉離江口衝濤渡岸西煙堤兼水潤雲樹接天齊
秋淨蓬窓寂更深驛漏遲船頭滿鷗鷺相近不相疑

過三洲　前　人

三洲昔是鴟梟窟，一變今為鸞鳳窩。物性未應分善惡，人心原自具中和。林間雨過花常潤，江上春回鳥自歌。稍喜丹陽更化地，不妨騎馬賁煙蘿。

暮春遊淨居寺　項　潭

九十韶華眼底殘，皐皮暫徹扣禪關。鳥啼聲斷湖邊路，花落香聞寺外山。聽法曾嫌三要誕，哦詩殊覺寸心閒。同行總是知音者，一葉扁舟共往還。

登三清閣送人歸吳中　王禹聲

層簷高枕大江流，一望仙源接大邱。風響千鈴聲似水，寒侵五月氣如秋。吳山遠送王猷棹，楚水遙連白帝樓。此夜吹笙明月下，玲玲風韻過滄洲。

春日過枝江途中即景　鄭維垣

媛日遲遲一駐驂，遊蹤漸已遍荊南。蕭疎草色春仍淺，初見桃花一樹酣。

春日過枝江有感　王　泮

漠漠春雲黯四埀，那堪愁思正離披。千家有室皆懸罄，百里稀烟半絕炊。白雪臺荒蔓草，黃陵花落掩空祠。關心民瘼慚無補，肉食何人是濟時。

晚至枝江阻水　胡　容

渺渺煙江天際頭，寒城寂寞枕滄洲。潮平古渡痕新露，樹壓中流勢欲浮。白水隨雲悲老杜，紫山落日吊炎劉。居簷紅映芭蕉雨，相對榴花開晚秋。

宿枝江　許文瀛

何處長風起四陲，黃昏踈雨倦衝泥。雲低曠野連城合，樹遶寒江夾路岐。峽水遙從天上落，蜀山似向坐前移。客心不憚滄波險，登陟時聞驛馬嘶。

春日過枝江　雷思霈

楚宮舊是丹陽地，春草低迷春雨饒。沙岸微微穿荻笋，釣舟隱隱繫楊條。山分巫峽千峰色，江合沮漳二水潮。九十九洲從此始，欲同高士寄漁樵。

甲申仲春二十有七日署中無事偶咏四首　方象璜

其一

邑小渾無事，春深只閉門。香清餘短篆，草綠長新痕。野色來虛閣，江聲抱遠村。依依劉氏巷，猶得幾家存。

其二

翦茆成小屋瓌堵自蕭肰不礙琴聲静能令鶴影翩
藹藹民如子飄飄吏亦仙斯焉可為政何必錦堂前

其三

江自三川下平分百里洲築堤將望歲禦水動防秋
取用皆蘆荻生涯半釣舟登高時寓目泛泛似浮鷗

其四

春耕亦在野稍稍俟安居尚有流離况皆因烽火餘
桃花籬落冷燕子畫梁虛民力征求盡還驚報羽書

石簰魚網　毛士鸞

江沙百丈石屏鋪向晚漁船晒網罙摩詰画中詩若
少也堪補入輞川圖

送清苑令李六翮挂冠歸枝江　李霨 大學士

投劾怡然去棠枝好挂冠非關文法密轉嘆吏才難
白雪知音遠青氊舊業寒攀輿諸父老無数擁歸鞍

庾臺懷古　鍾燮 平湖人

古樹荒凉半草萊行人指點庾公臺侍書望重湘東
幕奉使名傾鄴下才蘇武未闗終一去王褒何事不
偕來（信與王褒同為西魏所留）哀江南賦三千字賦罷彌增擊筑
哀

其二

清新開府事悠悠江上空餘陳蹟留百里沙灘雖閬
寂十圍荳蔕自風流石麟詩賦齊肩立（當時徐庾齊名）黑獺
英雄具眼收（為宇文泰所識）人去函關臺亦廢牛羊争上土
山遊

紫山冬翠　鍾彝

著紫峯高暑碧空争妍長在歲寒中一天雪漫松林

秀十月霜侵楓葉紅庾信不勞枯樹賦劉安喜有小
山叢登樓毎向城南看秖恐冬歸看未窮

白水曉渡　鍾彝

漠漠垂楊白水邊渡頭人到立寒烟聽籌未盡蝦蟆
點抱布争投蚱蜢船破浪中流湊槳急濟人彼岸一
帆懸風波喜近停篙處旭日初升若木顛

石簰魚網　鍾彝

平鋪江上千人石何日金閶移得來葦岸幾番漁户
歇櫂歌一隊蛋人回春生鼻觀鰋風入酒上眉端潮

畢聞我亦羊裘垂釣客白頭乘興重徘徊

花溪牧笛　　鍾彝

江上淤田悉破荒偷閑牧豎過斜陽短長信口聲仍楚斷續横吹調是羌世事久知牛背穩生涯何必馬蹄忙急須飽喂黄菩薩趁雨明朝要挿秧

庚申三月下浣編輯枝江縣志告竣偶傚柏梁詩體漫綴四十句於藝文志末以當後序

丹陽古邑歲三千深谷為陵岸作淵鬻熊孫子胙南偏春秋戰國霸圖沿下逮有明上溯前枝

江名號故依然杜下無人守舊編空教往事失流傳太原公子謫來僊剖竹荆南芊氏阡

今皇龍集上章年老子依劉寄一廛授衣適館最情牽謀將邑乘重雕鐫謂我下筆筆如椽倒屣時時接仲宣我愧才情非孟堅漢書上續龍門遷為感主人意氣專鬢髮鬖鬖不憚霜盈顛發凡起例細鑽研作者七人在我先（修志七人見凡例）五公撰述义成烟依稀記得周與錢周錢漁獵失蹄筌編摩早隨野狐禪扈賛衡陽紙萬戕繼此如何不攺經俯察方輿按幅員仰觀度數數星躔規畫山田並水田三壤九式

聖朝甄官秩科名取次塡忠孝節義表前賢衣冠人物及輶軒水旱禨祥詎舍旃甲朝丙夜墨池邊斗柄旋移始告竣書成敢在國門懸希驥聊為著後鞭

外史氏曰湯臨川有云頗得天下郡縣志讀之其中文字不讓古人者往往而有惜其湮沒不能表章也由臨川言觀之前人佳作茍非具眼

者廣為蒐羅其狀匿而不出者又豈少哉然去取之下又有未厭衆心者故選者較作者尤難蕭統之於海賦存木元虚而黜張思光姚鉉之於淮西碑採段文昌而黜韓退之非由愛憎徇俗卽係耳目冬烘茍非我心如秤亦冰鑑同褒陽處士者未可論藝文也枝邑舊志載藝文數十首諛墓則人人有道去思則處處峴山稍有志節及能辨緇白者視之未有不噴飯滿筵至於高深游覽所及崩崖墜石所鐫雖當年計字

授縑而不獲公諸梨棗何則無因得至前也余故披沙淘金力為洗刷一恐珠沉滄海一恐石混球琳志在去偽存真不同劉夢得過巫山悉去從前碑刻數千首而止留沈佺期王無競等四詩也覽者諒之

第九卷藝文志終

雜志第十

西京雜記兼綜鉅細而畢該南楚新聞旁及流傳而不棄諵諵出出曾經魯史搜來怪怪奇奇何必齊諧擲去故塗歌巷語都入口芬而物異人痾咸歸手録倣南華外篇之例繫東軒隨筆之餘白馬青牛廣見聞於仙釋一雞二犬占休咎于歲朝天變時災石氏甘公之所紀藝流術士和扁姑布之所談譬如滄海張羅獲者無分鱗介鄧林伐木取之不擇薰蕕作雜志

氛祲

嘉靖三十五年雨雹如雞卵

萬曆三年四月日食天黑如夜羣雞盡鳴　六年九月彗星見於西方經月不滅　十二年八月天裂　十五年五月雨雹　四十六年彗星見於東方

崇禎十四年正月朔日食初四日日光摩盪十月初一日晝黑如夜

國朝順治五年大風紫山樹木多有拔者

康熙三年甲辰彗星見於東方　十二年癸丑彗星

見於西方是年十二月吳三桂反於雲南此其兆之先見者也　四十二年夏五月大風拔樹震屋雨雹損禾飄擲禾車数里外

乾隆三年正月初三日白龍見於西方

地震

元世祖至元十一年八月地震

順帝至正十一年八月地震

明嘉靖三十三年地震　三十八年地震有聲

萬歷十七年二月地震　十九年地震　三十年五

月地震四次

崇禎七年地震　十三年地震

康熙五十六年五月二十八日申時地震有聲　五十七年八月地震

乾隆二年五月初十日戌時地震有聲

水旱

明宏治十一年大水

正德五年大旱　十一年大水

嘉靖二年大旱　四年水災　五年旱　三十五年大旱　三十九年大水灌城民舍盡沒

萬歷十二年旱　十六年旱　四十年六月大水漂舍淹禾雷震大作民有震仆者

順治九年壬辰大旱　十年癸巳春大水

康熙二年癸卯大水　十八年大旱　二十一年大水舟行小東門内　二十八年大旱　三十五年七月初十日大水入城内十五日方退南北大小堤同日潰決居民漂蕩廬舍如洗　三十六年大水潰東嘴隄　五十一年壬辰大旱　五十三年

大水決下百里洲隄　五十四年乙未大水

饑饉

崇禎十五年壬午大饑

順治元年甲申冬大饑　十年癸巳春大饑

康熙十八年己未大旱二分收成次年斗米直銀四錢　二十九年庚午大饑開富户捐納例始設常平倉知縣孟起鳳奉文煮粥養饑民兩月

雍正五年丁未霪雨三月二麥浥爛秋禾莫秇逃散四方者日以千數斗米直錢五百

瘟疫

萬歷十五年丁亥大疫

順治元年甲申秋大疫

雍正五年冬大疫至六年春益甚道殣相望屍填溝壑至於古廟枯井處處皆滿

禎祥

宋書文帝在藩為宜都王時相傳江中九十九洲

晉書武帝泰始四年南郡枝江縣麒麟見

晉書恭帝元熙二年枝江白鹿見按此乃劉裕受禪之兆非恭帝之祥也

妖異

明隆慶六年蝗

萬歷元年癸酉蝗

崇禎十四年辛巳自六月至九月蝗生不絕禾苗食盡

崇禎十四年虎入民家

順治四年丁亥各鄉村多虎　五年戊子虎暴甚行旅斷絕訛傳為神虎噬人人不敢捕縣令李花白

懸重賞募能捕者虎乃遠徙出境　十五年戊戌白水總有猛虎叩門入民李美甫家食其妻子數人

崇禎十年丁丑有異鳥一羣約數百萬自北飛至响聲震地盡墮大江而死

順治十五年百里洲民陳國禮家豕生一子六足

附記

聞之枝江父老曰江中一水怪或上或下流走無定所如瓶口沉水中骨突一聲響徹十餘里將有

大水漬隄必先聞此聲土人以此占隄壞頗驗相傳劉綎入蜀時失御賜寶瓶於此久而作怪理或有之

兵燹

左傳桓公十二年楚師伐絞分涉於彭羅人欲伐之使伯嘉諜之三巡數之（伯嘉羅大夫）十三年春楚屈瑕伐羅鬭伯比送之還謂其御曰莫敖必敗舉趾高心不固矣遂見楚子曰必濟師楚子辭焉入告夫人鄧曼鄧曼曰大夫其非衆之謂其謂

君撫小民以信訓諸司以德而威莫敖以刑也莫敖狃於蒲騷之役（十一年莫敖敗鄖師於蒲騷）將自用也必小羅君若不鎮撫其不設備乎夫固謂君訓衆而好鎮撫之召諸司而勸之以令德見莫敖而告諸天之不假易也不然夫豈不知楚師之盡行也楚子使賴人追之不及莫敖使徇於師曰諫者有刑及鄢亂次以濟且不設備及羅羅與盧戎兩軍之大敗之莫敖縊於荒谷羣帥囚於冶父以聽刑楚子曰孤之罪也皆免之

史記張儀列傳儀誑楚絶齊賂楚商於之地六百里楚懷王貪而信儀遂絶齊使一將軍請地於秦儀謂楚使者曰臣有奉邑六里願以獻大王左右楚使者曰臣受令於王以商於之地六百里不聞六里還報楚王楚王大怒發兵攻秦秦齊共擊之斬首八萬殺其將軍屈匄遂取丹陽漢中之地（徐注丹陽枝江也）

後漢書岑彭傳建武二年使彭擊荆州是時南方尤亂南郡人秦豐據黎丘自稱楚黎王略有十二縣注引東觀記曰十二縣者一曰邔一曰宜城一曰若編一曰臨沮一曰中沮一曰廬一曰襄陽一曰鄧一曰

新野一曰穰一曰湖陽一曰蔡陽（邔音奇中沮即枝江舊治）四年岑彭攻破之

晉書桓謙者沖之次子元之從兄也元既簒會稽世子元顯矯詔加巳丞相錄尚書事以謙為左僕射加中軍將軍元簒位後僞封謙新安郡王及劉裕等起兵誅元謙奔南郡聚衆沮中為元舉哀義熙元年二月劉敬宣討之乃奔於姚興未幾復奔蜀蜀賊譙縱以謙為荆州刺史使率兵東下荆楚之衆多應之謙至枝江荆州督劉道規討而斬之

宋書宗室列傳徐道覆已克京邑而桓謙自長安入蜀譙縱以謙爲荆州刺史厚加資給與其大將譙道福俱寇江陵時賊黨苟林屯江津桓謙軍枝江二寇交逼荆楚既桓氏義舊並懷異心劉道規觧南蠻校尉印以授諮議叅軍劉遵而馳往攻謙水陸齊進謙大敗單舸走欲下就苟林道規追斬之

初桓謙至枝江荆州士庶皆與謙書言城内虚實咸欲謀爲内應至是叅軍劉仲宗撿得之道規悉焚不視衆於是大安

晋書毛璩傳璩爲西中郎司馬桓元遣使加璩散騎常侍左將軍璩拘留元使不受命且傳檄遠近列玄罪狀遣巴東太守栁約之等率衆次於白帝會元敗謀奔梁州時毛瑾毛修之爲元屯騎校尉誘元入蜀共殺之約之聞元既死進軍到枝江而桓振巳攻陷江陵劉毅等亦還尋陽約之乃僞降於振因欲襲之事泄爲桓振所害

宋史賈似道傳理宗崩度宗即位德其立巳每朝必答拜稱爲師臣而不名理宗既葬即棄官去使吕文煥報北兵攻下沱（即枝江縣也）急朝中大駭帝與太后手爲詔起之似道至授鎮東軍節度使似道怒曰節度使粗人之極致耳遂命出節都人聚觀宋制凡節必撤關壞屋無倒節理以示不屈至是人皆駭嘆然下沱之報實無兵也

明崇禎七年甲戌四月流賊張獻忠至董市焚殺甚慘九年丙子張獻忠又至焚掠一空

十六年癸未僞鎮荆將軍任守約差人招安枝江三月初十日夷陵賊將張君用入枝江　又有山賊王

雲鵬假闖賊盤踞後山一帶斬殺自由民不聊生

順治元年甲申二月巨寇張獻忠爲左良玉所追擁衆入蜀路過枝江焚掠無遺

二年乙酉春大江南北奸民暮夜刦殺有王士誠自稱撫枝者將爲首奸民三十六人盡行誅戮民始安生而不知士誠何官也

是年九月流賊一隻虎（自成之姪李過眇一目故號一隻虎）駐劉草坪縱兵焚殺枝江南北幾無噍類

順治五年戊子秋賊首一隻虎遁入川廣道經枝江

焚刼之慘更倍於前

七年庚寅冬孽賊李來亨劉二虎等自廣遁歸興山殺掠枝民十室九空

按李來亨闖賊李自成之孽子也自成既死其下諸賊帥賀珍黨守素劉二虎郝摇旗等各自為主不相統屬號十三家出入巴渠巫施之間流毒西南諸省而興山縣之茅麓山則其巢窟也故謂之西山寇云　茅蘆山在興山縣西北七十里其山周迴百里高三十里皆峻壁陡岩為荆郡諸山之

最險者順治十年癸巳李來亨等復奔興山住七連坪盤踞十一年至康熙元年壬寅各路官兵四合進討賊據山固守三年甲辰仲秋諸寇始平

順治八年辛卯賊首王進才殺掠江南一帶枝民渡江逃命至十四年始歸本籍知縣曲允斌申詳院司道盡蠲逐年雜徭於是民心始定

康熙元年壬寅冬大兵征勦西山民苦夫役

康熙三年甲辰八月初五日西山勦賊李來亨授首諸賊悉平枝民始得休息

康熙十二年癸丑十二月吳三桂反於雲南十四年十月賊兵略地枝江縣知縣張其行望風迎降賊以大江為界縣治及江南洲地悉為假官所據沿江設兵五里一營至今塹壘尚存

偽知縣鄭居廣係四川叙州府富順縣舉人

偽知府馮承書不知何許人以大通寺為公署

偽訓導張遇生履歷無考

偽典史闕里文履歷無考

偽將軍楊寶印履歷無考

偽總兵劉之福黃執功俱駐扎枝江設中左右營弁皆本地從逆者為之俱守備職銜自稱本府上往宜都下送松滋逼索肩輿苦累夫役城内外甲長分晝夜輪當於亥子時交卸

當其入楚也上則夷陵西塞壩下則江陵虎渡口力戰最多枝江密邇賊巢未嘗交兵

賊每戰必驅象為前列有獨牙象者最猛賊至南岸欲驅之過河象不肯行賊怒將擊以砲象伏地而泣此與唐之舞象不為安祿山舞千載同揆也

康熙十七年戊午春吳三桂死於衡州十八年正月我師自岳州進兵賊將大敗沿江諸賊於是月十八日黎明各竄去江南人民聞之踴躍懽欣齊赴江北各尋姻舊薙髮更衣相慶更生枝江之陷賊者凡五年

康熙二十七年戊辰五月逆賊夏逢龍作亂揭竿斬

木武昌不守文武官逃竄一空枝邑震動閏三月賊平至今永享太平之福矣

仙釋

梁陸法和結茆百里洲有異術能前知侯景遣將任約擊湘東王繹於江陵法和救之至赤沙湖乘輕舟不觧冑縱火反風約大潰走法和謂湘東王曰侯景無足慮蜀賊將至已而果然一戰殄之軍次白帝城謂人曰城旁有諸葛孔明弩箭鏃一斛許掘之如所言至襄陽城北大樹下畫地令弟子掘得龜放之山中人多惡疾藥之即瘥毒蟲猛獸授禁戒不為人害江湖揭表放生漁者果無所得得即風雷人懼而還之叅謀元帝軍事禁將卒捕魚違者使猛獸夜噬之嘗為人置宅墓求福戒其人曰勿繫馬於碓其人違之及憶戒反馬已斃矣其術奇中類如此舊志云然今荆州府志以為江陵人未知孰是

沙門慧安枝江人姓衛氏隋開皇十七年遁於山谷大穴中募緣開通濟渠邑人賴之荒歲餓殍相枕安乞食以救之獲濟者衆煬帝徵之不起潛入太和山及

帝幸江都乃杖錫登衡岳行頭陀行唐貞觀中至黃梅謁五祖遂得心要高宗麟德元年遊終南山石壁因止焉帝嘗召之不奉詔於是徧歷名蹟至嵩山武后徵至輦下待以師禮甚加欽重后嘗問師甲子多少師曰不記后曰何不記耶師曰死生之身若循環無端焉用記為況此心流注中間無間無見者有起滅乃妄想耳從初生時至相滅時亦只如此何年月之可記乎后聞稽顙信受神龍五年三月八日閉户偃寂春秋一百一十八歲

寶筏寺僧一門者王大人河玊氏子也已娶婦生女毎夜卧其婦視牀若倒懸者然滿室藥香忽病就男氏醫不愈因自檢藥一服即愈若有神敎之者爰出家構三佛巷以居不須經不叅佛遇人病來問者許愈即愈且預知病者來問命其徒候門什不爽一素不讀書遇應試者輙敎之曰讀書叅禪初念爲真汝輩塲中作文試題到手将平日講習審定一番便揮詞成章即是本來面目若二三其念便非真矣自往西蜀募化木料建造關聖殿大雄殿大悲閣今濵江

巋然者師之力也臨終口占四句偈而寂人皆謂其從證果中來者

庚臺寺僧月堂者百里洲張氏子也少祝髪寺中及長受玉泉蓮月禪師囑記徧叅吳會諸老宿歸而住持郡城之東華樓洲人以庚臺之廢也延師而重新之師經律該博問答如響人皆各得其意以去晚而自責曰余少無知絶先人祀雖成佛何益其祖父墓田已更數姓曲折贖田爲寺中作常住冀後之祖此田者庶掃其墓耳事畢喟然曰吾可以逝矣逝之日命其徒孫手張一紙懸筆題四偈其一辭世其二入龕其三啓龕其四入塔今記其一曰脚跟不動到岩阿山色湖光繞薜蘿一樣是聲無限意牧童樵子唱山歌題畢擲筆而逝

沙門了紀有禪行晚得仙術萬歷間自蜀到枝江卓錫於邑西門外之龍王潭潭側有猴子洞洞中蝙蝠常數千師曰老僧寄住耳不久當便還蜀無溷我爲也於是蝙蝠悉去洞向無水師至旁湧一泉足供一人之用師居洞中辟穀煉氣日食棗數枚胡麻一合

而已山有虎或爲師慮師曰我終夜坐山頭與虎爲伴何懼哉後入遠安之青谿山結茅習静終身不下山師去之後蝙蝠復來水亦隨竭

枝江東南附城洲上有道士范儕精廬儕巴東人少遊荆土多盤桓於枝江縣界悪衣粗食瀟散自得言未來事多驗人欲見之一動念倏然在前若言尋求終弗遇也雖往來荆土郡邑而未嘗見其濟陟殆張三丰冷謙之流亞與

府志備遺唐宣宗時有術者董元素自江南來宣宗

夜召與語曰今南中柑橘正熟卿能致之否元素曰請安一盒於御榻前數刻有微風入簾元素乃啓盒則柑子滿中矣徐奏曰此江陵府枝江縣柑也上嘗之驚嘆

藝術

向　志永樂七年以善楷書薦舉授户部主事

卞濵精方書神脉理求治者概不計利故全活多人此蓋得上池之秘術而行古之道也

卞聯雲初業儒後精通方脉能取古法而神明之嘗

曰古人謂方不可執夫方可執而不可執不可執而未始不可執也神而明之存乎其人其自言如此故能之死而生之又施舍藥劑全活最多順治間之良醫也

妖民

順治十三年丙申松滋縣妖民王姓者偽言神降於枝江附在已身能預以禍福告人一時燒香祈福者日千百人邑生楊際春以杖擊之其人夜遁衆始知其為偽

紀今

李花白河南寶豐人也順治五年由貢生令枝江到任未幾有同鄉徐翳子携一僕叩署[illegible]新造荒衙無以償之居僕多日徐口出詈言且[illegible]其械行李悉之謀於醫將鴻之延設酒准提菴偽為餞状徐罷欲踰垣逃被馬央等截殺併其僕埋庚台坡下當徐之來枝也其子大雅方在娠及遇害家中不得的耗比大雅成丁後单身走荆尋所謂枝江及百里洲劉家巷因初枝江未有公署假寓居上百里洲之刘家巷等處徐乘探訪始知

父與僕冤死荒剎端委乃訖為父入蔓命陳状各憲殺仇時李死已久惟同謀各役及醫生尚存臬司親訊諸犯各供不諱飭下關檢二骸傷痕宛然當取招定罪除知縣李花白已於順治九年身死至康熙十二年家屬死盡無從追究外其同謀及加功人等各以斬絞分别定案尚未具題而吳三桂反督撫六臣叙叙料理軍務一切獄訟俱停臬司因諭大雅元凶已伏冥誅子孫滅絕報賬既不爽矣現犯雖已定議尚未繳結俱着罰贖鍰為汝父扶柩歸鄉之費可

大雅不得已痛哭嗚咽遂領餘負骸歸

外史氏曰余作枝江邑乘終徐大雅一案蓋有感焉一矜焉債主臨門倉卒無措亦當委曲補苴何嫡不遂竟致手刃陽雖漏於國法陰難逭夫天刑身死家滅墟墓蒼凉負心之報乃爾世之居官不仁者當以李令爲戒笥篋金蠹貪心未足假官剝以居奇累十百千官佃已主佃庄收息不饜不休詎知千里奔波强死豺狼之窟也世之放利而行者當以徐翁爲戒徐大雅生不知父而跋涉訪求

得凶問於野老樵夫獲遺骸於荒烟蔓草刀争力詮昭雪寃仇可以爲難矣不幸遭時變亂一簣功虧不能得同謀加功者頸血纔骯以祭父地下爲天吏者乃忽忽論以贖鍰爲扶櫬歸里計嗣因大雅耳所必不忍聞心所必不忍從者也然此時此勢案雖定而尚未結設其間有不可如何者三殉之是再死其父委之是重棄其親哀哉大雅是眞可矜也已余從諸遺闕得邑貢生曹廷鑛所藏軼稾附識數言於後以爲世道人心下一砭鍼焉耳

時乾隆庚申三月之十日也

第十卷名雜志者何蓋以緝異聞而紀瑣事也全書既具門類區分其有不可入門類而故老傳留曾有此事不可泯沒者俱會粹於雜志中稽其濫觴則自漢時劉歆西京雜記始劉子作七畧既終而復成雜記凡宮闈軼事里巷叢言奇木異草名犬駿馬人妖物怪纖悉諸端殺青登記蒐獵靡遺自是厥後博雅之家於其緒本轉相摹倣如孔氏雜說艾子雜說段氏酉陽雜

俎該氏五雜俎之類同工異曲各自成一家言此班固所謂雜家者流也庚申春晚邑乘告竣諸君子筆猶各挾所聞舊事損册案間攤句夜讀不能割愛因併舊志中諸雜事彙而編之名曰雜記與先所成者釐爲十卷譆譆出出左氏傳春秋所不遺雅雅魚魚郭公詮山海而枚舉牛溲馬勃俱入藥籠蘊藻溪毛咸登俎非曰捉奇挾異聊以廣見洽聞籮村鍾彝自記

第十卷雜志志終